《奔走湖湘　志在富民——湖南民盟助力脱贫攻坚纪实》

编审会

主　任：杨维刚

成　员：胡　颖　汤　浊　何寄华　杨君武　戴晓凤
黎定军　赵为济

编委会

主　编：杨君武

副主编：陈雅云

编　委：徐　智　刘春阳　彭维良　邓彬彬　钟为恒
任师海　郑灿军

编　撰：李丽霞　邓　倩　谭宗云　周　军　王国军
蒋　瑛　肖坤南　王红贵　邹建山　兰　燕
龙骏峰　粟芬芳　李昌雄　夏琼波　沈　凯
彭经珂　寻晓燕　夏　勉　廖红波

奔走湖湘　志在富民

——湖南民盟助力脱贫攻坚纪实

中国民主同盟湖南省委员会　编著

群言出版社
QUNYAN PRESS
·北京·

图书在版编目（CIP）数据

奔走湖湘　志在富民：湖南民盟助力脱贫攻坚纪实 / 中国民主同盟湖南省委员会编著. -- 北京：群言出版社，2022.10

ISBN 978-7-5193-0762-2

Ⅰ. ①奔…　Ⅱ. ①中…　Ⅲ. ①扶贫-概况-湖南　Ⅳ. ①F127.64

中国版本图书馆 CIP 数据核字（2022）第 164863 号

责任编辑： 李　群　宋盈锡
封面设计： 北京卓伟博文印刷设计有限公司

出版发行： 群言出版社
地　　址： 北京市东城区东厂胡同北巷 1 号（100006）
网　　址： www.qypublish.com（官网书城）
电子信箱： qunyancbs@126.com
联系电话： 010-65267783　65263836
法律顾问： 北京法政安邦律师事务所
经　　销： 全国新华书店

印　　刷： 北京柏力行彩印有限公司
版　　次： 2022 年 10 月第 1 版
印　　次： 2022 年 10 月第 1 次印刷
开　　本： 710mm × 1000mm　1/16
印　　张： 20.5
字　　数： 214 千字
书　　号： ISBN 978-7-5193-0762-2
定　　价： 88.00 元

目　　录

勠力“同心乡村”——范例典型篇

倾力援建帮扶——先进人物篇

效力全面小康——亲历感悟篇

导　言

2016年，中共中央委托8个民主党派中央分别对口8个脱贫攻坚任务重的西部省区开展脱贫攻坚民主监督。这是中共中央赋予民主党派民主监督的第一个专门事项，充分体现了中共中央对各民主党派的重视与信任，对于坚持和完善新型政党制度具有重大意义。

民盟湖南省委会秉承“奔走国是，关注民生”的民盟优良传统，自2003年以来，民盟湖南省委会、民盟长沙市委会连续15年对浏阳市龙伏镇龙伏村（原石江村）进行帮扶，使人均纯收入不足600元的省级贫困村，发展成如今人均纯收入超过17000元的新农村建设示范村。被民盟中央誉为“新农村建设”的“湖南模式”。可以说，民盟湖南省委会一直走在助力脱贫攻坚的路上，对脱贫攻坚的政策落实、具体帮扶措施、党盟合作等积累了丰富经验。

2016年以来，湖南省全面启动了各民主党派省委会脱贫攻坚专项民主监督工作。按照中共湖南省委的安排，民盟省委会积极投身于湘西土家族苗族自治州（以下简称湘西州）脱贫攻坚民主监督工作。经湖南省人民政府批准同意，2018年4月，湘西州吉首市率先脱贫摘帽。2020年4月，湘西州泸溪县、凤凰县、花垣县、保靖县、古丈县、永顺县和龙山县全部摘帽。至此，湘西州8县市全部脱贫摘帽。在欣喜之余，我们也为能在中国共产党领导的脱贫攻坚伟大事业中尽一份心、出一份力深感自豪和骄傲。

一、提高政治站位，强化责任担当

湘西州是习近平总书记精准扶贫重要论述的首倡地。民盟湖南省委会将学习贯彻习近平精准扶贫重要论述作为开展脱贫攻坚民主监督工作的总纲和主线，一以贯之，持之以恒。民盟湖南省委会主委会每年年初都将系统学习习近平精准扶贫重要论述作为首要选题，第一时间学习传达，第一时间深入领会。每年年初，制定《湘西州脱贫攻坚民主监督工作方案》，明确监督调研的指导思路、目的要求、具体措施。根据每年精准扶贫工作情况，召开脱贫攻坚民主监督培训会议。

二、实地调研，年底反馈

为确保调研务实高效，民盟省委会分别设计了县市政府及职能部门访谈的提纲和村干部访谈提纲。精心设计了建档立卡户调查问卷和非建档立卡户调查问卷两套调研问卷。每年 10 月以前，每个县市由民盟湖南省委会班子一名成员或民盟湖南省委会秘书长带队，深入乡村调研。这期间，形成脱贫攻坚民主监督调研报告。年底，由湖南省人大常委会副主任、民盟湖南省委会主委杨维刚带队，向中共湘西州委、州政府反馈情况。

三、突出工作协商，做实民主监督

多次与中共湘西州委、州政府座谈，就脱贫攻坚工作进行了解、通报、沟通。同时加强与省里相关厅局、湘西州直相关部门联系，掌握从省到州到县脱贫攻坚工作方面的相关政策和落实政策的相关举措。民盟湘西州委会驻村干部深入群众，及时收集脱贫攻坚工作中群众反应强烈的问题反馈给民盟湖南省委会。

四、突出重点，找准关键

发展产业是实现脱贫的根本之策。我们将脱贫攻坚民主监督工作聚焦“产业扶贫”方面，主要了解产业扶持政策的落实情况及存在的问题，了解扶贫工作人员对产业扶持政策的掌握情况及落实政策的情况，了解产业扶持政策对精准脱贫的贡献情况。

五、发挥优势，积极献策

民盟省委会成立了一支由盟内农业、教育、审计、司法、医疗、环保等领域专家组成的民主监督专家队伍。专家们就脱贫攻坚工作建言献策，重点就脱贫攻坚的一些共性问题和突出问题如因病致贫返贫、易地扶贫搬迁等撰写调研报告、社情民意信息、提交有关提案、建议，为湘西州更好地开展好脱贫攻坚工作提供了有益参考。通过开展脱贫攻坚民主监督，我们还教育培训了一批盟员。他们中有些还取得丰硕成果，如益阳民盟市委办公室主任徐静同志论文《对民主党派脱贫攻坚民主监督的几点思考》，分别获得民盟省委会和中共湖南省委统战部统战理论课题二等奖。

六、勇担责任，主动参与

民盟省委会既是监督者，又是支持者和参与者。一是争取民盟中央社会服务项目落户湘西州。2020年，促成民盟中央“守护天使工程”湖南省项目在湘西永顺县启动，为湘西州基层医院节省5000多万元的医疗器械和设备购置费用。2021年12月，促成民盟中央与西门子医疗天使工程5G湖南捐赠暨乡村振兴影像技师培训开班湘西站启动仪式在吉首市举行。二是捐资助学。2016年，在民盟上海市委会的支持下，民盟上海市委青企会向永顺县职教中心捐款20万元，开办一个“民盟·同心班”，资助学生50人。2018年，经牵线搭桥，民盟山东省委会到永顺县荣众留守儿童学校开展“助力天使”关爱留守儿童活动，捐建一个“助力天使爱心屋”，陪赠价值30余万元的一体机及短信机20余台，畅通留守学生同父母情感交流通道。三是助推湘西州医疗专业人才本土化建设。2020年，促成盟员学校湖南护理学校与湘西州慈爱园签订定向培养协议，每年从州慈爱园选送10名孤儿到湖南护理学校免费就读三年，回来后安排到州内各县市的乡镇卫生院工作。四是助销农产品。2020年，在《潇湘晨报》的支持下，民盟湖南省委会为永顺县开展直播带货活动，帮助永顺县销售本地特产，收到了很好的效益。五是支持湘西州产业扶贫。在民盟湖南省委会副主委戴晓凤的持续关注和支持下，天泽农业发展有限责任公司走进凤凰县麻冲乡扭仁村，开启了凤凰红心猕猴桃的产业经济发展之路和产地品牌塑造之路。盟员、湖南天香生态兰花有限公司总经理潘三军在湘西州投资1亿多元，带领贫困群众脱贫。2018年，获评湖南省“百名最美扶贫人物”。六是支持盟员到湘西州实地扶贫和助学。湖南民盟艺术团副团长、民盟湖南省湘剧院支部主委刘星主动请缨加入省文旅厅驻凤凰县麻冲乡竹山村帮扶工作队伍，扎根湘西贫困山区，开展驻村扶贫。2020 年荣获“全省民族团结进步模范个人”称号。七是支持湘西州民盟作为牵头单位承担驻村扶贫任务，开创了湖南省民主党派地方组织牵头驻村扶贫的先河。自 2015 年 3 月以来，民盟湘西州委会承担保靖县水田河镇中心村、排大方村驻村扶贫工作。自开展驻村扶贫以来，在 2 个扶贫村累计投入各项扶贫资金 4800 万元，全面完善水、电、路、网等基础设施，为实现乡村振兴打下了坚实基础。中心村被评为省级“同心乡村”和州级“文明村镇”；排大方村被评为州级“同心美丽乡村”和“文明村镇”。驻村盟员杨艳妮、樊神木等被民盟中央评为全国社会服务工作先进个人。八是围绕脱贫深入调研。近年来，民盟省委会将脱贫攻坚列入参政议政重要课题，围绕产业扶贫、人才扶贫、集体经济壮大、衔接乡村振兴等内容，赴湘西州进行深入调研。调研成果通过社情民意、调研报告、“直通车”、提案、议案等形式，为脱贫攻坚“发声”，提供决策参考。九是全省市级民盟组织积极参与精准脱贫工作，为当地精准扶贫、精准脱贫工作贡献了民盟智慧和力量，展示了民盟参政党良好形象。

七、成功办会，广泛推介

2019 年 10 月，民盟中央在湖南省湘西州召开脱贫攻坚民主监督工作座谈会。全国人大常委会委员、民盟中央副主席龙庄伟出席会议并讲话，湖南省人大常委会副主任、民盟省委会主委杨维刚，中共湖南省委统战部副部长龙建湘出席开幕式并致辞。民盟中央专家组成员、全国 21 个省级民盟组织参与相关工作的领导、专家、机关专职干部 80 余名代表参加这次会议。会议通过实地考察和典型介绍等方式向全国推介湖南脱贫攻坚民主监督的成果和经验。民盟省委会在会上作了《不忘合作初心，开展民主监督，助力精准扶贫首倡地脱贫攻坚》的经验介绍。

致力为民立言——建言献策篇

建议增设南岭山区国家集中连片特困地区

（2014年建议信被副总理张高丽批示，
2015年社情民意信息被副总理汪洋批示）

南岭，又称“五岭”，坐落于湘粤桂赣四省边界，是我国江南最大的横向构造带山脉，是长江和珠江两大流域的分水岭。南岭山区气候相近，地貌相似，地域上涵盖湘南、粤北、桂东北，包括湖南省新田县、江华县等53个县（市、区、管理区），总人口2064万人，总面积9.96万平方公里。长期以来，南岭片区由于地处三省（区）边境，远离三省（区）经济政治中心，导致经济社会长期落后。特别是南岭山区的生态环境脆弱，生存条件恶劣，自然灾害频繁，基础设施和社会事业发展明显滞后，贫困程度深，共有4个国贫县，24个省贫县，连片贫困特点非常突出。

2011年12月，中共中央、国务院印发了《中国农村扶贫开发纲要（2011—2020年）》，在全国共划分了14个集中连片特殊困难地区，作为新阶段扶贫攻坚的主战场。这些连片特困地区，集中在山区、高海拔地区和生态环境恶化地区，而且涵盖了绝大部分少数民族聚集区；而作为全国最贫困地区之一的南岭山区却没有纳入其中，不能享受国家片区的特殊政策扶持，经济社会发展举步维艰，已成为我国全面建成小康社会进程中的一块短板。

因此，我们建议：增设南岭山区国家集中连片特困地区，给予国家片区政策扶持，从根本上改变南岭山区贫穷落后的面貌。其紧迫性和必要性主要有以下几个方面。

1. 增设南岭山区国家集中连片特困地区，是实现新一轮扶贫开发工作目标的现实需要

《中国农村扶贫开发纲要（2011—2020年）》提出了新阶段扶贫开发"两不愁、三保障"的目标任务，对照中央的要求，南岭山区的扶贫任重道远、进展乏力。一是贫困人口多。南岭山区三省五市共有4个国贫县、24个省贫县，贫困人口260余万人。二是贫困程度深。经济社会发展滞后，水电路讯等基础设施薄弱，社会公共基本服务差距大。基础设施落后，导致发展缓慢。三是实现目标难。南岭山区五市的人均GDP、人均财政收入、农民人均纯收入都低于全国平均水平，即使与已列入国家片区范围的大多数县相比也低。

2. 增设南岭山区国家集中连片特困地区，是加快建成全面小康社会的重要举措

中共十八大提出，到2020年实现建成全面小康社会的宏伟目标，但是南岭山区的永州、清远、韶关、桂林、贺州，在2011年全面小康实现程度都很低，五市平均低于所属省份平均水平6个百分点以上，与全国平均水平相比更低。以湖南永州市为例，永州市内的新田、江华、宁远、双牌、江永、江华、道县、蓝山、金洞管理区和回龙圩管理区，2011年小康实现程度分别为69.3%、68.1%、72.8%、69.9%、70.5%、80.3%、74.0%、58.0%、66.0%。以上9个县区即使与该省已列入武陵山、罗霄山两个国家片区的43个贫困县相比也属中下水平。

3. 增设南岭山区国家集中连片特困地区，是加快少数民族地区经济社会发展的迫切需要

南岭山区是中国最大的瑶族聚居区，全国12个瑶族自治县，有10个集中在南岭山区，瑶族人口231.6万人，占全国瑶族人口的82.8%。同时，南岭山区也是客家人最大的聚居区。在南岭山区，山上是瑶胞，山下是客家人，同聚南岭，同是"山地民族"，相处融洽。要加快南岭山区少数民族区域经济社会发展，迫切需要国家给予特殊扶贫政策扶持，结合中央、省区现有的少数民族政策，形成合力，推进南岭山区少数民族聚集区经济社会的发展。

4. 增设南岭山区国家集中连片特困地区，对于促进革命老区经济发展具有重要意义

南岭山区是革命老区聚集地，目前，韶关市有1个中央苏区县，73个革命老区乡镇，是广东省重点革命老区市之一。桂林市有11个革命老区县。永州是中国革命的发祥地之一，是井冈山革命根据地范围，红六军团曾在新田、宁远、道县、江永、江华境内驻扎，为红军长征抢渡湘江作出过重大贡献。这些革命老区县，为革命作出了巨大的牺牲和贡献，现在革命成功了，老区人民的生活还没有富裕起来。把南岭山区革命老区县列为国家集中连片特困地区，作为下一阶段扶贫攻坚的主战场，对于弘扬老区革命精神，促进南岭山区的经济社会发展，具有重要的政治意义。

5. 增设南岭山区国家集中连片特困地区，对于促进南岭山区生态环境的保护和建设至关重要

南岭山区是全国重要的生态屏障，气候温暖湿润，生物资源丰富，是中亚热带地区具有代表性的天然生态系统，也是我国仅有的几块物种贮存地之一，其科学价值和环境意义都十分重要，尤其是对该区域物种资源的研究和保护，关系到区域环境安全和经济可持续发展的稳定性。南岭是珠江和长江两大水系的分水岭，在南岭南坡有12条大河流汇入珠江，北坡有11条河流汇入长江。整个南岭山区的降水量都在1000mm以上，如果山区环境被破坏，不仅影响山区的经济发展，更影响长江、珠江下游地区的生态环境和经济发展。永州是湘江的发源地，担负着保护湖南省“母亲河”的神圣职责，其生态保护对整个湘江流域都至关重要。保护好南岭山区的生态系统，保护好南岭山区的生态多样性，保护好长江和珠江两大水系及湘江流域生态安全，将是南岭山区必须发挥的重大作用和务必承担的重要责任。

6. 增设南岭山区国家集中连片特困地区，符合南岭山区独特属性和人民的强烈愿望

南岭山区山脉相连，气候相近，地貌相同，经济社会发展相对落后，贫困人口集中连片，贫困属性、民族属性和地域属性十分相近。把这一区域进行集中连片开发，将进一步增强地区协同性和经济发展互补性，将进

一步凸现各自优势，充实强项，补足短板，形成合力，共同发展。

7. 增设南岭山区国家集中连片特困地区，完全符合划分条件

国家集中连片特困地区的划分依据，是以农民人均纯收入、人均地区生产总值、人均财政一般预算收入三项指标均低于西部平均值为基本划分法，按照县为单元、集中连片、跨省分布的原则，同时对革命老区、民族地区和边境地区采取增加权重赋值的方法进行倾斜照顾。南岭山区三项指标都低于西部平均值，同时又是革命老区集中地区、瑶族聚居地区，更是跨湘粤桂三省分布的边境地区和全国生态重要屏障，完全符合国家集中连片特困地区的划分条件。

执笔人：杨维刚

全国政协常委、湖南省人大常委会副主任、民盟湖南省委会主委

关于加强贫困地区“山村幼儿园”建设阻断贫困代际传递的建议

（湖南省政协十二届一次会议优秀提案）

中共十九大报告提到：努力让每个孩子都能享有公平而有质量的教育。目前，湖南省学前教育特别是贫困地区学前教育，情况堪忧。学前三年的毛入学率虽然从2010年52.7%上升到2015年73.2%，但是据抽样调查显示，2014年农村偏远山区的学前三年毛入学率才接近50%，（较2009年提高了10多个百分点），但是距《湖南省建设教育强省“十三五”规划》2020年学前三年毛入学率达85%的目标要求，还有35个百分点的差距。

纵观世界各国政策实践和最新科技研究表明：可以把人力资源开发作为反贫困的一种重要手段，把儿童早期发展作为一个重要的突破口。儿童发展投资越早，收益越早，回报越高。再看国内青海、云南、贵州、新疆、陕西、安徽等省份，都把加强贫困地区的学前教育作为打赢扶贫攻坚战的重要举措。让贫困地区的孩子们能接受公平而有质量的学前教育，是消除农村贫困的根本出路，更是从根源上阻断贫困代际传递的根本途径。

为缩小贫困地区与城市之间儿童发展的差距，从起点上维护和促进社会公平，推进湖南省贫困地区学前教育事业发展，从而实现全面建成小康社会和共同富裕的既定目标，我们提出以下建议。

一、加强与中国发展研究基金会合作

中国发展研究基金会于2009年发起“山村幼儿园计划”，结合政府和社会资源向农村地区3岁至6岁幼儿提供早期教育，探索普惠性的早期教育政策方案。据了解，该基金会已在中西部贫困地区建立了“山村幼儿园”，为3岁至6岁农村贫困幼儿提供免费学前教育。截至2017年8月，基金会和地方政府合作，共在青海、贵州、湖南等9个省（区）的17个县（市），设立山村幼儿园近1800所，在园幼儿4.5万多人。

2012年，中国发展研究基金会与本省古丈县人民政府合作实施“山村幼儿园计划”项目试点，结合政府部门和社会资源向农村地区3岁至6岁幼儿提供全覆盖的早期教育，以促进贫困地区及偏远地区的早期教育机会公平，提高其质量。截至2017年，古丈县已建成山村幼儿园70所，分布在6个镇56个村，山村幼教志愿者70人，现有幼儿765人，约占古丈县适龄幼儿数量的20%。全县学前三年毛入学率由2012年的44.1%提高到现在的85%。

可见，中国发展研究基金会发起的“山村幼儿园计划”已取得一定的成效。建议省政府加强与该基金会的合作，将其在全国试点的情况进行分析研究，总结“山村幼儿园计划”的好做法、好经验，并结合本省的实际情况，从省级层面进行推广实施，至少率先在全省49个贫困县以“山村幼儿园”的形式推动学前教育入村，确保贫困地区幼儿能够最大限度接受学前教育，从根源上阻断贫困的代际传递。

二、调整政府对贫困地区学前教育资金投入思路，实施“山村幼儿园”计划

建议政府把村镇以上幼儿园的建设有序规范的留给社会资本进入，将投入重心放在偏远山区的“山村幼儿园”建设。

1. 据粗略测算，以每个“山村幼儿园”每年需要投入5万元计，目前全省共有贫困行政村5000个，假设在这些行政村都设立幼儿园，政府财政每年需投入2.5亿元。同时整合扶贫项目、慈善机构捐赠、社会募集等方面资金，确保“山村幼儿园”建设有序推进，也为幼儿园的日常运营和管理维护提供经费保障。

2. 充分利用现有条件，尽快普及“山村幼儿园”。建议省教育厅尽快组织制订“山村幼儿园”推进计划。在人口超过1500人的贫困村，租赁光鲜的村部、废弃的原村小等公共空间，给无法去乡镇中心幼儿园享受学前教育的孩子，提供入园接受学前教育的机会。

3. 出台公办幼儿园生均拨款标准。从《教育部办公厅关于各地建立完善学前教育、普通高中和特殊教育经费投入机制情况的通报》（教财厅函〔2017〕25号）中了解到，全国已有北京、天津、上海、江苏、广西、海南、重庆、四川、西藏、陕西、甘肃、青海、宁夏13个省（区、市）和宁波、厦门、青岛3个计划单列市及新疆生产建设兵团出台了公办园生均公用经费拨款标准，大连出台了生均综合补助标准。建议省级财政出台本省公办幼儿园生均经费拨款标准，提高“山村幼儿园”的经费保障水平。

三、从制度上规范“山村幼儿园”建设

1. 园舍建设。“山村幼儿园”园舍及设备应坚持“安全、适用、够用”的原则建设和配置。园舍应参照国家和省的相关规定标准，可将闲置校舍、村委会办公楼、村民文化活动中心或者租赁具备相应条件的民房进行园舍标准化改造。建议省政府出台“山村幼儿园”建设标准，同时编制基本设施设备参考目录，为园舍的建设提供参考标准。

2. 科学布局。遵循实事求是、因地制宜的原则，在深入调查、摸清底数、充分征求群众意见的基础上，根据人口、交通等实际情况，采取“一村一园”“一村多园”或者“多村一园”等形式，科学规划和建设“山村幼儿园”，确保幼儿就近上学，这样不仅可以缓解幼儿上下学途中安全问题，而且一定程度上解放了家长的生产力，节约了家长因看护孩子而产生的人力成本。

3. 师资保障。结合本省实际，合理配备幼教，确保每个“山村幼儿园”都有老师教课。对入职幼师严格准入标准，实施定期职业培训计划，出台聘任（聘用）、考核、辞退等管理制度，保障其合法权益。建议提高社会对山村幼教职业的认同感，增强其获得感、荣誉感，建立山村幼教职业、职级晋升通道，让其能看到职业前景，更好地做好职业规划。同时还

应建立幼教队伍补充长效机制。

4. 管理体制。建议“山村幼儿园”的管理以县乡管理为主，政府主导、企业资助、社会参与、地方支持（村委会负责安全和管理、中心完小负责业务辐射管理）。

四、以政府购买公共服务的方式推动山村幼儿园建设

“山村幼儿园”的建设不仅要在硬件上达到一定的标准，更重要的是要在软件上与主流教育水平看齐，硬件上的投入需要以政府为主导，在软件方面的建设上，政府可通过购买学前教育公共服务来加强，比如购买管理服务、后勤服务、培训服务和教学课程等。

建议建立政府购买公共学前教育服务机制，加大对“山村幼儿园”扶持力度，引导和支持民办幼儿园提供收费合理、设施配套、师资可靠的普惠性服务，构建覆盖面广、质量有保证的学前教育公共服务体系，让民办幼儿园已经形成的、优秀的、成熟的学前教育资源以及管理制度能够服务“山村幼儿园”，从而减少政府重复开发、重复建设以及管理成本。

（文章中的数据主要来自《教育决策参考》）

执笔人：汤浊

民盟湖南省委会副主委

精准把脉地方经济困境
务实推进湖南省供给侧结构性改革

（湖南省政协第十一届五次会议集体提案，
中共湖南省委书记杜家毫批示）

刚闭幕的中央经济工作会议再次聚焦供给侧结构性改革，提出要继续深化供给侧结构性改革。民盟省委紧紧围绕中共省委、省政府中心工作，专门组织课题组，深入长沙、岳阳、衡阳、郴州和永州等地，与各地政府及其相关部门、企业进行座谈，实地调研本省供给侧结构性改革情况。

湖南在推动供给侧结构性改革工作中，推进有力、成果显著。各级地方政府高度重视，紧扣“三去一降一补”重点展开工作。对于绝对过剩产能，尤其是那些严重亏损和严重污染的产能坚决淘汰；通过增加经济适用住房货币补贴，将棚户区改造、城镇化建设、农业转移人口市民化与房地产去库存相结合，拓展多种渠道去库存；通过不断简化审批以及中介手续流程、推进营改增、创新供地模式降低用地成本等方式为企业减负减税减息降成本；借助“一带一路”“创新创业”“精准扶贫”等倡议机遇，全力支持科技创新，释放发展活力补短板。

在调研中，我们也发现在供给侧结构性改革中遇到了一些主要问题与困难。

1. 地方支柱产业遭遇去产能、去库存尴尬，产业结构矛盾凸显

根据对本省支柱产业、规模优势及新兴产业的数据分析，本省存在明显的“支柱产业规模不优，规模优势产业却不是支柱产业”的结构性矛盾。以本省支柱产业 2015 年增加值作对比，增加值占全省规模 5% 以上的

行业有 7 大类，但仅有三类产业在全国同行业占比在 5% 以上；在全国同行业占比超过 5% 以上的规模优势产业有 4 大类，但在省内占比却都在 2.2% 以下。战略新兴产业不仅在省内占比低，在全国同行业占比也低。

调研也反映出产业结构矛盾是地方供给侧结构性改革中遇到的最大困难。一些具有规模优势的地方经济支柱产业，被纳入了去产能的行列，如衡阳粗钢产量 2016 年前三季度下降 13.2%，直接波及上下游配套企业产量下滑；一些支柱产业结构不优突出，产品同质化、高端产品短缺问题明显。如岳阳 2016 年前三季度石化产业工业总产值占岳阳 GDP 的 43.7%，但绿色化工产业园生产树脂产品的企业仅 4 家。

房地产业情况更加明显，上半年，本省房地产业税收占地方收入比重 24.2%；占税收总收入比重 22%；占地方税收收入比重 42.8%。房地产不仅是地方 GDP 的支柱，更是其金融链的骨架。尤其是在市县一级，房地产市场的压缩，直接导致县市一级农商行贷款不良率上升，目前本省许多农商行贷款不良率已经超过监管的警戒水平。

2. 企业普遍反映负担重、融资难，经营状况困难

企业普遍反映用电贵，根据国家电网上半年各省的电价数据，湖南省电价居全国第二位，每度仅低于排名第一位的广东省 0.0034 元，是用电最低价宁夏回族自治区的两倍。

用工成本与中部的湖北、江西、安徽、河南和山西等省比较，湖南用工成本位居首位。目前，本省许多行业人力成本已经占到了企业成本的 40%，其中社保压力成为企业运营成本中的最重负担之一。

融资贵则集中体现为融资渠道严重缺乏，中间环节多，成本层层加高。以耒阳市金融机构贷存比看，截至 11 月底，12 家银行除了农发行与 3 家地方银行的贷存比达到 50% 以上，其余 8 家平均贷存比仅为 20.41%，而邮政公司存款余额占比为 15.4%，贷款余额为 0。说明本省当前除了核心城市的地方经济，正规金融体系的资金已经很难进入县市一级。

3. 对去杠杆的认识存在误区，地方政府去杠杆难度大

根据人民银行的统计数据，截至 2016 年 6 月底，全社会融资规模增量中，以贷款为主的各类债务融资占比高达 93.86%，而湖南省的占比达

到 94.61%。

去杠杆，就是要降低全社会融资结构中债务融资的比重，特别是降低企业对债务融资的依赖。调研发现，许多地方政府都把去杠杆认知为金融机构化解不良资产风险与降低政府债务利息成本的手段。这个认知，导致去杠杆的相应措施制定不得要领，与现实要求相去甚远。由于去杠杆涉及国家层面的金融体系改革问题，地方政府缺乏相应实施措施与手段。简单地去杠杆，将直接导致金融机构抽贷，直接恶化中小企业的经营状况。

4. 技术创新支持政策不到位，地方经济创新严重不足

对比分析中部六省的研发投入与产出数据，发现湖南研发投入与产出效率不匹配。在 R&D① 投入力度上，自 2010 年来，湖南一直位列前三，且与第一、第二的湖北、河南的差距不大。但是，在创新产出上，虽然位居第四，但是与前三位的差距存在不断加大的趋势。这主要是因为：高等学校、科研院所对科研成果的界定普遍“重论文、轻实用”“重研究、轻转化”。2015 年，本省技术市场交易额 105.4 亿元，仅占全国的 1.1%，而同期湖北省达到 830 亿元，占全国的 8.66%。同时，企业普遍反映目前技术创新税收优惠政策多，但企业却很难享受到。以郴州为例，全市共有 3 万多家高新技术企业，其中规模以上企业 1100 多家，但 2016 年享受到税收优惠的不到 10 家。主要是由于优惠政策的条条框框太多，如政策规定科研经费占销售收入比要达到 5%，很多企业便会选择放弃税收优惠政策；再如技术创新奖的申报不是按技术水平而是以企业申报个数作为限制条件。企业创新不足已成为制约本省产业结构转型的主要原因之一。

针对上述问题，我们认为，供给侧结构性改革的关键任务是在产业结构调整，而重中之重又在于企业的转型升级，要让原有企业具有转型能力，让从事新型产业的企业不断涌现。为此，我们建议如下。

1. 创新引领要落到实处，科技创新支持政策要成为真正激励科技创新与应用的趋动力

要建立公平科学的科技创新项目评审指标体系，以创新技术优先，让

① R&D，即科学研究与试验发展（research and development，R&D）。

科技创新鼓励政策真正能够成为创新趋动力，引导激励科研人员向实用技术研究与发明上转化。

要把企业管理创新纳入创新奖励政策范畴。通过建立管理创新指标，将企业转制、公司治理结构与管理团队建设等情况纳入考核体系，引导鼓励企业，尤其是民营企业提质升级。

2. 着力为企业减负解困，平衡企业的收益水平

要认真落实《湖南省降低实体经济企业成本工作方案》。特别是要进一步给予企业在社保缴费上的灵活度。可以根据企业自身各个年度财务状况，确定不同缴纳比例，给予企业在社保缴费上的一定灵活度。

加快落实本省的电改方案。通过供给侧改革，建立完善的电力交易市场，结合煤电联动来促使价格下降；通过对电网企业进行定价成本监审，利用科学合理的核定方法促使其建立合理的价格机制。

3. 大力发展本省地方性资本市场，为企业打通资本通道

关键是要制定突破目前以银行为中心、以债务融资为主的金融结构的本省金融发展战略，建立地方性资本市场，务实降低实体经济对杠杆的依赖。

地方性资本市场的任务就是要建立一个与企业不同发展阶段、不同融资需求相匹配的资本供给市场。从天使、VC 到 PE，为创新创业、为转型升级，提供不同层次的产业资本，形成一个活跃的多层次的地方性资本市场。

资本市场的形成，取决于信息的聚合引导资本的聚合，以及实现信息与资本聚合的市场规则。目前，市场已经自发地形成了一些信息与资本的聚合形式，但规模小，公信力不够，发展存在一定困难。因此，要加快建设融资需求信息聚合平台，以及保障平台信息真实可靠的制度；建立资本聚合的场地，通过建立中央金融商务区、基金小镇、在产业园里加入金融产业园或融资服务中心等方式，政府政策引导，吸引资本聚合。

4. 调动地方政府能动性，务实推进供给侧结构性改革

对于涉及地方“支柱产业”的去库存与去产能问题时，要鼓励地方政府因地制宜，稳妥推进，避免“一刀切”式调控可能引发的“硬着陆”

风险。

尽快出台鼓励地方政府支持地方民营经济发展的相关规定。可以选择一些民营企业集中的地方或工业园进行相关试点，让地方政府根据地方经济特点，企业发展状况酌情选择支持方式。通过相关管理规定，确立好权责范围，让地方政府在支持民营企业相关政策操作层面，有规可依。

执笔人：戴晓凤

民盟湖南省委会副主委、湖南大学教授

引入保险机制完善基础性兜底保障助力长效防贫

突如其来的新冠肺炎疫情给2020年的脱贫攻坚收官年带来了新的挑战。疫情期间，部分贫困群体因患病导致生活负担加重、因无法按期返工导致收入骤减、因农产品运输及销售迟滞导致收入难以保证，进一步加大了临贫易贫人员的致贫返贫风险。加快建立防贫返贫监测和帮扶机制，巩固脱贫成果防止返贫成为当前扶贫工作的重点。

在2020年3月12日的国务院新闻办公室新闻发布会上，国务院扶贫开发领导小组办公室主任刘永富就指出，已经脱贫的9300多万贫困人口，有一部分是不稳固的，是比较脆弱的，要防止返贫。根据统计，现阶段有返贫风险的约200万人，有致贫风险的约300万人。为此，国务院扶贫开发领导小组在3月20日下发了《关于建立防止返贫监测和帮扶机制的指导意见》，明确提出要统筹政府、市场和社会资源，建立防止返贫监测和帮扶机制，巩固脱贫成果，确保高质量全面打赢脱贫攻坚战。要多渠道筹措社会帮扶资金，为监测对象购买保险，及时化解生活生产风险。“指导意见”的下发为在2020年后建立长效防返贫机制中加大对保险手段的运用指出了方向，但在实践中仍要解决相关机制与实施问题。

一、现阶段防贫保险的实践成效

2018年6月13日，《中国保险报》曾以《防贫保：筑起贫困线上的“拦水坝”》为题在头版头条对国内首个防贫保险进行了报道，详细介绍了河北省邯郸市魏县创新引入保险机制为全县80万农村人口防贫保投保，如农户因病、因灾、因学导致返贫致贫都可以获得相应的保险赔偿，从根本上解决了因突发大额支出可能导致的返贫致贫问题，从而率先实现了“未贫先防”。据了解，该项目落地2年来，魏县没有再出现过一例新增贫困和返贫。

据不完全统计，目前全国已有湖南、河北、湖北、内蒙、青海等超过20个省份进行了不同程度的防贫保险实践，其中湖南省先后在怀化沅陵县、张家界慈利县、郴州安仁县、邵阳北塔区等县区开展了防贫保投保工作，累计为超过115万农业人口提供了防贫兜底保障。与未投保地区相比，防贫成效较为突出。

1. 基本实现了消除新增贫困与返贫的目标

投保地区多以国定贫困线的1.2倍至1.5倍为标准，当辖内人员因病、灾、学导致突发大额支出或者丧失劳动能力时，保险公司根据实际家庭可支配收入与贫困线的差额进行补差，使其经济状况始终高于贫困线。

2. 与其他监控与救助手段相比，效率更高

全国多省在实践过程中，都采用了对照组的做法。比如在河北省，魏县交由保险公司承办，同期馆陶则采用政府自办模式；在云南省，楚雄采用政府自办模式，大理、保山、文山等地则采用保险公司经办模式；在湖南省，沅陵采用保险公司经办模式，慈利、安仁等采取商业保障风险分摊模式；此外，还有少数省份探索了由红十字会等组织牵头组建服务机构承接的模式。从现阶段实施效果回溯来看，保险公司经办模式效率最高。这主要是因为，防贫监控与救助工作对人力和车辆等消耗较高，且有较为严格的合规要求，保险公司通过大病保险等项目已积累了丰富的理赔经验，有完整的人员、车辆资源配置及理赔服务规范，可以直接应用到防贫监控与救助保险中来。无论是政府自办还是牵头成立单独的第三方服务机构，都需要前期进行专项的资源配置与服务规范，同时因防贫监测、入户检查工作量的季节性差异面临忙闲不一的问题，因此从运作高效和财政资金投入效率两方面都反映出引入保险服务更具有优势。

3. 已试点地区群众评价普遍较高

在政府自办模式下，政府既是裁判员又是运动员，出现矛盾时容易激

化且需高度防范贪腐问题。引入保险公司作为第三方提供防贫监测与临时救助，则使政府从大包大揽中解放了出来。政府可以对保险公司提出明确的服务标准要求，并加以抽查、监督，或组织群众进行民主评议，不断督促保险公司提升服务品质、提高群众满意度。从目前在公开渠道可以采集的各方信息来看，进行防贫保险试点的地区群众评价普遍较高，且未出现违规情形。

二、各地实践中面临的主要问题

1. 保障对象的选择不一，部分地区覆盖面较小

在现有防贫保险试点中，有的地区仅为尚未脱贫的建档立卡户投保，未达到对不稳定脱贫户和边缘户的动态监测与临时救助目标，工作仅限于帮助已有建档立卡户脱贫，而难以解决新增贫困与返贫问题。

在另外一些地区，仅为已纳入扶贫开发信息系统的临贫易贫人员记名投保，其本质与为建档立卡户投保一样，即先行登记造册，划定救助保障范围，仅为范围内人员投保，这与建立普惠型、兜底性救助保障的要求有一定差异。

在河北省邯郸市魏县，全县所有非建档立卡农户均为防贫保险保障对象；在湖北省咸宁市通城县，全县所有非建档立卡农户及城镇户籍人口均为防贫保险保障对象，即实现了兜底性救助全覆盖。在实践中曾有一例，一家姓李的农户家里盖有二层小楼，跟当地其他村民比起来，日子过得还不错，既不属于建档立卡户，也不属于纳入监测的临贫易贫户，但因突患心脏病，在北京做手术先后花掉30多万元，家境一下子就穷了下来。尽管有楼，但农村楼房不值钱，因病欠债20多万元。如果只考虑原有临近贫困线的群体，像他这样的骤贫户突然掉到贫困线的情况就难以杜绝。

2. 保费来源不一，部分地区存在顾虑或难以持续

在2019年2月，财政部、国务院扶贫办曾联合下发《关于做好2019年贫困县涉农资金整合试点工作的通知》（财农［2019］7号），规定涉农资金统筹整合使用时不得用于购买保险。虽然该规定仅用于规范2019年指定资金的使用，但部分省市扶贫部门据此对在扶贫工作中购买保险存在

疑虑。

防贫保险资金如果全额由地方财政负担，则防贫问题越突出的相对贫困地区财政资金越紧张，从而形成悖论。目前部分地区采用了多种资金筹措模式，比如，在湖北省部分地区，引入了社会捐赠资金；在海南省，借鉴农险模式，采用“省级统筹＋县级统筹＋农户自担”的综合筹资模式；此外，在其他一些地区，也在探索在东西结对帮扶中加入防贫保险等，都是有益的探索。

三、相关政策建议

1. 加快顶层设计，在基础性兜底保障机制中充分发挥保险业作用

随着绝对贫困的消除，我国的扶贫工作重心将逐步转向消除相对贫困，各类政策也应向临贫易贫人群、低保户、低收入户等倾斜，通过普惠型、基础型、兜底型救助保障机制的建立解决长效防贫问题，保险业也应在此充分发挥社会稳定器作用，增强相对贫困群体的抗风险能力。

为此，建议在中央层面总结各地先行先试经验，进一步完善针对贫困边缘群体的防贫制度顶层设计，鼓励引入保险等社会力量参与长效防贫工作，指导各地根据当地的经济情况制定更为灵活的防贫政策，破除在现有制度框架下对保险业参与扶贫防贫工作的抑制。

2. 探索建立防贫保险财政补贴制度，并鼓励各地因地制宜设计多元化保费筹措机制

3 月 21 日，国务院扶贫开发领导小组已印发《关于下达 2020 年度中央财政专项扶贫资金计划的通知》，明确要及时将返贫和致贫人口纳入帮扶，并支持各地自主开展建立返贫监测预警和动态帮扶机制，以及继续推进减贫工作。

在此基础上，建议参考政策性农业保险等领域的做法，研究、制定防贫保险财政补贴政策。一是明确允许将防贫保险纳入专项扶贫资金使用方案，特别是对深度贫困地区予以倾斜，以解决扶贫防贫任务重、地方财政资金压力大地区的防贫保险资金筹措问题；二是中央和省级部门根据县级财力差异及防贫工作任务压力，制定针对性扶持政策，通过设计中央财政

与省市县级财政补贴为主、多元化社会渠道筹资为辅的政策，促进防贫保险的可持续发展；三是探索将防贫保险纳入扶贫产业发展体系，设置多元化负担模式，如从扶贫产业增量受益或公益金中提取一定比例作为防贫保险保费来源等。

3. 以“政府购买服务”的方式，推行基金式共管模式，建立风险调节机制

牢牢抓住就业扶贫和产业扶贫这两个决胜脱贫攻坚的关键，针对不可预见的公共卫生事件如新冠肺炎疫情等所导致的务工人员收入损失，以及因自然灾害导致的产业损失，均纳入防贫保险保障体系，杜绝各种风险因子带来的致贫返贫现象。以“政府购买服务”的方式，推行基金式共管模式，建立风险调节机制。基金出现亏损时由财政资金补足，有结余基金退回政府财政或结转下年，以保障专项防贫资金安全。使财政资金借助于保险发挥更大的作用。

4. 加强资金监管，对使用过程检查监督，对使用结果公告公示，杜绝跑冒滴漏与腐败的可能

强化保险服务监督。督促保险公司充分发挥专业优势，提升服务质量、服务效率和群众满意度。可以通过县、村居民对服务质量评分、扶贫部门对理赔案件进行质量抽检并根据检验结果予以奖惩等多种形式进行正向引导。

执笔人：张琳

十三届全国人大代表、湖南大学金融学院教授

关于提高弱势群体收入改进湖南生存性民生的建议

（湖南省政协第十二届一次会议优秀提案）

“限高、扩中、调低”一直是收入分配改革的方向。湖南在“调低”即提高弱势群体的收入方面，还有很多工作要做。本文根据2017年11月最新出版的《中国统计年鉴》及历年全国和各省统计年鉴、各种专业年鉴及政府公报，从比较的角度来分析。

一、湖南居民收入收入状况及短板分析

1. 湖南城乡居民可支配收入水平低于全国平均水平

2016年湖南城镇居民人均可支配收入31284元（全国为33616元），农村居民人均可支配收入11930元（全国为12363元），湖南城镇居民和农村居民人均可支配收入均低于全国水平。这一状况在2017年前三季度仍没有改变。2017前三季度，湖南城乡居民可支配收入为16303元，低于全国的19342元。从2013年—2016年，湖南城乡居民人均可支配收入在全国31个省市中，分别排名第11、第10、第11、第10位和第15、第15、第15、第14位。湖南城乡居民人均可支配收入的排名均低于湖南GDP的排名，湖南GDP在全国31个省市中，分别排名第10、第10、第9、第9位。

湖南城镇居民人均可支配收入增长率2014—2016年及2017年前三季度分别为9.1%、8.5%、8.5%、8.5%，农村为11.4%、9.3%、8.5%、8.5%，同期湖南GDP增速为9.5%、8.6%、7.9%、7.5%。湖南城镇居

民人均可支配收入增长率2014—2015年均落后于GDP增速；农村居民人均可支配收入2014年低于GDP增速，2015年略高于GDP增速；2016年和2017年前三季度湖南城乡居民可支配收入增长率均高于GDP增长率。这说明湖南在大力增加居民收入，但改进的速度低于全国平均水平。2017年前三季度全国居民人均可支配收入比上年同期名义增长9.1%，扣除价格因素，实际增长7.5%；湖南全体居民人均可支配收入同比增长8.5%，扣除价格因素实际增长6.7%。

2. 收入不公问题突出，弱势群体收入偏低

（1）城乡差距高于大多数省份。2013—2016年本省城乡居民收入分别比为2.70、2.64、2.62、2.62（全国2013—2016年分别为3.03、2.52、2.32、2.72），2014年和2015年湖南的城乡收入差距高于全国水平。在31个省市城乡差距降序排名中，湖南2013—2016年分别排第12、第13、第12、第11位，高于全国大多数省市。

（2）弱势劳动者的收入水平低。湖南最低工资标准在全国处于低位。自2015年1月1日起为1390元，直到2017年7月1日调整为1580元，2014—2016年湖南最低工资标准在31个省市中分别排第27、第25、第30位。即使2017年实行新的标准后，湖南最低工资标准在全国仍排名第19位；在中部六省仅高于安徽（安徽仍实行2015年的标准），处于倒数第二位（江西将于2018年实施的最新最低工资1680元）。这说明本省对弱势劳动者的收入保护不够。2013—2016年湖南最低工资与社会平均工资的比值（该比值是衡量社会收入分配公平的重要指标）分别为32.58%、32.22%、31.86%、28.64%，低于《国务院办公厅关于深化收入分配制度改革重点工作分工的通知》（国办函〔2013〕36号）提出的40%（世界平均为50%）。2013—2016年在31个省市中，这一比值湖南分别排第6、第12、第20、第24位。这说明本省的收入不公比较明显，而且在逐年扩大。

（3）最低生活保障水平不高。最低生活保障是城乡贫困居民依赖的经济来源。2013—2016年湖南城镇最低生活保障标准分别是4272元、4236元、4320元、5176元。农村分别是2064元、2328元、2448元、3082元。2013—2016年在全国31个省市中，湖南城镇最低生活保障标准排第18、

第24、第30、第25位；农村排第20、第20、第26、第25位。这说明湖南对贫困人口的扶助很弱，落后于全国大多数省市。2013—2016年湖南省城镇最低生活保障标准与城镇人均消费支出的比值（该指标用来衡量社会对弱势群体的关注程度）分别是26.89%、23.10%、22.15%、24.16%（全国这一数据分别为24.21%、24.70%、25.30%、25.72%）；农村这一比值分别为31.23%、25.80%、25.26%、28.99%（全国这一数据分别为32.54%、33.07%、34.48%、36.96%）。可见，湖南均低于全国平均水平。2013—2015年（因为很多省份2016年的统计年鉴未出，所以没有2016年的排序）在31个省市中，湖南城镇最低生活保障标准与城镇人均消费支出的比值分别排第18、第26、第30位；农村排第26、第28、第31位。这说明，湖南对弱势群体的基本生活保障不足，在全国处于落后水平。

二、提高弱势群体收入，改进湖南生存性民生的对策

1. 科学制订最低工资标准。首先，科学选择最低工资标准的决定因素。最低工资标准的制订有恩格尔系数法和比重法，一般要参考当地就业者及其赡养人口的最低生活费用、城镇居民消费价格指数、职工个人缴纳的社会保险费和住房公积金、职工平均工资（尤其私营企业职工平均工资更能反映劳动力市场的变化）、经济发展水平、就业状况等因素科学测算，减少决策随意性；同时注意动态性调整，逐步在劳动力竞争弱的行业建立行业最低工资标准，如环卫、餐饮、建筑、零售、低端制造等。因为最低工资标准关系到本省的经济竞争力，而随着用工短缺越来越严重，为吸引劳动力资源，邻省的最低工资标准是重要参照标准。其次，最低工资标准的决策过程应纳入劳资主体，让工会及劳动者代表、资方、社会各方及专家参与，同时运用省市各级协调劳动关系的三方机制对地区的最低工资标准进行工资集体协商。最后，加大最低工资标准的执行力度。调查表明，仍旧有42%的劳动者没有被最低工资标准所保护，本来较低的标准还被执法不严而打折扣，因此要加大对最低工资标准执法的检查监督。

2. 对低收入者实行分类施保。目前的低保政策分类简单，“一刀切”

的政策使施保并不“精准”。湖南可以根据年龄、家庭状况、健康情况、收入等进行综合分类，大类中再细化；在科学精细分类基础上再精准施保，如对低保、低收入家庭中患重大疾病人员进行医疗救助，对低保家庭有中小学生的开展教育救助，对低保住房困难家庭实行租金减免和廉租房，对低保残疾家庭给予重残无业补助，向低保就业家庭发放就业生活补贴等。还可以进一步实行项目救助和临时救助，消除贫困“死角”。

3. 提高私营单位和农村居民收入。首先，继续使居民收入跑赢 GDP。其次，提高市场化程度高的私营单位职工收入，平衡非私营单位与私营单位的职工收入差距。2016 年湖南城镇非私营单位平均工资为 58241 元，增长率为 11.2%，增长率在全国排名第一；城镇私营单位平均工资 34582 元，增长率低于全国水平。湖南城镇非私营单位职工平均工资是私营单位的 1.68 倍，略高于全国平均水平（1.6 倍）。如果任由这个趋势发展，会进一步拉大体制内外职工的收入差距。最后，提高城镇化水平，同时促进乡村经济转型升级，提高农村居民收入以缩小城乡差距。

执笔人：谢玉华

湖南大学工商管理学院教授、研究中心主任

湘西自治州脱贫攻坚民主监督调研报告（2019年）

为贯彻落实中共中央关于坚决打赢脱贫攻坚战的号召，帮助中共湘西州委州政府顺利完成脱贫攻坚任务，同时做好民主监督工作，发挥民主党派作用，民盟湖南省委调研队于2019年6月—8月对湘西州8县市分五批次进行了调研。本年度调研是围绕“两不愁、三保障”政策落实情况展开，同时关注脱贫可持续性。分别由胡颖、汤烛、赵为济、黎定军、何继华副主委带队，从社会服务处、益阳市盟和长沙市盟、民盟省委青年委员会、湖南省社会科学院抽调专家、干部参加。现将调研情况总结如下。

一、基本情况

在为期3个月的时间里，调研组对湘西州8县市的16个乡镇32个村入户进行了深入调研。调研共走访317户农户，其中贫困户296户、非贫困户21户；发放310份调查问卷，收回调查问卷302份，其中建档立卡户问卷290份、非建档立卡户问卷12份。

调研组抵达后先与当地县委县政府负责扶贫工作的主要领导进行沟通对接，了解大致情况后，再随机抽查确定走访贫困村。每到一个镇村，就和镇乡村各级扶贫干部、驻村书记、帮扶工作队成员等进行深入交流，对村小、村卫生室、扶贫产业基地、扶贫车间进行调研，走访有一定代表性的贫困户，了解他们的生活状况和政策具体落实情况。结束后就调研情况和县委县政府进行交流、反馈意见以及建议。

通过调研走访，调研组首先认为湘西州各级党委、政府对党中央国务院及省委省政府打赢打好精准脱贫攻坚战的决策部署贯彻坚决，作风扎实，精密部署，稳实推进，效果显著；其次在不断加大工作力度强化精准施策的同时，注重开拓创新，想办法出实招出新招，着力提高脱贫质量；最后脱贫攻坚总体上取得了决定性的进展，贫困户普遍满意，获得感明显增强，对帮扶干部的工作普遍认可，对党和政府的扶贫政策措施表达了发自内心的感谢和拥护。就像期间遇到一位约 70 岁的长者所说的“翻身不忘毛泽东，小康不忘习近平”一样。调研组确信湘西州在 2020 年前一定能够打赢打好脱贫攻坚战。

二、经验与亮点

在此次调研中，我们深感 8 个县市的脱贫攻坚工作开展扎实有序，措施务实有效，脱贫质量显著提升，未脱贫县脱贫在望，已脱贫县脱贫可持续性增强。湘西州的扶贫实践积累了经验，有自己的特色做法，形成了亮点。

1. 提高政治站位，压实各级责任，保障扶贫顺利开展

各县市紧紧围绕真脱贫和脱贫摘帽，深入学校贯彻习近平总书记扶贫开发重要战略思想，把脱贫攻坚作为重大政治任务和第一民生工程来抓，强化责任落实，狠抓作风建设。

强化组织保障。强有力的组织是切实有效推进扶贫工作的保障，各县市构建不仅有力而且有效的组织保障体系。湘西州 7 个县均成立了扶贫工作领导小组，由县委书记（或者县长）任组长。于 2017 年脱贫的吉首市，也丝毫没有松懈，成立由市委副书记任组长、组织部长和人大副主任、分管副市长、政协副主席任副组长的驻村扶贫工作领导小组，组织部长主抓。

压实各级责任。明确县级领导、县直部门、乡镇党委政府、村支两委、结对帮扶责任人五级责任，制定工作制度，提出工作要求。如保靖县要求县、乡（镇）、村三级分别签订脱贫攻坚责任状，实行“八个一”

制度[①]；吉首市驻村办实行“月初提醒、联村督导、月末督办”制度，帮扶干部推行“一册一餐六访月电话”制度[②]。

优化帮扶结对。脱贫帮扶结对制度使得脱贫工作针对性更强，措施更细，可以做到全覆盖。湘西州的普遍做法是根据职能部门的职责，有针对性地安排与贫困村结对，便于有针对性地采取帮扶措施。例如，吉首市这样做，党委部门联系基层党组织软弱涣散村、政法部门联系矛盾纠纷多发村、经济部门联系产业发展滞后村、农口部门联系特色产业发展村、宣传部门联系旅游重点村，实现了对贫困村和有贫困人口的非贫困村派驻工作队全覆盖。

2. 强化政策宣传，推进信息公开，保障扶贫公平有效

通过加大宣传力度，既让贫困户知道党的好政策，又提高扶贫干部的政策水平，扶贫政策不仅走进贫困户，还走进扶贫工作人员，把扶贫政策落到实处。

大力宣传政策。各县市加大政策宣传力度，完善精准扶贫工作流程和业务指导，修订《精准扶贫开发政策文件汇编（二）》和《精准扶贫口袋书》，一户一本，让群众知晓扶贫政策。制定并发放《湘西自治州脱贫攻坚政策到户操作流程指南》和《驻村工作培训手册》，提高扶贫工作效率。

推进信息公开。对扶贫资金的使用、村集体经济的收支、享受雨露计划职业学历教育补助的贫困学生名单等信息张榜公布，促进扶贫公开公平公正。如永顺县把《资金分配方案》在县政府网站上予以公示，接受社会监督。我们调研的贫困村，村部均设有公示栏，扶贫资金使用等相关信息张贴公布，接受村民监督。

3. 全面推进工作，突出产业根本，保障脱贫质量提升

各县市以提高脱贫质量为核心，出台了一系列政策措施，协同推进各项工作，突出产业建设，完善基础设施，织牢社会保障网，使得脱贫质量

① 即情况一月一碰头、信息一月一比对、资金一月一调度、项目一月一调度、问题一月一清零、驻村一月一通报、工作一月一督导、效果一月一考评。

② 一册即帮扶干部如实填写好《扶贫手册》，一餐即帮扶干部自带食材在贫困户家中共吃一餐饭，六访即帮扶干部年入户走访六次以上，月电话即帮扶干部每月至少通一次电话。

提升。

多种方式因地制宜发展产业。产业是增强脱贫可持续性的保障。湘西州“千企联村”行动大大推动了扶贫产业的发展①。一方面，引导支持本地的实体经济到本地的贫困村投资发展产业，或者是本村的能人（村支书、返乡创业的本土人）带头发展产业。例如，泸溪县椪柑公司到该县麻溪口村投资种植椪柑；吉首市发起“一村一品”行动，三家田村还把产业转型和扶贫有机结合起来，发展了牛、蜜蜂、黑猪养殖和白皮柚种植等产业；保靖县发展“7+7+1”产业类型②，实现了村村有脱贫产业；凤凰县菖蒲塘村的猕猴桃种植。另一方面，也引导外地的企业来湘西州的贫困村投资兴业。湖南湘泉药业股份有限公司在花垣县窝勺社区建立吴茱萸药材种植基地。湖南达嘉维康医药集团有限公司在花垣县双龙镇桃花村直接投入500万元发展“药果套种”产业。

多种途径深度参与产业发展。贫困人口与新型经营主体利益联结机制日益完善，贫困户有资产收益、劳务收益、投资收益等。贫困户的土地流转到产业开发公司可以获得租金收益，贫困户人口到企业或者合作社务工，可以得到工资收入，一天可以得80—100元。老司城景区吸引贫困户人口到景区当导游、保安、保洁、销售员，公司给每个就业的人除了工资还买养老保险、医疗保险、意外险等，在龙鼻嘴村景区就业的贫困户人口获得工资收入（一月1500元左右），自家房屋出租给公司做游客喝茶听讲的地方还可以得到房租。湘西州的贫困人口只要发展产业还可得到年人均800元的产业奖补，这样充分调动贫困户人口参与产业建设的积极性。

全面推进完善基础设施。湘西州贫困村基本实现村村响户户通，村级卫生室、农家书屋、文化体育广场、电子商务服务站等建设取得较好成效。调研发现，对外交通越来越方便；文化休闲广场等设施越来越齐全，

---

① 2016年由州工商联发起“千企联村”行动。截至目前，全州共引导1200多家企业、商协会参与“千企联村”行动，已有526家企业结对帮扶贫困村747个，投入资金5.9亿元，帮扶贫困人口达8万多人。

② 即7类种植业（茶叶、油茶、蚕桑、中药材、水果、蔬菜、烟叶），7类养殖业（湘西黄牛、生猪、竹鼠、乳鸽、山羊、稻花鱼、鸭），1即民族特色产业苗绣。

贫困人口的文化公共服务逐渐均等化，文化休闲生活日渐丰富；电商的发展使得人们的生活日渐便利，不出村门也可以购物，部分农产品也可以通过网络进行销售。

全方位编织社会保障网。围绕“三保障”编织基本医疗、义务教育、住房安全、社保兜底、安全饮水五张保障网，贫困人口的基本生活有了保障。调研中我们选取了 2018 年得过大病的贫困户去走访，他们把医药报销单给我们看，同时非常高兴地说，感谢党和政府，要不是党和政府的帮助，得了大病还看不起。贫困人口看得起病，读得起书，有安全房住，有安全水喝，政策目标基本上实现。对于依靠自己脱不了贫的群体，党和政府进行低保兜底，实现低保标准不低于 3480 元/年、月人均救助水平不低于 185 元、残疾人“两项补贴”标准不低于每人每月 60 元的目标。

4. 创新方式方法，统筹乡村振兴，形成脱贫特色亮点

各县市结合自身实际，想方设法开展脱贫攻坚创新试点，在扶志、社会治理、统筹乡村振兴和扶贫等方面形成了亮点。

爱心积分长志气。源于泸溪县浦市镇麻溪口村。爱心超市设立的初衷是引导大家自力更生，戒除等、靠、要的思想陋习，尽到自己的责任和义务。具体做法是，凡是能够做好力所能及的事情，尊老爱幼，邻里和睦，积极参与乡村振兴建设的家庭均可获得爱心积分，然后用平日累积起来的积分到爱心超市兑换各种生活用品。这样就可以不断激发贫困户的内生动力，增强自身造输血功能，用双手创造自己的幸福。

互助五兴聚人心。源于花垣县。“互助五兴”模式中，党员与群众组成互助小组，在“学习互助兴思想、生产互助兴产业、乡风互助兴文明、邻里互助兴和谐、绿色互助兴家园”5 个方面共同奋斗、互帮互助，该模式充分发挥了农村基层党组织重要作用。此模式在全州推广并且产生了较好的效果。

统筹推进齐并进。统筹推进脱贫和乡村振兴，有效防止出现新的不平衡。一个农业产业项目在土地流转和吸纳就业人口时不再区分贫困户与非贫困户。集体经济让全村人受益，如麻溪口村以重点扶贫产业扶贫资金入股泸溪县椪柑公司并与其签订利益联结协议，形成公司占股 51%、贫困户

占股39%、村集体经济占股10%的效益分成模式。这种模式统筹推进了脱贫和乡村振兴。此外，湘西州正在进行的改厕及庭院美化工程面向全州所有农村人口。

三、不足与问题

湘西州脱贫攻坚工作虽取得了显著的成效，扶贫产业发展来势较好，脱贫质量稳步提升，但还是存在一些不足，个别问题需要引起重视。

1. 基础材料不够完善，个别扶贫干部对相关政策的理解水平和执行力需要提高

关于贫困户档卡及资金发放材料：部分贫困户档卡填写不准确、涂改地方未做说明；信息变动更新不及时，档卡上关于房屋的数据与我们调研中发现的不一致，表上填写的房屋面积与我们入户察看的面积不一致；个别电子档案和纸质档案无法应对；个别贫困户的明白卡填写有漏项。扶贫资金发放银行卡对账薄上写的是“扶贫资金＋数字代码”，老百姓自己也不清楚，是一笔什么钱。

关于房屋安全鉴定和金融贷款的材料：大部分贫困村的房屋鉴定材料和金融贷款材料准备不充分，调研组未能明确知道是否做了鉴定（在调研组调研结束后的一个月里，有关部门派专人到贫困户家里给房屋的安全性做了鉴定标记）。另外，我们在调研中发现，贷过款的贫困户手里没放贷款合同，导致无法知道详细贷款情况，只知道是否贷款及金额。

关于政策宣传工作：极个别扶贫干部工作不到位，对帮扶对象情况不熟悉。我们在调研中发现，有一个村的一些贫困户反映结对的是一个学校的老师，老师要忙于教书，对他们的帮扶宣传比较弱。对各项帮扶政策的理解不准确，宣传解释不积极，对调研组提出的询问，回答不全面，帮助贫困群众理解扶贫政策有难度。对需要技能帮扶的贫困户措施不够精准，调研中我们发现大部分有劳动能力的贫困户是依靠老乡带老乡，出去打工，做点技术要求低的活，帮扶责任人在帮助其通过学习努力拥有一技之长方面，采取的措施不够。

2. 贫困户人居环境整体水平需要提升

家居环境需要进一步提升：家居环境较过去大大改善，然而，大部分贫困户家庭使用的是旱厕，改厕需要加快进程。部分贫困户因为生活习惯和自身条件等原因，屋内环境还显得比较脏乱，衣服、鞋子、被子等随意堆放，没有整理，洗衣洗菜的污水顺手泼院子里，也不知道将生产空间与生活空间相对分开，鸡鸭鹅就在人跟前走来走去，苍蝇蚊子到处飞。

村容村貌需要进一步美化：个别贫困户的入户道路没有修建好，碰到下雨天，路面湿滑，还可能存在安全隐患。废弃房屋没有处理，放眼整村，视觉效果受到影响，也可能存在安全隐患。田间地头的环境治理取得较好效果，但部分坑塘荒地中还有未处理的垃圾，主要是废弃的瓶瓶罐罐、废弃的铁制品等难以焚烧处理的垃圾，尽管扔放位置比较隐蔽，但还是可见。

3. 失地农民的社会保障及住房问题

在湘西州，由于景区开发征收土地而致一部分农民失去土地，形成失地农民。失地农民中不乏贫困人口。调研发现存在两个方面的问题。

失地农民的养老保障问题：征收土地的当时，年长者（45 岁以上）用补偿款买了养老保险，而年轻的就没有考虑养老问题，拿了补偿款搞投资或者用于家庭消费。随着时间的推移，钱花完了，年纪又增大了，找事做难，赚钱难，养老没保障。这个将来可能会成为一个社会问题。就算在旅游开发比较成功的某景区①，解决的也是在景区就业的贫困户人口的养老问题，并不是每个贫困户人口都有在景区就业的机会。

失地农民的住房问题：某核心景区的农民不能再建新房，因为旅游开发不能因建房影响景观。调研中发现，贫困户由于家庭人口的增加，需要增加房屋面积，以满足最基本的住房需求，以自家的经济实力在外面又买不起商品房，在景区里面又不能建新房。对美好生活的向往是每个人的合理追求，贫困户人口也是如此。失地农民的经济收入提高后也想改善住房

① 湘西某景区开发运作比较成功，景区旅游业的发展产生了经济效益和社会效益，带动了贫困人口脱贫。

条件，可是景区限制了建房，他们的经济条件又够不上买商品房，着实苦恼。

4. 岩溶地貌区季节性缺水问题

湘西州岩溶地貌区水流失问题严重，在政府的帮助下，贫困户家家修建了饮用水存储工程（当地老百姓告诉我们叫“水窖”），储存的水足够用一两个月，然而，水的净化措施欠缺，水质能否得到保证，不敢贸然下结论。在调研中，据贫困户反映，有些岩溶地貌区出现季节性缺水①，主要是6月、7月、8月，依靠水窖不能解决问题，这三个月喝水困难。没水的时候，政府组织从别的地方装车运水过来，帮助解决缺水问题。饮水难一定程度上仍然困扰着这些地区的百姓。

5. 金融扶贫需要加强风险管控

虽然省里已经叫停了“户贷企用”，对“户贷社用”的管理也更加严格，但在调研过程中还是发现有“户贷企用”现象，“户贷社用”监管不到位也会成为变相的“户贷企用”。这项政策对贫困户增收效果明显，但可持续性还有待检验，贫困户需承担的风险也要充分考虑。

“户贷家用”大部分是用于投资产业发展，也有少数用于家庭生活开支和买养老保险。用于产业发展的由于缺乏评估论证，投资具有一定的盲目性，难以保证投资产生效益。我们在调研中发现，一户贷款5万元用于养牛②，其养牛基地建在自家后面长满灌木丛的山坡上，坡下就是村民的稻田。显然没有足够的草场来支撑，牛损毁稻谷的事情常有发生并引起与村民之间的纠纷，这样的投资具有盲目性。该户户主告诉我们投产没有产生收益，贷款期限已近，归还贷款有难度。

6. 村级小学建设迫切需要加强

我们调研的大部分村级小学师资力量基本完备，教学环境和教学质量基本达标。但是，村小学生较少，年级不全，有的只有低年级（1—3年级），师资力量薄弱、教师兼课现象存在（发现一个小学体育老师兼上计

---

① 古丈县某村，一个位于岩溶地貌区的贫困村。

② 花垣县某村的一户。

算机课[①])，老化严重，硬件设施不能满足信息化发展的需要，缺电脑、投影仪等设备，教学质量难以得到有效保障。有的村由于就读学生极少，没有设立村小[②]。如何进一步加强对乡村中小学教师的培养，提高他们的待遇，引得来留得住更多年轻老师，提高农村中小学硬件设施水平，让学生有书读，想书读，应该是今后教育扶贫的主要工作方向。

7. 镇卫生院及村卫生室建设有待加强

镇卫生院及村卫生室基本满足就医需求，对贫困户人口就医优先安排，设有专门服务窗口。然而医院硬件设施有待提升，医师力量有待加强，镇卫生院需要扩充服务内容。我们到一个镇医院调研[③]，发现全科医生只有 6 个，医生中没有研究生，胃镜检查不能做。村卫生室设备普遍比较老旧，村医年龄偏大，有的村卫生室甚至没有专人值班，由镇卫生院派人每个星期值班两天，村民在其他时间需要看病或者买药只能到镇上或者县里去。

四、对下一步湘西州脱贫攻坚工作的建议

针对调研过程中发现的不足与问题，根据中央及省里有关扶贫文件精神，结合扶贫工作的特点，立足湘西州的实际情况下，我们提出以下建议。

1. 利用网络信息技术进行高效管理

利用大数据、人工智能、区块链等技术，由省里相关部门设计开发脱贫管理软件，将民政、扶贫、财政、住建、人社、卫计、教育、残联等部门的数据集中到一个平台，工作人员利用平台找到农户相关信息，确实需要逐户确认核对的就上门确认，认真填写校对档卡信息，保障贫困户脱贫信息数据完整记录，真实可靠。针对困难家庭的重新识别应实事求是，保证困难家庭及时享受各项扶贫政策。抓紧补齐完善房屋鉴定、金融扶贫的相关材料，并把信息数据化。

---

① 花垣县某村某学区的一个学校。

② 吉首市某乡、泸溪县某村没有村小。

③ 花垣县某医院。

2. 继续加大政策宣传和落实

加大对贫困户的政策宣传工作力度，对提出不合理要求的贫困户要做好说服解释工作，同时要确保“两不愁三保障”的各项要求全部落实到位。与此同时，要切实加强对扶贫干部尤其是基层扶贫干部的关心爱护，消除他们的后顾之忧，强化扶贫干部的责任意识，进一步提升扶贫干部工作积极性，加深对各项政策的理解认识，提升执行力。

3. 提升贫困村人居环境

一方面集中力量，短期内解决生活污水乱排，垃圾隐藏堆放，不及时清理，以及院落不整洁，农具、生活用品摆放杂乱的现象；另一方面加大健康生活方式的宣传力度，通过各类活动激发群众提升生活质量、改变精神面貌的内生动力，形成爱生活讲卫生的良好氛围，帮助年老体弱的贫困群众改善家居环境，全面提升村容村貌。

4. 强化扶志扶智措施

探索资金给予式扶贫与资金奖励式扶贫相结合的模式，将扶贫与扶志扶智相结合，充分发挥贫困群众的主体能动作用，激发他们发展生产的主动性和积极性。加大对缺技术的贫困群众的相关技能的培训力度，制定因人而异的培训方案，让有劳动能力的贫困人口有一技之长，拥有立身之本，帮助贫困群众依靠自身力量实现稳定增收、稳定脱贫。

5. 规范合作社及扶贫车间发展

引导农村合作社规范发展，提升成员的主人公意识。合作社管理层注重搜集产品信息，分析市场变化，帮助成员树立市场意识和竞争意识，及时调整产品结构。进一步加大产业培育力度，促进产业发展与扶贫车间有机结合。同时加强扶贫车间的规范管理，加强进入扶贫车间的产业项目的环保和质量监管，促进扶贫车间的可持续健康发展。

6. 提高贫困人口就医便捷性

贫困人口能够看得起病，医药费报销比例高达80%—90%，但同时我们也看到，贫困人口如果得了大病，需要辗转到县城、州里甚至更远的地方去就医，其中有诸多不便。为此，建议将医疗、医保、医药部门的信息进行共享，尽快落实全面取消三级医院门诊的政策，尽快开放所有二、三级医院的临床检验检查科室，加快推进医联体建设，畅通医联体内双向转诊绿色通道。

7. 加快农村中小学建设

加大财政投入，提升农村中小学校的硬件设施。加快推进芙蓉学校建设进程。提升农村教师待遇，提升生活舒适度和便捷度，让教师愿意来，愿意留下。改善学校软件硬件，让贫困户家庭的孩子不仅能够读得起书，还要激发读书的兴趣，还要能够跟上信息化时代的步伐，能够拥有开放时代所需要的开放视角，为孩子们上高中上大学打好基础，将来更好地融入社会。

8. 进一步统筹乡村振兴与扶贫

围绕乡村振兴的长远目标，兼顾贫困村与非贫困村的协调同步发展，整合资源，合理安排，统筹推进农村乡村基础设施，全面提升公共服务水平。产业既是脱贫的有力保障，又是乡村振兴的根本。要统筹全州产业发展，防止因为扶贫而盲目上马产业项目，导致州内各县市之间产业同质发展。全州注重打造整体产业品牌，比如湘西州文化旅游品牌、湘西州猕猴桃产业品牌、湘西州茶产业品牌等。

执笔人：周海燕

湖南省社科院研究员

巩固拓展脱贫攻坚成果
推进脱贫攻坚与乡村振兴有效衔接

——湘西自治州脱贫攻坚民主监督调研报告（2020 年）

为贯彻落实中央和本省关于打赢脱贫攻坚战的号召，助力中共湘西自治州州委、州政府更高质量完成脱贫攻坚收官之年的目标任务，巩固拓展脱贫攻坚成果，推进脱贫攻坚与乡村振兴有效衔接，努力发挥民主监督作用，根据 2020 年年初中共湖南省委关于要求各民主党派对脱贫攻坚中心工作加强民主监督的统一部署，民盟湖南省委会 7—10 月在湘西自治州的永顺县、吉首市、凤凰县、古丈县、泸溪县、花垣县、保靖县、龙山县开展民主监督调研。根据调研情况，形成如下报告。

一、开展民主监督的过程

每个县的调研分别由专职副主委或 1 名副主委带队，围绕“巩固脱贫攻坚成果，促进脱贫攻坚与乡村振兴有效衔接”进行调研。调研组秉承扎实克勤作风，务求监督工作实效，以问题为导向深入 16 个乡镇、32 个村，走访了 300 多户建档立卡贫困户、近 100 户非贫困户、100 多名干部群众了解实情。调研组通过资料抽查、问卷调查、实地考察、召开座谈会等多种方式，获取了大量翔实的第一手资料。对调研中发现的问题及时向县委县政府进行反馈，提出整改建议，形成监督意见报告，所有县当场落实整改意见。古丈县随后还形成了具体的整改方案。同时，调研组组织动员专家、企业家发挥各自优势，积极主动为各县委县政府问诊把脉，出谋划策，例如促成网红梦工厂、知名音乐家、潇湘晨报、永顺县四方合作，开展网络直播销售扶贫产品，取得了很好的效果。在调研基础上，调研组还将进一步针对湘西自治州脱贫攻坚中存在的薄弱环节和重点难点问题，提出解决的对策建议，力争形成有重点、有特色的民主监督工作成果。

开展民主监督过程中，调研组切实体会到湘西自治州脱贫攻坚任务的艰巨性，加之新冠肺炎疫情和洪涝灾害更使得巩固脱贫攻坚成果面临新挑战。值得欣慰的是，湘西自治州聚焦解决“一超过、两不愁、三保障”，严格落实“四个不摘”，聚力加强基础设施建设、农村环境卫生整治工作，着力推进产业扶贫、消费扶贫，注重探索创新，巩固脱贫攻坚成果工作卓有成效。特别是今年面对新冠肺炎疫情和洪涝灾害，全州上下凝心聚力，一手抓疫情灾情防控，一手抓脱贫攻坚，如期打赢两场“战役”。调研走访中，贫困户普遍满意度高、获得感强，对扶贫干部的工作非常认可，对党和国家的政策发自内心的感谢和拥护，对未来生活充满信心。

二、脱贫攻坚积累的“湘西经验”

1. 全方位调动各方力量拧成一股绳

湘西自治州用活用足了各类帮扶政策，充分发挥各类帮扶资源和帮扶力量的作用和效果。全力统筹州、县、镇、村四级党员干部力量和资源，各部门、单位皆选出能力强、作风硬的党员干部组成扶贫工作组，下沉到贫困村驻村帮扶，成为脱贫攻坚的核心力量。积极寻求州外帮扶资源和力量，从资金、项目以及企业引进人才交流、消费帮扶、劳务协作、教育扶贫、易地搬迁等方面主动对接，与定点帮扶单位、对口扶贫单位、协作扶贫单位、结对帮扶非公企业、社会爱心组织等进行了系列探索创新，取得显著成效，成为推动湘西自治州决战决胜脱贫攻坚的重要力量。

2. 千方百计扩大贫困人口就业稳增收

扶贫车间是吸纳贫困人口就业增收的重要载体，各县在贫困人口较多的乡镇（街道）或者在易地扶贫安置点建立就业扶贫车间，帮助贫困劳动力尤其是贫困妇女劳动力在家门口就业，实现了务工务农两不误。例如，吉首市创新扶贫车间建设模式，建有龙头企业式、承接产业转移式、易地扶贫搬迁式、文旅式、合作社式等多样化扶贫车间，带动近4000贫困人口就业。疫情期间，扶贫车间在一定程度上更是确保了贫困户的收入，有效防止了返贫。公益性岗位是弱劳动力实现稳定就业的重要载体，各镇村积极设置公益性岗位，安排部分弱劳动力或轻微残疾的贫困人口实现村内稳定就业，例如凤凰县公益性岗位累计达3799个，保靖县仅2020年新增的农村公益性岗位就达373个。疫情期间，各县积极帮助务工人员返岗就业，通过开通“点对点”劳务输出直通车、线上招聘会、微信公众号招聘专栏等形式，组织贫困劳动力到珠三角、长三角、长株潭、济南市等地返城返企复工。同时还优先组织贫困劳动力在州内复工开工的重点项目、规模企业返程返岗。从调研来看，每个有劳动能力和就业意愿的贫困家庭至少1人有稳定的工资性收入，稳定脱贫有质量。

3. 精准发力产业扶贫脱贫斩断穷根

“特色产业＋扶贫、当家产业＋扶贫、增收项目＋扶贫”构成了湘西州产业扶贫脱贫体系。从调研看，每个县都有1个特色产业、每个贫困村都有1个以上当家产业、每个贫困户都有增收项目，贫困人口脱贫内生动力和自身能力显著增强，有的贫困户通过发展产业脱贫，有的不仅脱贫还致富，有的还带领其他贫困户脱贫。例如，保靖县府库村一个贫困户开始自己在养鸡场务工，后来通过承包养鸡场创收脱贫；吉首市隘口村一个贫困户通过流转其他贫困户的土地种植茶叶，建了茶叶加工厂，由贫困户变成年收入达50多万元的致富带头人；永顺县仙人村一位身体残疾的贫困户流转土地200亩，种植黄桃、猕猴桃，并注册成立合作社，不仅自己脱贫，还带动8户贫困户脱贫。新型经营主体带动贫困户脱贫成为主流，每个贫困村都建有至少1个合作社，通过“合作社＋贫困户”利益联结模式带动贫困户发展产业脱贫。“龙头企业＋贫困户”成为趋势，在产业扶贫中，企业充分发挥了资金、技术、管理、销售等方面的优势，例如凤凰县与龙头企业或合作社建有利益联结机制的贫困户达11161户，覆盖率达97.9%。“电商＋扶贫”模式日臻成熟，“电商＋合作社＋基地＋农户”利益联结模式促脱贫效益日益明显，例如花垣县累计网络交易额达9.3亿元，带动2130户8500人建档立卡贫困户。尤其在疫情期间，电商对扶贫产品的销售发挥了重要作用。村集体经济发展加快，全州贫困村集体收入全部达到5万元以上，还涌现了一批集体经济强村，这些村因地制宜引资金、引人才、引项目，探索多种“村集体经济＋”发展模式，例如龙山县新双村、保靖县府库村的“＋土地托管”模式，凤凰县竹山村的“＋旅游”模式，菖蒲塘村的“＋水果”模式，吉首市隘口村的“＋茶叶”模式，永顺县高坪村和那丘村的“＋产业设施（冷库)”模式，古丈县团结村的“＋电商”模式，花垣县十八洞村的“＋特色产业＋旅游”模式，泸溪县大陂流村“＋育苗＋乡村旅游”模式等。不少村集体经济超过10万元，竹山村超过50万元，十八洞村突破了100万元，远远超过了预期目标。

4. 扎实开展教育扶贫阻断贫困代际传递

湘西州尤为重视教育扶贫，资金、政策向教育倾斜，在偏远山区和农村新建、改扩建学校，积极落实农村教师生活补助，着力培养教育人才，从源头上遏制贫困增量。调研显示，从小学、初中、高中到大学，贫困学子受教育权利都通过多种方式得以保障，没有一人因贫辍学。古丈县探索出农村学前教育改革、发展“山村幼儿园”的“古丈经验”；泸溪县在全国首创的“按类设区、导督并重、专兼覆盖、综合推进”等责任督学挂牌督战模式，探索出了教育扶贫的“泸溪经验”。

5. 积极创新基层治理模式赋予脱贫新动能

花垣县首创、全州推广的“党建引领、互助五兴”模式成为湘西州基层治理新模式，永顺县在这一模式的基础上推行“五树五建”扶志扶智行动。各村以村（社）为依托，建立了“互助五兴爱心超市”，通过发展产业、邻里团结、孝敬公婆、讲究卫生、社会服务等良好行为来赚取积分，打架斗殴、环境脏乱等违反村规民约行为也会相应扣分。正向的激励机制和反向的约束机制极大地激发贫困户内生动力，贫困户“等、靠、要”的惰性思想逐步在摒弃。当地政府通过积极创新基层治理模式加快了组织优势向发展优势转化，增强了脱贫动能。调研显示，基层党组织通过治理模式的创新，其治理能力和水平进一步提升，健康文明、积极向上的新风气逐步形成，群众对美好生活的向往和建设美丽家园的信心大为增强。

6. 狠抓农村环境整治激发乡村新活力

湘西州通过“人居环境三年整治行动”和“厕所革命”，使农村环境有了翻天覆地的变化，“美丽庭院”“最美农家”不断涌现，村容村貌焕然一新，村镇“颜值”大为提升，重新焕发了村庄的活力，夯实了建设美丽宜居村庄的基础。在保靖县踏梯村调研中，我们看到了乡间道路两旁绿树成荫，通户道路干干净净，农家小院景观绿化错落有致，农户房前屋后鲜花点缀，家里井然有序。农村人居环境的改善提高了村民们的生活品味品质，增强了群众的获得感、幸福感，提高了脱贫攻坚的成色和乡村振兴的底色。

三、当前湘西州脱贫攻坚接续乡村振兴面临的问题

1. 新的返贫致贫风险不容忽视

从调研来看，部分已经脱贫户政策性帮扶补助占到其收入来源的30%—40%，这部分人脱贫时间还不长，产业发展能力较差，还未“站稳脚跟”，在一定时间还存在返贫风险。还有一部分人虽非贫困人口，但处于贫困边缘，其生计状况非常脆弱，有可能因病、因灾临时突发致贫。这些人也是未来相对贫困的人口群体。解决“两不愁、三保障”是现行脱贫的基本标准，仅能满足农民群众生活最低层次的温饱需求，与人民富裕还有相当大的差距，城乡差距、区域差距需认真对待，相对贫困问题需要着力解决。

2. 扶贫产业后续发展问题不容乐观

精准扶贫脱贫阶段，湘西自治州形成了大量的扶贫产业和产业扶贫项目。这些项目有的已经建成，虽然产生了一定的经济效益，但是产品销售很多依赖后盾单位的包销，市场化程度不高，合作社、贫困户市场开拓能力不强，一旦后盾单位撤出这些产品可能面临“滞销”风险；有的项目还在建设阶段，调研显示有的村今年才开始种植茶业、油茶、猕猴桃，还需要2—3年才能挂果，随着后盾单位的变化或者撤离，如果不采取有效措施，这些产业项目的后续管培需要继续投入的资金、技术、人才等难以为继。目前的扶贫产业整体规模都不大，部分村热衷于“短平快”的产业项目，缺乏长远规划；产业链不完整，种养业大多集中在前端，精深加工等环节薄弱，猕猴桃、柑橘等特色大宗农产品加工率低，一旦遭遇市场波

动，容易引发“卖难”问题；同质化竞争激烈，各村在发展产业时，往往立足当前的市场行情，一拥而上，等产业发展起来后，产品的价格一落千丈，丰收却不增收。

3. 村集体经济发展困境急需破解

湘西州不乏集体经济做的好的村，但是整体来说集体经济仍较薄弱，大部分村集体经济在5—10万元，来源单一，主要依靠光伏发电、门面租金，持续发展动力还显不足。合作社服务内容单一、规模偏小，有的合作社运转困难局面渐显，新品种引进、新技术运用、市场开发等服务因资金问题难以拓展，销售人才短缺，销售产品困难。例如调研的一个村的柑橘合作社，合作社社员有670余人，其中贫困户536人，柑橘产量40万斤、辣椒38万斤，销售成为合作社当前最头痛的问题。

4. 基础设施的支撑力急需提高

目前水、电、路、讯等基础设施和教育、医疗、文化等公共服务基础只能满足人们生产生活的基本需要，与乡村振兴还有很大的差距。现代农业发展所需的农业机械化、互联网+、智慧农业、物联网、质量安全追溯体系、冷链物流等新型农业生产技术设施建设还很滞后。农村污水处理、厕所革命还需加快完成，产业道路、旅游配套设施需进一步完善，乡村旅游村的窗口形象还需要提升。学前教育、义务教育、基本医疗、住房安全和饮水安全等方面还存在薄弱环节，等级水平不高，与人民对美好生活的向往还有很大的差距。

5. 推进脱贫与振兴衔接的人力资源严重不足

乡村振兴劳动力严重缺少，调研显示大量青壮年劳动力持续外流，目前留在家里60岁的老人都属于“年轻”劳动力，有的家庭80多岁的老人还是产业发展的主力。各类技术专业人才、领军人才极度稀缺，尤其是村卫生室医生专业水平堪忧，订单定向医学生未在乡村服务情况普遍，规培期满后一部分人员自愿解约赔款，还有一部分被县级医院借调或者直接选调进县级医院。各县能发展产业、熟悉市场、懂得管理的人才严重不足，尤其是能适应现代营销手段的电商人才、策划人才、能设计直播带货的当红主播等专业人才明显不足。湘西自治州不愁没有好的资源和产品，愁的是如何营销策划、包装推出去。同时，年轻的、文化程度较高的村干部也较为缺乏，调研的32个村村干部大多是45岁以上，“90后”村干部仅有2名，很多只有高中文化。返乡创业人才和带领乡村产业发展的“能人”远远不够，返乡创业的年轻人、回乡创业的乡贤较少，有的村甚至没有返乡创业人员，脱贫户的巩固发展缺少“能人”带动。

四、巩固拓展脱贫攻坚成果同乡村振兴有效衔接的对策

1. 做好顶层设计，探索巩固拓展脱贫攻坚成果同乡村振兴有效衔接的好路子

将巩固拓展脱贫攻坚成果和相对贫困治理战略纳入湘西自治州及各县“十四五”规划，并与乡村振兴战略第二个五年规划做好时间和内容上的衔接；加快推进村庄规划编制，建议将村庄规划工作纳入全州乡村振兴全局统筹部署、推进和考核。推动村庄规划与经济社会发展规划，与国土空间规划“多规合一”。推进湘西州建立解决相对贫困长效机制试点工作，健全防止返贫监测帮扶机制，持续跟踪脱贫村、脱贫人口收入变化和“两不愁三保障”巩固情况，着重考虑教育、医疗、文化等针对性优惠政策向普惠政策转变。对现有脱贫攻坚政策进行全面梳理，分门别类制定废止、续接、强化、改进方案，出台推动脱贫攻坚成果巩固与乡村振兴工作有效衔接的相关政策，建立完善的乡村振兴政策体系。

2. 加强扶贫资产的管理，持续发挥在乡村振兴中的最大效益

精准扶贫以来湘西州形成了大量的扶贫资产，这些资产是乡村振兴的重要物资基础，加强对其管理、监督与运营势在必行。建议州委、州政府出台扶贫资产管理办法，建立以县为单位的扶贫资产总台账，下设乡镇、村级分台账，将其纳入各地正在开展的农村集体产权制度改革内容，归置到农村集体资产管理体系，建立健全扶贫资产管理与监督的长效机制，从制度层面确保发挥扶贫物化资产的最大效益。同时积极探索创新多层次、多形式、多元化的扶贫资产管理模式和运营方式，比如可以探索村集体自营、租赁、委托、入股等运营模式，加快在县、镇、村进行试点，确保扶贫资产保值增值不流失，充分发挥这些积累下来的资产在乡村振兴中的作用。

3. 谋划产业发展壮大，推进产业扶贫与产业兴旺衔接

高起点规划产业发展，做好产业扶贫到产业兴旺的全面布局和重点突破。推动要素配置、资金投入等优先向产业发展倾斜，引导资源要素加速集聚，推进产业专业化、规模化发展，形成区域集聚效应和地域品牌特色。推进“十四五”期间进行产业发展基础设施新一轮建设。在原有基础设施的基础上，推进贫困村与非贫困村基础设施均衡发展，推进户户通公路、村村通公交、家家通快递“新三通”建设，完善提质机耕道、乡村旅游景区道路、产业路。修缮加固河堤、小型农田等水利等传统基础设施建设。在有一定产业基础的村布局与现代农业产业发展要求相匹配的智慧农业、质量安全追溯体系、冷链储藏、物流终端等新型农业生产技术设施建设，增强农业基础设施对产业兴旺的支撑力。加大对现有扶贫产业项目的后续管理力度，制定产业项目后续管理、技术、资金的配套跟进措施，避免因后续配套跟不上出现“烂尾项目”。同时要因地制宜，有序推进产业升级发展，防止因盲目扩大规模而引起的同质竞争，导致价格下跌、产品滞销等风险。支持产业“链”式发展，加快特色种养产业延链、补链、强链，向上延伸到育种育苗，向下拓展到加工、冷链物流、销售等环节，提升产品价值，形成支撑地方经济发展的稳定产业链。以延伸产业链来拓展农民就业链，让农户更多的分享产业链上加工、销售等环节的增值效益，提升产业脱贫效果。推进产业深度融合发展，跨界配置农业和现代产业要素。推进已形成的特色种养为主的产业与文化体育、教育、旅游、康养、节庆等产业深度融合，推进数字化转型，打造乡村旅游、乡村服务、乡村信息、乡村电商物流等新兴产业，培育产业兴旺新动力。线上线下双向发力拓展农产品销售渠道。继续探索创新“直播带货”“平台卖货”“社区团购”等营销模式，以线上线下结合模式筹划中部农博会、产销对接会、湘品出湘、东西部扶贫协作产品交易市场湖南馆、境外展示展销中心等系列展销活动，促进扶贫农副产品销售。打造省级、州级规格县、镇、村承办的农事节庆活动，带动地方特色农产品销售。继续保持东西协作扶贫、对口扶贫、扶贫后盾单位的消费扶贫，推动扶贫产品直接进机关、学校、医院、企事业单位。

4. 稳定扩大脱贫人口就业，提高农村居民收入

大力开发与规范管理公益性岗位，提高公益岗位的补助标准，加强安置弱劳动力或者半劳动力就地稳定就业，保障他们的基本生活。继续加强和济南、长沙、株洲等东西协作扶贫、对口扶贫单位的双向协作，促进脱贫人口出去务工，安排脱贫人口就近就业，提高脱贫人口收入。安排适度财政专项资金用于鼓励州、县企业吸纳脱贫人口就业，促进脱贫人口稳定就业。充分挖掘新经济新业态就业岗位，鼓励脱贫人口参与“地摊”经济和“线上”经济。拓宽思路分类施策发展村集体经济，推进合作社创新发展，带动农民增收。建议由相关部门联合成立工作组深入各镇村开展摸底排查，根据各村（社区）意见建议和问题反馈，将各县村（社区）划分类型，分类施策，实施不同的发展模式，促进村级集体经济持续增收。完善社长、社员、合作社的内部利益机制，推进合作社与产业链主体融合发展，支持规范合作社参与湘西州特色农产品仓储物流设施、农产品加工、进城开设直营店等，并探索嫁接到政府的可溯源体系保障食品安全。建议政府出台扶持政策，从财税、用电、用地、信贷等方面向集体经济壮大发展、合作社创新发展方面倾斜；推进产业资金帮扶方式转型，将脱贫攻坚中针对贫困户的产业帮扶资金进行统筹，直接向村集体经济组织、农业经营主体开展项目支持。

5. 大力推进人才集聚，强化有效衔接的智力支撑

整合优化脱贫攻坚中的驻村帮扶工作队干部队伍，留住这支懂扶贫、会帮扶、作风硬的扶贫干部队伍去带领群众振兴乡村。晋升、职称评定等优惠政策继续向基层一线干部倾斜，科研项目、评价奖励、工资待遇等资金分配向涉农企业、乡村产业园、专业合作社倾斜。畅通“三支一扶”“大学生村官”等各类人才下乡渠道，建立“下得去、留得住、干得好、流得动”的长效机制。推行基层教育、卫生人才“县聘县管乡用”和“乡聘村用”管理机制。

执笔人：丁爱群

湖南省社科院研究员

优化社会治理背景下推进长沙农村精准扶贫的建议

（2017年长沙市“新春第一访”汇报重点调研课题）

今年是本市实施精准扶贫的攻坚之年，市委、市政府以及相关部门根据上级要求和本地实践经验，实施了一系列政策和措施，精准扶贫工作取得了积极成效。扶贫工作是一项系统工程，贫困群体境遇的改变既需要外部力量的帮助，也需要内在力量的驱动；既需要因地制宜精准施策，也需要社会治理方式的改革与优化。从某种程度上说，贫困问题本质上还是社会问题，尤其应从社会治理角度来思考和谋划精准扶贫。为此，民盟长沙市委会组织盟内外专家学者开展了为期半年的走访、考察、座谈，调研过程中，我们既看到了长沙精准扶贫工作取得的成绩，也发现了其中存在的问题，并针对存在的问题进行了思考、探索，提出相应的对策和建议，供市委、市政府决策参考。

一、长沙精准扶贫工作成效显著

改革开放以来，长沙历届市委、市政府励精图治，经济社会取得了长足发展，贫困人口占比逐年下降。目前本市有省定贫困村85个，建档立卡贫困户58082户、共160687人。无论纵向比较或横向比较，长沙在消除贫困工作上都取得了很好的成绩。特别是去年中央提出于2020年全面脱贫的国家目标后，市委、市政府高度重视，自我加压，明确了提前三年率先全省全面脱贫的奋斗目标，即在2017年年底本市实现所有省定贫困村“摘帽”、建档立卡贫困户脱贫，并采取了一系列务实举措，强力推进精准扶贫工作。

（1）完善了政策体系。本市依托原有扶贫政策，对照省政府脱贫攻坚政策支撑体系，出台了具有长沙特色的“2＋14”精准扶贫政策体系，即两个实施方案：《关于大力推进精准扶贫的实施方案（2015—2017年）》（长发〔2015〕15号）、《贯彻落实〈中共中央、国务院关于打赢脱贫攻坚战的决定〉的实施方案》（长发〔2016〕11号）和产业扶贫、教育扶贫、危房改造、医疗救助等14个专项扶贫实施方案。长、望、浏、宁四个区县（市）无缝对接、狠抓落实，也出台了相应的具体实施方案。完善的政策体系为长沙率先打赢脱贫攻坚战明确了任务书、时间表和路线图。

（2）健全了帮扶机制。成立了由省委常委、市委书记易炼红任组长，市委副书记、市长胡衡华任第一副组长的高规格精准扶贫工作领导小组，形成了市、县、乡、村四级党组织书记齐心协力抓精准扶贫的领导体系。四区县（市）通过层层签订责任书的形式，将任务分解落实到乡、村，压实了脱贫攻坚责任。制订了分别针对区县（市）、省定贫困村、市派驻村工作队和专项扶贫工作组的4个考核办法。向85个省定贫困村派驻了驻村帮扶工作队，由市直机关对口帮扶，实现了省定贫困村驻村帮扶全覆盖。建立了贫困村约束机制。完善了精准识别机制，对扶贫信息系统监测的错漏项进行了整改。

（3）推进了工作落实。首先，强化了社会保障。长沙县、望城区的贫困户享受到山林补贴、养老补贴、年终慰问等普惠政策，实现了城乡低保一体化，提高了低保标准、兜底补贴。宁乡县多个省定贫困村驻村帮扶队设立产业、医疗、助学扶贫基金，每项都在50万元以上。其次，创新了安置方式。如宁乡县采取“三结合”的手段开展易地搬迁：结合旅游开发，整体安置贫困村；结合集镇建设，就地安置贫困户；结合工业园区建设，集中安置分散各地的贫困户。这种灵活的安置方式得到贫困户的欢迎，也得到了中央和省领导的高度肯定。再次，加大了攻坚力度。今年以来，各驻村帮扶工作队主动作为、对接项目，共启动扶贫项目256个，投入资金5066万元。产业扶贫方面：今年市、县两级投入产业扶贫资金8000余万元，惠及5万余户贫困户。就业扶贫方面：开展了以“主动对接促就业，精准服务助扶贫”为主题的“春风行动”系列活动，加快了省定贫困村村级公共就业服务平台建设。社会扶贫方面：市政协开展了政协委员参与精准扶贫“三个一”活动，市工商联开展了“百企帮百村”精准扶贫行动。最后，教育扶贫、旅游扶贫、医疗扶贫、金融扶贫、电商扶贫、水利扶贫等也在加快推进，成效显著。

(4) 营造了良好氛围。各区县（市）举办了脱贫攻坚培训班，宣讲了精准扶贫基本方略，解读了“2+14”政策体系和4个考核办法。长沙晚报、长沙电视台和市政府门户网站分别开设了精准扶贫专题专栏，《长沙农村》开辟了扶贫专报。建立了精准扶贫信息报送工作机制，乡镇设置扶贫宣传公示专栏。通过一系列的宣传发动，形成了广泛关注、积极参与精准扶贫的良好氛围。

二、长沙精准扶贫工作存在的问题

虽然本市精准扶贫工作取得了良好成效，但仍有以下问题值得引起重视。

1. 扶贫主体多元化不足

在以往的扶贫主体框架中，政府是主导力量，社会组织只占一小部分，企业、社会群体所占的分量也不大，因而精准扶贫的政策、方案和工作主要依靠政府部门推动和落实，社会组织和民众较少参与，扶贫主体多元化严重不足。随着我国经济社会的不断发展，社会组织的发展空间越来越广阔，它们必将成为一支造福社会的有生力量。尽管目前社会组织还无法成为扶贫领域的主角，但由于其所固有的专业性、灵活性、持续性、公益性等特征，将会在推进贫困群体稳定长效脱贫方面发挥不可替代的作用。故各级政府应高度重视，引导其融入“党委领导、政府主导、社会参与、市场导向、自主脱贫”的社会治理体系。

2. 扶贫资源供需对接度不高

财政扶贫资源方面，政府精准扶贫资金基本上是按照自上而下的路径传输，项目的确立是否合乎贫困村的实际情况和贫困户的实际需求，缺乏全面、详细、周到的需求分析，更缺乏贫困户的表达和参与，导致扶贫信息不对称、资源供需不平衡。从社会扶贫资源来看，由于乡镇一级和村一级没有对接外来扶贫资源的机构或平台，导致社会扶贫资源不能落地，贫困户只能“望资兴叹”。因此，迫切需要打通精准扶贫“最后一公里”，促进扶贫资金和政策与贫困村、贫困户需求有效对接。

3. 扶贫力量科学统筹不够

市委、市政府虽然出台了产业扶贫、就业扶贫等14项专业扶贫工作方案并明确了责任部门，但相关部门各自为政，沟通不够，统筹不力，导致扶贫对象点面兼顾不到位，影响整体扶贫效果。目前，贫困村分为省定贫困村和面上贫困村，对于省定贫困村帮扶资金可以达到50万元以上，贫困户可以获得2—3个项目帮扶；而面上贫困村获得的帮扶资金相对较少，贫困户获得的项目也很少。省定贫困村与面上贫困村得到的扶贫资源差异较大。本市省定贫困村的贫困人口只占到全市贫困人口总数的30%，而面上贫困村的贫困户高达70%。贫困村的扶贫工作做得再好，也只有30%的满意率，这与全面脱贫的工作目标相距较大，甚至影响明年年底脱贫攻坚任务的完成。

4. 扶贫环节监督机制欠优

由于没有多元、开放的监督体系，扶贫开发资金和项目运作难以做到公开透明。精准扶贫各环节中，有的地方村民没有充分的话语权和参与权，也没有监督权。在精准识贫环节中，存在贫困人口把握不准、基础数据不准确等问题，有些该列入的群众没有列入、不该列入的群众却列入了；信息系统中有些人员信息重复、实际数据与系统数据不符等。在精准帮扶环节中，部分基层乡镇的结对帮扶工作流于形式，存在挂虚名、走过场、图简单等现象。社会扶贫机构对扶贫资源的分配和使用也缺乏监督的渠道和方式。在精准退出环节中，贫困户的退出缺乏群众评定机制。

三、优化社会治理方式，深入推进长沙农村精准扶贫

综合调研情况，我们认为，长沙市农村精准扶贫不只是一个经济问题，更是一个社会治理问题。只有将社会治理理念引入农村精准扶贫工作，才能更加有效地发动社会力量参与；与政府形成分工、合作的伙伴关

系，才能更加有效地促使贫困户充分表达需求；调动贫困户参与脱贫的主观能动性，不断增强内生发展动力，才能更加有效地解决部门统筹协调不够、供需对接度不高、平台与机构不健全、专职人员少等问题。为此建议如下。

1. 扩大精准扶贫主体范畴，明晰责任，形成合力

坚持政府主导。发挥政府在信息、组织、资源等方面的优势，做好精准识别、建档立卡、财政资金分配、农村基础设施建设、教育发展和生态环境保护等基础性工作。成立由市扶贫办牵头、相关部门参与的协调机构，统筹协调“2 +14”精准扶贫政策体系实施、精准扶贫资金使用、精准扶贫项目落实、结对帮扶落地等工作，防止“各唱各的调、各走各的道”。要纠正扶贫工作中厚此薄彼的倾向，点面结合，同步推进，科学调度扶贫力量，合理安排扶贫资源，力避此“起”彼“落”的贫困循环陷阱。加强宣传引导，制作全市统一的政策宣传资料，做到贫困户人手一份，帮扶干部人人上门，当面宣讲和释疑精准扶贫政策，同时充分利用长沙晚报、长沙新闻频道等媒介，加强精准扶贫政策宣传，让贫困户人人明白、事事清楚，帮助他们转变“扶贫就是给钱给物”的错误观念，树立自立自强、自主脱贫的正确观念。

鼓励社会参与。放宽以扶贫济困为目标导向的公益慈善类社会组织登记注册条件，吸引更多的社会组织参与到精准扶贫工作中，扩大精准扶贫主体范畴。采取政府购买服务、社会组织承接实施、财政资金奖励与补贴等方式，逐步将农村扶贫开发工作中救助服务、教育培训、生态扶贫、村社环境治理、政策宣传引导、扶贫资源分配和使用监督等项目向社会组织开放。各级政府部门与社会组织签订精准扶贫合作协议或合约，为政府与社会组织精准扶贫合作伙伴关系的构建提供契约保障。鼓励金融机构为社会组织参与农村扶贫开发提供信贷支持。在政策允许的范围内，地税部门可以给予参与精准扶贫的社会组织税收优惠，水务、电力部门给予水电优惠等。

完善监督机制。建立健全社会组织参与农村扶贫开发项目的管理、监督检查制度，建立和推行社会组织参与精准扶贫工作的信息公开披露、查

阅制度，增强社会组织参与农村扶贫开发工作的透明度，防止发生社会组织“假扶贫、真捞钱”的现象，对违规社会组织实行红、黄牌警告制度和强制退出制度等。发挥扶贫对象的民主监督作用，在扶贫对象的确认、扶贫项目的确定、扶贫资金的投向等事项上充分听取贫困群众的意见；在扶贫工作的各个环节上应有村民代表全程参与和监督；对扶贫效果的评价应增加扶贫对象的民意权重。适时开展扶贫民意调查工作，定期通报调查结果，倒逼精准扶贫工作有效落实。引入第三方评估监督机制，对政府和社会组织开展的扶贫工作，由第三方对扶贫对象的确立、扶贫方式的选择、扶贫项目的推进、扶贫环节的透明、扶贫工作的效果等进行定期评估和公布，置于阳光之下，接受公众与社会监督。

2. 强化精准扶贫的市场引导，创新机制，增强动力

构建扶贫新机制。深入开展调研，分析长沙市各乡镇和农村市场需求，聚焦扶贫对象需求，按需定供，创新并完善“组织引领＋就地创业、技能培训＋劳务输出＋市民化、技能培训＋劳务输出＋返乡创业、扶贫生态移民进社区、金融支持扶贫、智慧旅游生态乡村”等扶贫模式。改变区域单一扶贫模式导向，探索“特色基地或规模园区或专业村群＋扶贫龙头企业＋专业合作社＋贫困户”的产业链式扶贫新机制。

搭建信息新平台。建议市农业委、市供销合作社、市商务局邀请相关专家学者就构建长沙市贫困村农产品统一信息交易平台进行可行性论证，加快建立互联网统一交易平台。建议市农业委、市商务局支持重点贫困村开展农产品品牌建设，打造长沙特色贫困村农产品品牌，提高产品附加值，确保贫困村贫困户稳定长效脱贫。

挖掘脱贫新动力。完善相关法律法规，有序开展农村集体资产确权、土地承包流转确权、宅基地与房屋确权、相关自有资源确权等工作。完善资源（产权）交易平台建设，确定资源要素的市场价格形成机制，减少价格扭曲。可以将部分扶贫公共资源作价形成股份资产，授予贫困户一定时期内的收益权（不享受所有权），增加贫困人口的财产性收入。资产收益扶持计划主要针对的是自主创收能力受限制的贫困人口。对产生效益的经营性扶贫项目实行成本回收或效益分享制度，建立脱贫分享基金，滚动支

持扶贫开发经营性项目。同时建立资产收益扶持机制，避免扶贫开发工作成为扶贫资源投入的“无底洞”。

3. 注重资源供需精准对接，彰显特色，确保长效

建立资源数据系统。建立健全扶贫大数据信息系统，对贫困户的需求、能力进行全面、详细、周到的登记，并进行大数据分析，为实现供需对接奠定数据基础。通过开展贫困村经济社会调查，准确把握贫困人群发展意愿，明晰贫困村区域发展要素资源禀赋差异，精准测量已有生产发展资源利用效率，找准“贫”根、寻对“困”源。扩大村民在精准扶贫中的参与度。扶贫项目的选择要征求贫困村全体村民的意见，经过村民代表过半数集体讨论通过，提高精准扶贫资源供需对接度。要实行上门摸底、帮扶追踪、定期回访等制度，提升帮扶效率。扶贫项目立足村情特色，以市场为导向，结合当地特色，将特色资源与市场需求相对接，发展特色产业，提升贫困村可持续发展能力。结合“互联网＋”，在精准扶贫项目上实现增量、提质，如增加贫困户就业介绍和帮扶、就业技能培训的形式，让贫困户有更多致富增收的渠道，增强其内生发展动力，实现真正脱贫，防止返贫。

构建供需对接平台。强化扶贫责任制，构建公开透明的扶贫工作平台，让政府、企业、社会、贫困群体等主体能够平等参与，推进事前决策和事后评估科学化，确保供需对接、长效和可持续发展。市委、市政府根据各地贫困村的实际，建立以乡镇为基础的扶贫资源供需对接机构，承接相关扶贫资源，实现供需对接。由扶贫协调机构负责牵头，建立外来投资者、村委会、农村精英、贫困户合作平台，运用“互联网＋”技术，共同开展精准扶贫的线上、线下业务，并做好市场风险防范。

优化乡村社会治理。严格落实村民自治法赋予村民的权利，增强支、村两委的凝聚力和向心力，发挥其在精准扶贫中的战斗堡垒作用。加大贫困村村务公开力度，在民主决策、扶贫资源分配等方面扩大村民的话语权、监督权，为长效脱贫凝聚人心、汇聚正能量。加强贫困村的文化建设，引导形成良好的乡风民俗，定期开展文明村庄、文明农户、五好家庭评选活动，激发其精神动力，引导和鼓励贫困群众通过自立自强、艰苦奋

斗改变贫困落后面貌。同时针对贫困户开展常用法律宣传，帮助贫困户在权益受损时学会拿起法律武器，理性维权，减少扶贫人口违法犯罪行为。关注相对贫困，出台相关标准，制定相应对策。针对2017年年底长沙农村全面脱贫后，相对贫困还在一定时期和范围内存在的情况，定期开展调查研究，适时出台减少相对贫困的政策措施，实现贫困户可持续发展，防止脱贫户返贫。

该文章被民盟长沙市委会转化为2017年度集体提案，
获中共湖南省委常委、长沙市委书记易炼红批示，
并被推荐为当年度重点提案

贫困地区人口出生缺陷高发应引起重视

据资料显示，我国每年新生儿出生缺陷率在 5.57% 左右，每年新发出生缺陷例数高达 90 万。新生儿出生缺陷主要是由遗传和环境因素引起，贫困地区则是地方病、出生缺陷、遗传病的高发区域，人口出生缺陷率高成为制约贫困地区和贫困户脱贫发展的根本原因之一。

2017 年，民盟衡阳市委在对常宁市开展脱贫攻坚民主监督的过程中发现，由于优生优育政策落实、贯彻不到位，患精神病、先天性遗传病和慢性重大疾病的贫困户人口数量较多，这部分人口既无劳动力，又无收入来源，难以真正斩断“穷根”，是实现如期脱贫、全面脱贫的最大难点。

近年来，我国为精准扶贫投入了大量的扶贫资金、采取了许多措施，已实现了 6000 万贫困人口稳定脱贫，成绩显著。只有对贫困地区出生缺陷率高、残疾孩子多的问题以及人口出生缺陷致贫、返贫的问题加以重视，降低贫困家庭新生儿的出生缺陷发生率，才能增强其摆脱贫困的希望和可能性。

建议：要重视贫困地区人口出生质量，在“精准扶贫”的同时做好出生缺陷综合防治工作。

1. 切实提高贫困地区出生人口素质和育龄群众生殖健康水平

贫困人口往往缺乏必要的健康知识、营养保障和医疗防控、筛查手段，这都亟须通过精准扶贫来有效帮扶。建议在贫困地区加强生育科学知识普及，提倡健康科学的生活方式，有针对性地开展宣传教育、健康促进、优生咨询等服务。切实提高贫困地区出生人口素质和育龄群众生殖健康水平。

2. 加强出生缺陷筛查监测

推动出生缺陷干预项目，将发生率较高的出生缺陷列入强制性监测项目。如在“地贫”高发地区增加“地贫”筛查项目，有条件的地区逐步将先天性心脏病、葡萄糖－6－磷酸脱氢酶缺乏症、先天性皮质醇增生症等病种纳入新生儿疾病筛查范围，或参照发达国家经验开展串联质谱筛查新生儿遗传代谢性进步等工作。有条件的地区逐步推行出生缺陷人群监测模式，逐步扩大监测范围至出生后 42 天，甚至生后 3—6 个月，将出生后逐步发生的出生缺陷纳入监测范围，为国家决策提供更加准确和有效的数据。

执笔人：颜娟华

衡阳市人大常委会委员、民盟衡阳市委会专职副主委

设立南岭山区（瑶族）文化生态保护区
促进区域均衡发展

习近平总书记在湖南考察时指出：湖南要重点打造三个高地，担当“四新”使命。位于湘粤桂交界处的“南岭山区”的地势虽然高，但是经济发展却是三省的洼地。由于它位于“一带一路”发展倡议的接合部，也是国内循环的堵点，区域发展的短板。为寻找打通堵点、补齐短板的路径，我们对此进行为期数月的调研。大家一致认为：设立“南岭山区（瑶族）文化生态保护区”，不仅可以促进该地区经济社会与文化教育的快速发展，而且还能畅通长江中游城市群与粤港澳大湾区的内部大循环，实现各大区域板块间的充分发展。

一、南岭山区的基本情况

1. 南岭山区是国家级重点生态功能区，拥有丰富的自然资源和极佳的生态环境

南岭山区是长江、珠江两大水系的分水岭，是华南和长江中下游的生态屏障，是国家级南岭山地森林及生物多样性生态功能区。这里气候温暖，降水丰富，生物资源丰富，成矿地质条件优越，是中国有色、稀有、稀土、放射性矿产的重要成矿远景区带。

2. 南岭山区有极其丰富的旅游资源、灿烂的历史文化和极富特色的民族文化

南岭山区经历多次的造山运动，岩浆活动频繁，自然风光秀丽。粤东北和湘东南呈现典型的丹霞地貌，桂东北和湘西南则是典型喀斯特地貌，

景区资源丰富，仅永州境内就有7个国家级4A级景区，10家国家级森林公园。

秦始皇“凿渠而通粮道”，修建了灵渠和湘漓古道、潇贺古道，南岭成为中原文化和岭南文化的融合交汇处，无数历史人物在此留下珍贵的史料和诗篇。

南岭是红军长征的出发地。韶关有1个中央苏区县，73个老区乡镇，587个老区行政村，5421个老区自然村，老区人口95.85万人。桂林有11个老区县，67个老区乡镇，960个老区行政村，覆盖人口350多万人，占全市总人口65%。贺州市有老区乡镇39个，老区村396个，覆盖人口104.16万人，占全市总人口45.7%。永州是李达、陶铸等老一辈无产阶级革命家的故乡，是陈树湘烈士壮烈牺牲地。

占全世界2/3的瑶族人口居住在南岭地区，留存了最长久的历史记忆和富有特色的民族文化。这里有众多的非物质文化遗产，湖南永州、郴州，广西贺州、桂林、来宾，广东清远、韶关七市共有国家级非物质文化遗产27项。

国家非物质文化遗产

类别	广东		湖南		广西		
	清远	韶关	永州	郴州	贺州	桂林	来宾
民间文学			盘王大歌（江华）	苏仙传说（苏仙）			
传统音乐		瑶族民歌（乳源）			多声部民歌·瑶族蝴蝶歌（富川）		
传统舞蹈	1. 瑶族长鼓舞（连南） 2. 瑶族长鼓舞·小长鼓舞（连山）		瑶族长鼓舞（江华）		瑶族长鼓舞（富川）		瑶族长鼓舞·黄泥鼓舞（金秀）
传统美术		瑶族刺绣（乳源）					
传统戏剧		采茶戏·粤北采茶戏（韶关）	祁剧（祁阳）	1. 傩戏（临武） 2. 湘剧（桂阳）			

续表

类别	广东		湖南		广西		
	清远	韶关	永州	郴州	贺州	桂林	来宾
曲艺			祁阳小调（祁阳）		1. 广西文场（桂林） 2. 桂林渔鼓（桂林）		
民俗	1. 瑶族耍歌堂（连南） 2. 婚俗·瑶族婚俗（连南）	瑶族盘王节（乳源）	1. 女书习俗（江水） 2. 舜帝祭典（宁远）	1. 农历二十四节气·安仁赶分社（安仁） 2. 拾阁·宜章夜故事（宜章）	1. 瑶族盘王节（贺州） 2. 瑶族服饰（贺州）	1. 瑶族服饰（龙胜） 2. 中元节·资源河灯节（资源）	

二、南岭山区发展面临的问题和困难

1. 经济社会发展水平相对较低，基础设施落后

南岭山区是典型的老、少、边、穷地区，经济社会发展水平相对落后，人均收入水平较低，基础设施相对薄弱。

人均收入水平较低。2019 年，江华县城镇人均可支配收入 27253 元，农村人均可支配收入 11688 元。江永县城镇居民人均可支配收入 26135 元，农村居民人均纯收入 11324 元。同期湖南省人均城镇居民人均可支配收入 39842 元，农村居民人均可支配收入 15395 元，差距很大。

基础设施薄弱。铁路、高速路密度低，省道、县道标准低。农村基础设施更薄弱。2018 年，湖南省把“全省 25 户以及 100 人以上的自然村通水泥（沥青）路建设”纳入了全省重点民生实事项目。在南岭山区，山高路远，居住分散，很多自然村达不到方案要求，没有水泥路，物流成本高。南岭山区的网络、通信仍然不畅。双牌县上梧江瑶族乡马家村 12 个组有 7 个组没有网络信号，新田铺村 10 个组有 5 个组没有网络信号，许多地方电话都打不通。

2. 承担生态保护功能，影响地方经济发展

国家级南岭山地森林及生物多样性生态功能区，涉及南岭山区大部分地方，如湖南省永州市 9 县 2 区就有 7 个县名列其中。南岭山区瑶族同胞

传统生活区域绝大部分划入了禁止开发区和二类限制开发区，开发用地和产业发展受到了限制。

3. 山区林农的生产生活受到限制

生态林保护和禁食禁捕野生动物两项政策对南岭山区瑶族同胞生产生活影响很大。

江永县源口瑶族乡三源村，人口677户2560人，土地面积63.75平方千米（合6375公顷、95625亩），其中耕地38亩，林地92787亩（划归公益林总面积达65769.3亩），人均耕地0.015亩，人均林地36.24亩（其中生态林25.7亩，实际人均经济林10.5亩）。公益林补偿金过低（国家级、省级公益林补偿15.5元/亩，县级公益林补偿14.5元/亩），年人均公益林补偿400元不到，林农收入急剧下降。

禁食野生动物，山民失去了打猎收入，许多地方野猪成灾，山间零星分布的旱田根本没有获得收成。

4. 南岭地区历史文化急需大力保护传承

南岭地区历史文化遗产存在保护经费短缺，开发利用不够，专业人员不足，非遗传承人断层，瑶族汉化等问题。如瑶族“干栏式”“飞檐式”结构的房屋建筑被随意拆除，许多瑶族传统民居长期处于无人使用管理，面临坍塌损毁。从事瑶族刺绣、蜡染、编织、银饰制作等民间传统手工技艺的年轻人越来越少，优秀的传统手工技艺面临后继乏人、濒临失传的尴尬处境，瑶族服饰汉化现象明显。瑶山青壮年大都外出打工，许多瑶族青年都不会说勉语，坐歌堂、度戒等传统习俗已很难见到，“上刀山”“入火海”等绝技面临失传的风险。精通瑶族古籍的老人相继离世，造成了瑶族不少有价值的口碑资料、文学古籍以及借用汉字记瑶音撰写的手抄本遗失，散落民间，面临流失或失传。地方文化文物等专业人才流失严重，非遗传承出现断层现象。

三、政策建议

建议设立国家级南岭山区文化生态保护区，完善生态补偿机制，充分发挥独有的文化旅游资源优势，实现南岭地区“创新、协调、绿色、开放、共享”发展。

1. 支持南岭山区逐级设立南岭山区文化生态保护区

建议湖南、广西、广东三省逐级申报设立南岭山区（湘南、桂东、粤北）瑶族文化生态保护区，加大对包括但不限于瑶族特色的非遗、历史文物等鲜活的历史文化资源保护开发，结合各地丰富的旅游资源，将南岭山区打造为最具特色的国家森林公园、国家森林康氧基地，发展民族特色旅游和古村落、古民居、非遗小镇等特色旅游产业，走文化生态保护和旅游深度融合的文旅融合发展之路。

2. 提供区域性政策支持，加大财政转移支付力度

“十四五”规划将南岭山区作为重点扶持地区给予特殊政策支持，出台相关优惠扶持政策。提高南岭山区的县级财政共享税分成比例，加大财政一般性转移支付力度，增强县级财政解决自身问题的能力。在用地指标、农村基础设施建设、贴息贷款、电费补贴等方面加大对南岭山区的项目扶持力度。充分利用南岭山区的优质林木、药材、土特产资源，进行高端木质产业、生物制药产业、食品加工产业链的优化，形成南岭山区的独特优势品牌。

3. 设立“南岭瑶族经济文化协作联席会议”制度

倡议设立“南岭瑶族经济文化协作联席会议”制度。“南岭瑶族经济文化协作联席会议”由南岭地区各市统战部门参加，每年举行一次联席会议，可由各市统战部门轮流召集及主持，会议中提出和发现的问题，经过共同研究，提出解决办法，向有关政府部门作出建议。

4. 大力支持南岭山区基础设施建设

打通交通瓶颈。全线提质洛湛铁路电汽化工程，加快呼南高铁邵永段建设进程，将广清永高铁、兴永郴赣铁路列入国家“十四五”规划。加快推进零道高速、道连（祥林铺—江华—连山）高速的前期工作，争取列入湖南省“十四五”规划。推进南岭山区各县之间的一级公路建设，争取列入各省、市“十四五”规划，实现南岭山区交通格局大改变，解决南岭山区交通不便，物流困难的历史性病症。

加大农村基础设施建设力度。推进通组公路水泥路面硬化和农村道路

提质改造工程。建议根据南岭山区人口、资源的实际情况，将达不到“25户100人”标准的组也列入“湖南省自然村通水泥（沥青）路建设”的下一步计划。同时，在通信、网络等基础设施建设上给予支持，争取做到通信、网络信号全覆盖。

5. 提高生态公益林和天然林补偿标准

建设以国家公园为主体的南岭自然保护地体系，有计划地把受到影响的林农迁移到城镇，提供就业岗位，增加和稳定林农收入，建立长效补偿机制。建议中央财政将国家级生态公益林和天然林管护补偿标准提高到每亩100元以上。

民盟永州市委会 供稿

关于加强湘西州农业产业园建设的建议

调研发现，湘西州农业产业园区建设存在以下突出问题：一是布局科学性有待增强。部分园区规划布局不够科学，如永顺三产融合园与高铁城建设规划衔接不紧，花垣农业科技园周边矿区重金属污染舆情较重等。园区发展业态较为单一，大多以生产为主，生产—加工—销售链接不够紧密，一二三产业融合发展不够，同质化竞争突出，如古丈县默戎与牛角山民俗风情与观光体验基本相似。二是园区配套设施有待完善。园区水、电、路、渠等基础设施有待进一步完善，现代农业信息化平台尚未完全建立，农产品安全监测体系不够健全，冷链物流建设相对滞后。三是制约发展的瓶颈有待破解。农业园区建设用地短缺，农业企业金融贷款难度较大，社会资金投入总量偏低。农业专业技术人才严重缺乏、知识老化、青黄不接以及参与产业开发的积极性不强等现象突出，产业规划、营销、管理等方面人才缺口大。高等院校和院所科研人才参与产业园建设的积极性没有调动起来，农业科技应用水平和创新能力有待提升，高科技含量、高附加值产品缺乏，依靠科技驱动园区高质量发展的动能不足。

为推进湘西州农业产业园高质量发展，特建议如下。

1. 健全管理体制

州、县市政府建立健全相关工作机构和考核评价机制，做好园区建设的规划编审、资源统筹整合、重大问题协调、建设工作组织、招商引资和项目推进等，明确相关部门职责、细化目标任务、严格督促检查。将工作落实情况纳入对各级各相关部门的目标管理年度考核，依据考核结果进行奖罚并确定项目支持。

2. 完善建设规划

明确园区定位。突出示范性，围绕农业特色产业，重点抓好 1 个国家级农业科技园区、33 个省级现代农业园区、24 个万亩精品园建设，注重生态保护绿色发展、有机产品标准化生产、科技含量提升、龙头企业引领、基础设施配套。突出带动性，完善利益联结机制，进一步带动农民增收，推动产业振兴；突出融合性，加快现代种养、加工流通、物流配送、电子商务、休闲旅游、健康养生等全产业链融合发展，构建全程质量监管体系。完善建设规划，发改、农业和农村等部门要加强指导，推动现代农业产业园区建设与产业发展、村镇建设、土地利用以及乡村振兴和湘南湘西承接产业转移等规划有机衔接，实现统筹谋划、同步推进。对在建园区与高铁新城建设、临近矿山重金属污染等问题要引起高度重视，通过适时调整、实施污染治理生态项目建设等方式加以解决。科学调整结构布局。立足资源优势，强化湘西绿色、生态、有机、富硒特色，注重区域协调发展，突出资源禀赋抓实县市空间布局和差异化发展，推进农业特色产业提质增效“845”行动，发展壮大茶叶、油茶等 8 大特色产业。

3. 破解重点制约

做活土地文章。探索土地延包配套政策，深化土地征收、集体经营性建设用地入市和宅基地制度改革等农村土地制度改革，进一步盘活农村土地资源。加大土地流转力度，推动土地向产业园区集中。重视农业园区企业的用地问题，在用地总指标中划出一定比例单列为农业企业建设用地，在实行招拍挂程序中将投标对象限定为农业龙头企业，土地设定的底价应低于工业企业用地价格；在规划农业园区时，优先将园区基本农田按农业行业用地一定的比例调整为非基本农田。创新资金投入，州、县市建立现代农业产业园建设基金，重点支持园区基础设施建设、产业提升、生态循环示范、设施农业等。引导预算外资金、信贷资金、农村集体资金、农民自有资金，特别是工商企业资本，形成以民间资本投资为主体的多元化投入机制。通过加大减税降费力度、搭建政银企融资平台、加强融资服务体系建设、推进企业信用体系建设等措施，解决好园区企业融资困难。推进科技创新，科技部门牵头，整合科协、农业、畜牧、农机、林业等涉农科技人员力量，组建专家团队，开展新品种、新技术的示范推广。进一步做实科技特派员制度，构建“科技人员到点、良种良法到地、新技术要领到人”的推广机制。支持高等院校、院所科研人员依规兼职兼薪或离岗创业，发展“农科院+”模式，加快推进“院企合作”“校企合作”，积极争取院士工作站建设，加强与农业园区合作共建。完善人才招引优惠政策，加大产业规划、营销、管理等方面人才引进力度。落实农业企业自主创新奖励机制，推动企业专利申报、先进生产技术引进、优化管理等；引进高新技术农业企业进驻园区。整合各类培训资源，创新培训机制，以产业大户为主要对象，积极开展先进实用技术培训，加强本地技术骨干培养。

4. 优化发展环境

大力实施高标准农田建设等工程，加大设施农业投入，加快土地改良和设施栽培技术推广。加快发展农产品储藏保鲜和冷链运输，完善产后配套服务设施。继续支持有实力的企业、农民专业合作社、致富能人等合办、领办、创办农业园区。鼓励外出农民工、高校毕业生、退伍军人、城市各类人才返乡下乡创新创业，建立多种形式的创业支撑服务平台。着力在招商引资、科技创新、创品夺牌、生产加工、电商发展、冷链物流、健全完善质量安全追溯体系等方面创新支持政策，如对引进的农业产业化企业给予用地保障、税收返还等，对科技创新的单位和个人、创品夺牌的企业给予奖励，对生产加工企业按加工量给予奖补，对电商企业按成交量给予一定奖励，对冷链物流企业实施运输补贴等。

民盟湘西州委会　供稿

关于破解民族贫困地区人才落地难题的建议

习近平总书记强调：人才就是未来。湘西州作为习近平总书记“精准扶贫”首倡地、湖南省脱贫攻坚主战场，在决战决胜脱贫攻坚的关键期，更加需要强大的人才支撑。由于各种原因，人才“引不进、留不住”的问题依旧非常突出，人才十分缺乏，这是所有贫困地区通病，也是最大困惑、最大难题。以湘西州为例。一是人才总量不足。目前，全州专业技术人才密度为153人/万人，远远低于全省全国平均水平。二是人才素质偏低。缺乏领军人才，全州既没有省121人才工程第一层次人选，更没有国家优秀中青年专家和百千万工程人才。缺乏高职称高学历人才，全州本科及以上学历仅占人才总量的25.1%，高级职称人才仅占人才总量的5.38%。特别是缺乏“高精尖”专业技术人才，州县市事业单位已经出现关键人才、重点人才严重断层。三是人才分布失衡。从单位结构看，公有经济企业与民营经济组织专业技术人才不到8%。从行业结构看，工程、经济、科技、文化创意、规划、市场营销、上市金融等行业人才不到5%。从年龄结构看，35岁以下年轻专业技术人才在30%以下，部分单位专业技术人员年龄结构明显老化，青黄不接。民族贫困地区最稀缺的就是人才，最需要政策重视和支持的还是人才，要创新、要发展、要缩小差距更需要人才。当前，全国许多大城市掀起了一场人才争夺大战，这是国家人才战略的具体化、城市化，无可厚非，但在硝烟的背后，民族贫困地区却受了伤。本来就缺乏人才，本来吸引人才就很难，这一下就更难了，大城市人才争夺战加剧了民族贫困地区人才落地难。解决民族贫困地区人才落地难，就必须促进人才的均衡流动，其根本途径在于区域经济的均衡发展，在于缩小甚至消除区域经济的“剪刀差”，但问题是民族贫困地区发展本身就急需人才，在人才的问题上，民族贫困地区是等不起也伤不起了。为民族贫困地区送政策、送资金，不如送人才，只有通过人才的集聚，才能更好地整合资源，才能更好地推动地方经济社会发展。为此，建议省委、省政府针对民族贫困地区给予更加刚性的“专属”政策支持，彻底破解民族贫困地区人才落地难题，让人才成就民族贫困地区未来。

1. 为民族贫困地区设立紧缺人才“专库”

在人才认定和基本情况摸底的基础上，采取组织强制和个人自愿两种方式，不唯学历，不管职称，不分专业，把民族贫困地区经济社会建设事业急需的人才纳入人才库，根据民族贫困地区发展需要和请求，从人才库中选派人才到民族贫困地区去工作。一要像计划经济一样为民族贫困地区分配各类人才。在计划经济时期国家对民族贫困地区实行分配党政、教育、医疗、文化、工程技术、企业等人才，对民族贫困地区发展起到了不可替代的作用。进入新时代更要有新作为，更要优先安排选派优秀人才、急需人才、紧缺人才到民族贫困地区工作，服务地方发展，缩小差距，实现后发赶超，让实用人才真正在贫困地区落地。二要像调配党政干部一样为民族贫困地区调配各类人才。参照领导干部调配制度，建立一种人才的调配机制，凡经过认定的人才，以55岁以下，家庭无大的困难，本人愿意又不影响所在单位重要工作，根据需要在全省范围内进行合理调配，人才服务时间可分3年、5年、10年三个层次，真正让人才有的放矢，为民族贫困地区放手大干、真干实干。三要把握市场经济规律为民族贫困地区大胆使用各类人才。在安排干部挂职锻炼时，不能仅局限于党政干部，要全方位全覆盖，特别是要包括教育、医疗、规划、工程技术、金融、互联网等人才，实行上挂下挂锻炼，充分调动方方面面人才活力，一方面让民族贫困地区各类专业人才到发达地区得到多岗锻炼，提升素质，另一方面让发达地区的“高精尖”专业技术人才能为民族贫困地区现场指导、现场解难。凡调配到民族贫困地区人才，脱产开展工作，其基本待遇仍在原单位享受，与在岗人员待遇一致，使用地给予一定补助，让人才全力以赴创新推进工作。加强人才管理考核，将调配人才在民族地区的工作表现作为职务职级晋升和奖励的重要依据。

2. 为民族贫困地区开展本土人才“专训”

民族贫困地区欠发达，受基础条件的制约，人才成长平台不佳，仅靠本地培育，周期长、见效慢、效果差，靠“引”太难，靠“调配”量太少，只有靠“引＋调＋配＋培＋育”才能彻底解决民族贫困地区人才十分缺乏问题。要进一步重视民族贫困地区的人才成长，为其人才培育搭建更好的平台。一要明确人才培养牵头协调机构。成立民族贫困地区人才培训工作协调机构，由省委组织部牵头，发改、财政、人社、教育、农业、住建、科技、卫生、文化、扶贫和高等院校等部门单位参加，整合各类培训资源，尤其解决各种培训资金和培训平台，进一步加大对民族贫困地区本土专业人才的培养力度。二要明确人才培养的高等院校责任。把民族贫困地区人才培养的政治责任、社会责任落实到省重点院校。要为民族贫困地区大力实施“人才扶贫振兴”计划，在省重点院校、重点专业，为民族贫困地区专门开展重点定向培养、开展重点委托培养、开展重点在职脱产培养，鼓励省重点院校与民族贫困地区签定校县人才发展合作协议，设立流动教学点，帮助提升本土人才素质，切实为民族贫困地区培养一支永远流不走的本土专业人才队伍。计划每年每县培养各类专业人才不低于100人。三要对培训效果进行考核。把民族贫困地区人才培训工作纳入绩效考核重要内容并作为政治任务，开展分类培养、按需培养、重点培养并细化考核指标，加强日常调度，严格考核考评，确保培训实效。

3. 为民族贫困地区培育企业人才“专家”

习近平总书记强调：民营经济是我国经济制度内在要素，民营企业和民营企业家是我们自己人。经济发展关键还是要靠企业家，民族贫困地区更加需要更多的优秀企业家创业发展。一要对实体经济企业人才进行摸底普培。参照“一村一大学生”的做法，利用省内高等院校平台，免费安排民族贫困地区企业家人才开展专题培训，增强民族贫困地区企业家人才干事创业能力。二要对重点骨干企业家人才进行专业学习。由财政给予培训补贴，有针对性地在省内重点高校举办重点骨干企业董事长、总经理研修班，不断提升企业家人才综合素质和市场驾驭能力，让企业家更好地做企业，让企业家更好地依法依规经营企业，更好地推动地方经济发展。三要对诚信企业纳税大户实行大胆奖补。建立民族贫困地区企业奖补基金，对优秀企业家要实行大胆奖补，尤其是对为民族贫困地区发展做出重大贡献的，要实行重奖。对企业家要有容错胸怀和容错机制，既要培育更要包容，让他们在教训中成长。四要对实体经济加大服务力度。对民族贫困地区的重点企业、龙头企业要采取“政府招人，企业用人，工资在单位，工作在企业”的方式，选派优秀人才服务企业发展。特别是在招商引资上，关键要为民族贫困地区搭建引“智”平台，引进一个好老板、引进一个好团队、引进一个好理念，真正汇聚优秀企业家人才，用专业人士做专业事。

4. 为民族贫困地区设立人才资金“专项”

民族贫困地区人才难以落地，最根本的原因是人才价值选择的结果。受利益驱动，人才大多流向经济发达地区。民族贫困地区财税收入有限，通过自身财力留住引进培养人才困难较大。建议省财政就民族贫困地区人才发展，设立专项资金支持。一是设立民族贫困地区人才发展基金。对贫困地区每年每县安排不低于 100 万元的专项资金，深度贫困地区每年每县不低于 300 万元，按照省 70%、市州 20%、县区 10% 的比例分级负责并纳入绩效考核，关键要解决好各类人才培训资金、人才引进奖补资金，真正让培训和引进工作落到实处。按照每年每县有计划性、针对性培训各类急需专业人才 100 人以上，连续 10 年培训 1000 人，彻底解决民族贫困地区人才严重缺乏的问题。二是设立民族贫困地区人才引进专项资金。对民族贫困地区急需紧缺行业领域引进的副高职称以上或博士研究生以上的高层次人才，除地方按政策给予支持外，由省级财政给予补贴奖励。鼓励机关事业单位“能人”离岗创新创业，对与贫困户建立合作创业利益共同体，并帮助贫困户稳定脱贫的，由省财政给予产业发展资金奖励。三是设立民族贫困地区“才邸”。领导干部流动开始试行“官邸”制，人才调配流动常态化后，民族贫困地区也应为方便人才的起居生活，建立专家楼或人才楼，凸显制度设计和对人才的尊重和爱护。

执笔人：刘小刚

湘西自治州人大常委会原副主任、民盟湘西自治州委会原主委

湘西自治州乡村旅游带动脱贫主要经验模式调查

湘西自治州认真贯彻落实习近平总书记精准扶贫战略思想，将乡村旅游脱贫工程作为精准扶贫十大工程之一，积极探索“景区带村、跨村联合、公司+村集体、能人带户、产业融合”等乡村旅游扶贫模式，促进农民脱贫致富。

一、优化旅游格局，推进“景区带村”

湘西自治州以推进国家全域旅游示范区创建为载体，把州域1.55万平方公里作为一个全域生态、全域文化、全域旅游、全域康健的大公园来整体规划、建设和管理，以凤凰为龙头、吉首为集散中心，围绕凤凰古城、芙蓉镇、里耶古镇、矮寨大桥4大核心景区，加快旅游精品景区和配套设施建设，串联高山峡谷、烽火苗疆、土司遗产、酉水画廊、土家源流、沅水民俗6大村落集群，保护开发300个左右特色村寨，打造“土家探源”“神秘苗乡”2条生态文化村镇旅游精品线，构建湘西自治州1小时生态文化旅游经济圈，努力把湘西自治州打造成为国内外知名生态文化公园和旅游目的地。目前已创建“国字号”生态文化旅游品牌236个，创建国家4A级旅游景区10个、国家3A级旅游景区17个。依托精品景区的辐射带动，加大景区及周边村寨旅游基础设施建设，积极引导当地村民发展农家乐、民宿等业态，售卖原生态农产品、特色小吃、手工艺品等土特产品，分享旅游发展带来的红利。湘西自治州充分依托知名景区的影响力，探索出了“村在景里、景在村中、村景交融”景村一体化发展模式，涌现老司城景区与司城村，矮寨奇观景区与德夯村，坐龙峡景区与坐龙峡村等一批景区带村型的典范。世界文化遗产老司城景区大力开展旅游扶贫，景区吸纳就业 70 人，公益岗位安排就业 75 人，民俗文化表演就业 20 人，开办农家乐自主创业 50 人，培育引导村民进行土司农产品开发，打造“老司城”特产品牌，辐射带动周边 4 个村寨，288 户 1112 人脱贫，老司城景区入选全国“景区带村”旅游扶贫示范项目。

二、实施连片开发，推进“跨村联合”

湘西自治州拥有 200 多个保存完好的传统村落，其中有 82 个中国传统村落，这些村落依山就势，聚落形态具有鲜明的民族特色，展示出浓郁的民族风情和秀美的山水风光。坚持高起点规划、高品质建设管理，推进 6 大村落集群、300 个传统特色村寨保护开发，打造 60 个乡村旅游示范村、2 条生态文化村镇游精品线路，实现跨村联合、串珠成线、抱团发展。采取将村落景区化的发展模式，着力村落环境整治、自然和人文景观保护展示、旅游配套基础设施建设以及村民素质提升等，集中连片建设，打造了 45 个具有明显带动效应的乡村旅游扶贫示范村，带动群众脱贫。2016 年至 2017 年湘西自治州整合资金 5.74 亿元，推进乡村旅游连片开发，建设游客服务中心 16 个、旅游停车场 23 个、旅游厕所 250 座、乡村旅游标识牌 120 块。近年来，湘西自治州通过集中连片打造，十八洞、惹巴拉、吕洞山、马王溪、墨戎苗寨等村寨成功创建国家 3A 级旅游景区，乡村旅游扶贫效应显著提升。凤凰县以铭城公司为平台，对 50 多个苗族古村落实行统一开发建设、统一宣传营销、统一经营管理，整体打造“凤凰苗乡”乡村旅游品牌，成为该县继凤凰古城后又一张旅游名片。龙山县捞车河、六合、黎明、树比四个村充分发挥土家民居规模集中、保存完好的优势，大力发展乡村旅游，联合打造“惹巴拉”乡村旅游品牌，2017 年带动 1000 多人脱贫。花垣县的十八洞村，整合周边 5 个苗族村寨，充分利用喀斯特地貌的地质景观，加上浓郁的民族风情，打造蚩尤部落群，展示神秘苗乡魅力；2017 年接待游客 26 万人次，实现旅游收入 200 余万元；村民人均纯收入由 2013 年的 1668 元提升到 10180 元，2017 年 2 月全村实现整村脱贫；该村先后获得“全国少数民族特色村寨”“全国乡村旅游示范村”等殊荣，2018 年评为国家 3A 级旅游景区，成为乡村旅游扶贫的典范。

三、扶持市场主体，推进“公司（合作社）+农户”

乡村旅游扶贫要实现可持续发展，必须逐步从政府投入为主的模式中走出来。湘西自治州引进旅游开发公司，统一经营、管理，鼓励农村集体经济组织依法将集体经营性建设用地使用权入股联营，鼓励农民将自己的传统民居、承包土地的经营权流转入股，让村民变股民，构建村民、公司和集体的利益共同体。农民从以发展农业生产为主转变为以发展旅游产业为主，增加村民的财产性收入、经营性收入和工资性收入。通过财政补贴、贷款贴息等方式，激发社会资本投资旅游的活力，成功引进华夏集团、秀兰集团、汇邦集团、消费宝集团等一批战略投资者，年经营收入过千万的旅游骨干企业发展到 20 多家，有力带动了旅游产业提质增效和当地群众就业增收。鼓励农村集体经济组织成立旅游合作社，以古村落、集体经营性建设用地使用权入股、联营等形式引进公司开发乡村旅游，实现村寨变景点，村民变股民、变旅游从业者，走出了“公司+农户”“合作社+农户”的旅游扶贫模式。湘西山谷居民文化产业发展有限公司在吉首、凤凰、花垣、龙山成立了 4 家民族工艺合作社和 3 个苗绣基地，签约手工艺者 300 余名，间接带动手工艺者 1000 余人，年文化旅游产值达到 2000 万元，带动农村就业人口 500 人。龙山县惹巴妹手工织品有限公司成立 5 个生产基地、1 个扶贫车间，研发了“乖苗苗”“惹巴妹”系列旅游商品，带动就业 405 人，其中贫困人口 152 人。永顺县西那村通过土地流转、资金入股等形式，成立了生态旅游专业合作社，带动 87 户贫困户 351 人脱贫。

四、突出示范引领，推进“能人带户”

湘西自治州有 84 位国家级、省级非遗传承人，湘西自治州建立了 34 个非遗传习所，2 个国家级生产性保护基地，12 个州级非遗生产性保护基地。以传承人和传承基地为依托，通过挖掘和帮扶能人创业，发挥示范带动作用，引导能人点对点帮扶贫困户，形成一户带多户、多户带一村的效应，带动更多村民参与。制定实施湘西自治州《乡村旅游脱贫工程指导意见》《旅游产业发展奖励补助暂行办法》等文件，先后评定乡村旅游示范村 45 家、星级乡村旅游区点 29 家、星级农家乐 10 家、特色民宿 10 家、"湘西有礼"旅游商品 27 种，奖补资金 350 万元，激励支持乡村旅游发展。湘西自治州文化创意企业和非遗传承人自主研发非遗项目产品达 50 多种，打造了银饰、苗绣、苗画、竹编、土家织锦、木雕、陶瓷、踏虎凿花等一批具有湘西民族特色的非遗产品品牌。乡村旅游业态不断丰富，传统文化产品的创意研发与生产销售成为乡村旅游产业发展新的增长极，直接带动村民脱贫致富。在州内举办全域旅游培训班、乡村旅游培训班，组织旅游扶贫村村官、乡村旅游带头人外出考察学习，提升旅游发展带头人综合素质，更好地发挥能人示范作用，引领更多村民参与旅游发展。凤凰蜡染传承人姚六菊在政府支持下创办公司，在廖家桥镇、千工坪乡建立蜡染原料生产基地，租赁当地土地，聘用当地贫困户，直接带动当地 1000 多名贫困户脱贫。凤凰县山江镇苗族饮食文化传习所总经理麻金梅，流转承包土地 300 亩，村民以土地入股分红，带动周边村寨农副特产、手工艺品等销售，直接用工 28 人，带动就业近百人。永顺县车坪乡咱河村，在能人杨锦霞的带领下，"咱河板栗节"办得有声有色。吉首市坪朗豆腐制作技艺非物质文化遗产传承人石清香将"坪朗豆腐"做成了产业，不仅在吉首市开了餐馆，还在坪朗村成立了专门的合作社和公司，吸收村民入股从事豆腐制作、加工、销售和农家乐经营，人均年增收 15000 元左右。2017 年石清香卖豆腐纯收入 80 余万元，为村民分红 8 万元，带动 19 户建档立卡户脱贫。吉首市矮寨镇坪朗村石清香、龙山县洗车河镇牙龙湾村田邦文入选全国"能人带户"旅游扶贫示范项目。

五、做好"旅游 +"文章，推进"产业融合"

以优势产业为依托，通过拓展观光、休闲、度假和体验等功能，开发"优势产业 + 乡村旅游"产品组合，促使优势产业向旅游业延伸，实现融合发展。大力推动旅游与文化、农业、工业和新型城镇化融合发展，发展银器、茶叶、姜糖、土家织锦、苗族蜡染扎染等一批销售过亿元的特色旅游商品，打造保靖吕洞山黄金茶海、古丈牛角山万亩茶海、永顺那咱万亩猕猴桃园、泸溪狮子山千亩葡萄园等一批观光农业园区，建设杜家坡帐篷酒店、红石林森林木屋、乌龙山大峡谷度假木屋等中高端民宿和一批生态景观、农业景观、创意景观交相辉映的田园综合体，湘西自治州培育发展21家重点旅游商品企业，带动就业19374人，旅游“一业兴”带动“百业旺”的综合效应不断凸显。策划举办土家族舍巴节、苗族赶秋节、跳花节等民族传统节庆和农耕文化节、黄金茶采茶节、葡萄采摘节等农事体验活动，激活了旅游村寨的发展活力，炒热了乡村旅游市场。花垣县十八洞村形成了以乡村旅游为核心，以猕猴桃种植业、湘西黄牛养殖业、苗绣手工业为主的“旅游+”扶贫发展格局，先后获得“全国少数民族特色村寨”“全国乡村旅游示范村”“国家3A级旅游景区”等殊荣，2016年十八洞村实现整村脱贫，2017年人均纯收入增加到10180元，成为全省首批退出村和全国精准扶贫的一面旗帜。吉首市隘口村是湘西黄金茶原产地和核心产区，茶园面积1.5万亩，人均5亩茶园，通过大力发展茶旅融合产业，实现人均年收入近万元，茶产业脱贫故事陆续登上央视《朝闻天下》、湖南卫视《新闻联播》、新湖南客户端等各大主流媒体，2016年被评为“全国首批十条茶乡之旅特色路线”，2017年被评为“全国茶旅融合带动精准扶贫示范村”。

执笔人：鲁明勇

民盟湘西州委会副主委、吉首大学旅游与管理工程学院院长

关于加强农村“大病和慢性病分类救治”工作建议

根据中共怀化市委统一安排，2019 年 7 月至 9 月，民盟怀化市委会对怀化市卫计委就全市农村基本医疗领域的“大病和慢性病分类救治”政策落实情况开展了专项民主监督调研。通过走访相关单位、查阅相关资料、进医院入村组听取基层群众意见、召开座谈会、调查问卷等方式方法，积极开展民主监督工作，发现了一些问题，现将调研情况报告如下。

一、基本情况

1. 因病致贫返贫防控体系初步形成

出台了《怀化市健康扶贫三年攻坚行动实施方案》，印发了《怀化市健康扶贫 2019 年工作要点及任务分工》和《怀化市卫生健康系统扶贫领域腐败和作风问题专项治理工作方案》；“四不两直”督导工作正常开展，“卫生健康系统扶贫领域反腐工作”实现常态化。

2. 贫困群众“看得起病”基本保证

实现了医疗保险、大病保险和报销比列优惠政策全覆盖。贫困群众个人缴费部分财政补贴 50% 和 60 元“扶贫特惠保”财政补贴 90% 全部落实到位，实行了健康扶贫“一站式”结算。全市农村贫困人口县域内住院费用平均实际报销比例 87.98%。全市确定了 320 家乡镇定点治疗医院，42 家县级定点治疗医院，8 家市级定点医院。并对建档立卡贫困患者优先就诊开通绿色通道。全面实行了县域内住院治疗“先诊疗后付费”政策。全市定点医院均实行 27 种大病，贫困群众个人自付部分给予 50% 的减免。

3. 贫困群众“看得好病”成为基本保证

一是因病致贫、返贫患者救治基本保证。2018 年全市需救治的建档立卡贫困患者 76633 人，入院救治或签约服务 76231 人，救治率 99.48%。2019 年全市需救治的建档立卡贫困患者 159064 人，入院救治或签约服务 158989 人，救治率 99.93%。二是大病专项救治基本保证。2018 年全市 27 种大病专项救治贫困患者 2125 例，救治 2107 例，救治率达 99.15%；2019 年 5721 例，救治 5683 例，救治率达 99.34%，均超额完成国家规定达到 90% 的目标。2018 年湖南省扩大救治的尘肺病、重性精神疾病、肺结核、艾滋病、血吸虫病 5 种大病贫困患者 5296 例，救治（含签约）5252 例，救治率达 99.17%。

4. 贫困群众“看得上病”成为基本保证

先后下发了《怀化市健康扶贫工程实施方案》和《怀化市健康扶贫工作方案》。完成了 654 个村卫生室建设任务。联系了全省 12 家三级医院与本市贫困地区 14 所县级医院的结对帮扶。开展了对全市 465 名乡村医生的免费培养。建成了以市一医院胸痛中心为核心、以县级医院为网点、以乡镇和村卫生室为网底的心血管急救网络和 10 个县级腹膜透析中心。

5. 贫困群众“少生病”基本保证

贫困地区免费孕前优生健康检查、免费婚检、免费增补叶酸预防神经管缺陷、农村适龄妇女“两癌”免费检查、儿童营养改善、新生儿疾病筛查、农村孕产妇住院分娩补助等服务项目全面实施。结核病、艾滋病等传染病防治工作和尘肺病基本医疗救治救助基本落实。同时还新修了 8500 座无害化卫生厕所。

总体而言，全市重病救治基本保障，慢性病发病率有效控制。特别是结核病发病率逐年下降。

二、存在问题

一是“一站式”结算不够健全。个别地方的“一站式”结算资金未及时打入专户，个别地方“一站式”结算实行先垫付后报账，工作效率不高。二是“先诊疗后付费”落实不够。贫困户住院时预付押金和不合理用药、不合理检查、不合理收费的现象仍然存在。三是慢性病签约服务质量不高。签约医生主动上门服务次数全年都没超过 5 次，而且大多数贫困村就一个签约医生，甚至有的 1 个医生要服务 100 人，从而使个别贫困户有签约医生，但没有实际服务。同时，家庭医生签约服务基本服务包 40 元中医保支付的 12 元，大部分县市区未到位，贫困人口个人支付的 8 元财政未补贴。四是政策宣传不深入。基层农民对大病和慢性病的国家优惠政策和国家“四定两加强”的政策知晓率较低，有的完全不清楚。五是单病种收费还没有完全铺开，“四定两加强”落实不到位。受医院自身条件限制，部分乡镇医院没有实行单病种收费，“四定两加强”也只做到定治疗方案、定临床路径。六是大病专项救治不统一。主要是扩大的 20 个病种需要统一相关支付政策、救治流程和保障措施还未实施。七是乡村卫生室还有空白，医护人员队伍较弱。还有一部分行政村没有建立村卫生室，而且大部分签约医生资质较低，签约服务人员数量过大，无法达到服务水平、服务质量要求。八是乡镇定点医院普遍亏损，负债严重。据抽样调查，大部分乡镇卫生院都是负债运行，医院年年亏损，债务越积越高，这不但严重影响了医院人才引进和自身发展，而且也将对保障当地基本医疗，让村民能在本地看病、看得好病的目标带来不利影响。

三、对策建议

1. 推进“先诊疗后付费”和“一站式”结算模式落实到位

严格执行县域内定点医疗机构“先诊疗后付费”制度，取消农村贫困人口在县域内定点医疗机构住院入院预付金，切实减轻农村贫困患者入院时的垫资压力，坚决制止个别医疗机构收取住院押金现象。进一步完善“一站式”结算各项参数设置，确保“基本医疗、大病保险、扶贫特惠保、医疗救助、医院减免、政府兜底、实际费用报销比例”等政策在“一站式”结算单上体现。切实减轻农村贫困人口负担。

2. 扎实贯彻执行“三个一批”计划

突出健康扶贫工作重点，认真贯彻落实“三个一批”[1] 行动计划。将贫困人口大病集中救治病种扩大到 27 个。采取更加有效的措施，加大明查

---

① 即大病集中救治一批，慢病签约服务管理一批，重病兜底保障一批。

暗访力度，借助基本公共卫生服务项目，切实把家庭医生签约服务做实做细，保证贫困人口应签尽签，实现签约一人、履约一人、做实一人。强力落实家庭医生签约服务基础服务包医保支付的12元经费和贫困人口8元的财政补贴。

3. 进一步加大村卫生室建设力度

切实落实省政府基本消除行政村卫生室“空白村”目标要求，进一步摸清底子，完善方案，加强村卫生室建设和乡村医生培养工作。

4. 高度重视乡镇定点医院债务危机

以推进基层医疗卫生服务体系建设为契机，帮助乡镇定点医院逐步化解债务危机，加速自身发展，确保贫困群众常见病、多发病能就近就医。

5. 继续做好贫困人口医疗保障

继续落实“三提高，两补贴，一减免，一兜底”多重保障政策，合理降低患者个人自付费用，增强患者自身承受范围的可操作性，确保政策的持续性。

6. 严格医疗行为、费用控制的监督管理

严格贯彻“三确定”原则［确定定点医疗机构、确定诊疗方案、确定病种（组）收费标准］加强医疗服务行为监管，规范农村贫困人口就医秩序和医疗机构诊疗行为，严禁不合理用药、不合理检查、不合理收费行为，建立健全医疗领域的风险防控机制。

7. 加强基层医疗卫生服务能力建设

加强医院等级评审工作，确保县级人民医院达到二级甲等标准，确保县域内标准化乡镇卫生院达80%以上。加强贫困村乡村医生免费培养招生工作，增强乡村医护人员队伍。提升定点医院医疗服务能力。

（此件为民盟怀化市委会在中共市委召开各民主党派市委会、市工商联和无党派人士参政议政调研成果专题汇报会上提交的调研成果）

执笔人：黄升

民盟怀化市委会秘书长

桑植县产业帮扶脱贫攻坚调研报告（2019年）

根据中共湖南省委、张家界市委关于支持民主党派开展脱贫攻坚民主监督的有关精神，按照中共张家界市委统战部的要求，受民盟张家界市委会主委、市人民政府副市长李培其的指派，民盟市委会调研组一行五人在专职副主委粟芬芳的带领下，于2019年10月11日—12日赴桑植县就全县产业帮扶脱贫攻坚情况进行民主监督调研。我们按照好中差的原则，采取情况汇报、入户调查、个别交谈、实地查看等方式，对芙蓉桥白族乡的合群村、马合口白族乡的梭子丘村、樵子湾镇的谷罗山村、洪家关白族乡的水田坪村进行了调研走访。“管中窥豹”“一叶知秋”，因而对整个全县这方面的情况有了较为全面的认识。为更好地推动以后的工作，真正打好这一事关全局人民脱贫致富奔小康的攻坚战，就有关情况具体报告如下。

一、产业发展情况

桑植县按照“党建领农、产业强农、项目兴农、创新活农”的总体要求，按照“一主多特”的产业思路，推进“三个模式”的全覆盖，全面落实“两有四个一”产业工作目标，落实惠农政策、狠抓粮食生产、确保质量安全、推进产业发展、夯实农业基础、强化科技支撑，各项工作均取得较大进展。

1. 产业覆盖情况

按照“一主多特”的产业思路，大力发展“五叶一鱼一蜜”特色产业。截至目前，茶叶面积达到6.9万亩，已有茶叶企业、合作社、大户等经营主体120余家，产量1600吨，综合总产值2.2亿元；大鲵存池量达130万尾；全县蔬菜面积复种面积达到8.5万亩，产量28万吨，综合总产值8.5亿元；全县蜜蜂养殖稳定在8万箱，产蜂蜜805吨，产值1.61亿元；全县有“三木”中药材40余万亩，草本中药材2.7万亩，主要品种有黄柏、木瓜、玉竹、天麻等；粽叶资源丰富，可采面积达10万亩，2019年又落实人工种植粽叶9000余亩；全县2019年稳定烟叶种植面积2.4万亩，预计收购烟草6万担，实现综合产值1.3亿元。目前产业扶持覆盖29232户贫困户，覆盖率99.7%，与29246户贫困户建立利益联结机制，占比99.8%。

2019年，县委县政府提出茶叶、粽叶、优质稻、中药材各新增10000亩的建设目标，现已经落实2.9万亩，其中白茶4010亩，覆盖建档立卡人口3168户；粽叶9063亩，覆盖建档立卡户4361户；中药材4973亩，覆盖建档立卡户2969户；优质稻11000亩，覆盖建档立户3050户。

2. 品牌创建

全县已认证8个绿色食品，分别为张家界西莲茶叶有限责任公司的“桑植白茶”“西莲云雾（绿茶）”“西莲红（红茶）”；张家界万宝山茶叶有限公司的“三鹤园毛尖”“金荆红（红茶）”“桑植白茶”；张家界林丰茶叶有限公司“帅湘红（红茶和绿茶）”。“张家界大鲵”获地理标志保护产品，“桑植蜂蜜、桑植魔芋”获地理标志证明商标，“康华粽叶”获得生态原产地产品保护证书。

3. 农业产业化进展情况

全县拥有53家市级以上龙头企业，其中省级龙头企业8家，拥有规模以上农产品加工企业25家，种养专业合作社536家，省级现代农业产业示范园5个，家庭农场386家。其中康华实业有限公司2018年产值过亿元。

4. 光伏扶贫进展情况

全县26个光伏项目（光伏电站）已建成运行，覆盖20个乡镇36个贫困村，截至2019年6月，累计发电量为167.1万千瓦时，收益142.1万元，效益初步显现。据测试，每个装机60千瓦光伏电站日发电量可达200—230度，基本可实现村集体年收入4万元以上的要求。

5. 产业扶贫资金投入

已经安排了11310万元的资金，其中县乡产业示范基地建设3915万元、非贫困村产业扶持 3480 万元、2019 年预脱贫户产业扶持资金 1815 万元、省驻村工作队产业扶持资金 1800 万元、产业奖补 300 万元，目前已经全部下达资金计划，正在积极组织项目实施。

二、存在的问题

（1）农业产业固有风险长期存在。主要体现在行情风险、灾情风险、疫情风险等方面，防控难度大。

（2）产业发展未形成规模化效应。全县农业产业还存在散而小的情况，农产品质量优良但不能批量生产，生产无法满足大订单的需求，农产品很难走出去。导致销售市场小，开拓能力差，抗风险能力不强，且缺少产品加工、保鲜库等农业基础设施，没有形成完整的产业链。

（3）龙头企业带动力不强。在龙头企业上无论是数量上，还是规模上还有一定差距。经营主体规模偏小，市场开拓能力不强，产业链条不完善，带动能力有限。

（4）现代化农业技术欠缺。全县大多还是传统经营发展模式，科技转化力度小，投入少，缺乏加工技术人才和新产品的研究开发人才，极大地限制了全县农业产业的发展。

（5）品牌影响力还不够强。全县近几年在农产品品牌建设上下了一些功夫，并取得了较好成效，但相比其他县区而言，农业品牌还不够强、竞争力还有所欠缺、影响力还不够大、覆盖面还不够广，无主导品牌作为支撑。

（6）发展不平衡及发展后劲不足。各乡镇村由于自然禀赋、地理位置、文化交通等条件的不同，存在发展不平衡及发展动力不足的严重问题。比如，很多村若扶贫工作队后撤，后盾单位投入取消以后，如何长期继续发展？需要引起人们的注意。

三、几点建议

1. 提前谋划，做好有针对性、切合实际的产业规划

围绕桑植县“一主多特”的产业布局，打造全县优势特色百亿产业，

拟订全县六大农业优势特色产业五年行动计划，并制定相关实施意见，为产业做大做强提供政策支撑。同时加大投入力度，创建一批上规模的产业基地。

2. 扶持做大做强龙头企业

按照“扶持龙头企业、壮大产业基地、打造桑植品牌”的思路，围绕桑植白茶、粽叶、大鲵、蜂蜜、烟叶、生猪等优势产业，主动对接各种产业扶持政策，加大扶植力度，完善产业链条，带动一方产业发展，真正发挥龙头企业的带动作用。

3. 加大科研投入力度，推进现代化农业发展

坚持科技强农，围绕产业链部署创新链，明确产业科研的重点方向和任务，推动农业技术、信息技术、人工智能技术与农业生产、经营、管理、服务等各个环节深度融合，让农业插上科技的翅膀。同时还要加大科研转化力度，进一步完善激励机制，解决好科研与生产“两张皮”的问题，并组织好技术指导服务工作。

4. 加强品牌营销

积极申报桑植地理标识品牌，狠抓“桑植白茶”等品牌的深度推广，拓展品牌市场，增强品牌影响力，突出主导品牌影响力。同时加强品牌营销力度，通过茶博会、农博会以及农产品对销会等媒介积极宣传桑植品牌，使我县农产品走出去。

5. 防范产业风险

通过组织培训、交流考察、跟踪帮扶等方式，加大对企业家的培训力度，为企业成长营造良好社会环境。同时大力推行农业保险制度，防范和化解风险。

6. 培育行业能手

配强配齐村镇领导班子，培养各种产业行业带头人、致富能手，使农村经济社会发展后继有人。

四、结语

桑植县是国家级贫困县、革命老区、红色故土。有优良的革命传统和

深厚的文化底蕴，加上丰富多样的自然资源，作为全市脱贫攻坚的主战场，我们有理由相信，有中共张家界市委、市政府的大力支持，中共桑植县委、县政府的坚强领导，各后盾单位的倾力帮扶，有 47 万桑植儿女的任劳任怨、奋发图强，一定能够完成整个全县脱贫的目标，进而阔步迈向全面建成小康社会的康庄大道。

民盟张家界市委会　供稿

当前农村一二三产业融合发展存在三个现实问题应予重视

中共十九大报告提出实施乡村振兴战略，促进农村一二三产业融合发展。农村一二三产融合发展是推进农业供给侧改革，加快农村产业转型升级，提高农业综合效益，促进农民脱贫增收的有效途径。目前，本市农村产业融合进入速度不断加快、领域不断拓宽、程度不断深化、内涵不断丰富、方式不断创新的发展阶段，为拓宽农民增收渠道、构建现代农业产业体系发挥了积极作用。通过走访一二三产业融合的相关企业，从农村一二三产业融合落地角度来看，还存在以下几个现实问题。

（1）用地难，土地问题成为推进农村产业融合面临的突出制约因素。农村产业融合的落脚点是农村，融合的形式包括加快农业结构调整的种养内部融合、延伸产业链的一二三产业之间融合，发展乡村旅游的功能拓展融合等，都涉及需在农用地上建设加工厂、餐饮区、住宿区等。按照自然资源部门的规定，以农业为依托的休闲观光度假场所、各类农家乐，以及各类农业园区中涉及建设永久性餐饮、住宿、会议、大型停车场、工厂化农产品加工、展销等用地，必须依法依规按建设用地进行管理，导致少部分无法调剂到建设用地区域而又不得不占用一些一般性耕地，甚至是基本农田的农村产业融合发展项目难以正常实施。一些电商的经营场地、仓储用地也难以得到满足。

（2）融资难，资金问题一直是中小企业和农业发展的重要制约因素。农业一二三产业融合不是一蹴而就的工程，也不能短期取得效益，需要长期和大量的投入，相关企业要有足够的经济实力才能更好地推动一二三产业融合发展，中小企业和农业的资金难问题，一直以来受到了各级政府的高度重视，也采取了一定措施，但未彻底解决。据调查，农业新型经营主体从银行贷款手续烦琐，且耗时长，贷款难，土地无国土证、房产证，也不能抵押贷款，无流动资金，融资贷款没有优势，目前可以用土地经营权证抵押，但要求严格，且资金额度不大，仅杯水车薪。

（3）基础差，相关基础设施建设滞后加大了农村产业融合发展的成本和风险。目前，很多地区存在与农村产业融合发展相关的仓储物流设施、网络通信等不发达，与城镇基础设施互联互通衔接性不强的问题。农村信息网络建设滞后，仓储物流设施严重缺乏，延缓了新业态的发展，增加了特色资源开发利用难度，加大了农村产业融合发展的成本和风险。为此，提出以下建议。

1. 健全用地制度设计

土地是农村产业融合发展的重要载体，要通过土地流转、废弃地利用、集体建设用地制度改革等措施，破解农村产业融合发展过程中的土地瓶颈。加速规划修编，鼓励各地结合本地区土地总体规划修编，将建设用地规模和年度计划指标向农村产业融合发展项目倾斜。结合实际需求加快修编进度，建议对农产品产地初加工、仓储物流、产地批发市场、农产品电商、乡村旅游等农村项目，实行用地计划指标单列。严格控制审批，在征得农村集体经济组织同意和不改变土地性质的前提下，在耕地保护这一红线不能逾越的前提下，新型农业经营主体可依法使用农村工矿、学校废弃用地、闲置宅基地等农村集体建设用地和荒山、荒沟、荒丘、荒滩等未利用的土地，发展农村产业融合发展项目。对于农村产业融合发展示范区以及具有引领作用的重大项目的建设用地，建立报批绿色通道，实行优先供地和审批政策。加大执法力度，规避类似“大棚房”事件，严肃打击以农业为名进行非农业建设，打击农村违法建设。

2. 加大融资政策扶持

一是经营权抵押信贷应加快、加大；二是设置创新创业风投金，加强与金融机构合作，研究创设定制式金融产品，运用“政银企”模式加大金融支持力度，支持地方设立农村产业融合发展投资基金；三是财政对产业融合的典型企业在信贷上给予全额贴息或分类贴息。

3. 加强农村“两网”建设

一是完善配送网。改善涉农仓储、保鲜、烘干等设施条件，加强各类农产品加工园区基础设施建设，在农产品集中产区改扩建一批集散功能强、辐射范围广的农产品产地批发市场，支持企业建立农产品加工配送中心。二是整合电商网。要提高农村信息化装备水平，增强网络覆盖面和稳定性，让末端操作员公职化，便于相关企业能更快更好地并网。

执笔人：王黛

盟员、常德市安乡县农业农村局局长

对民主党派脱贫攻坚民主监督的几点思考

——以湖南民盟为例

中共十九大报告中明确提出，新时代我国社会主要矛盾是人民日益增长的美好生活需要和不平衡不充分的发展之间的矛盾。对于脱贫攻坚，中共十九大报告有三处作了专门论述：一是在新时代中国特色社会主义基本方略中，提出了要深入开展脱贫攻坚；二是在全面建成小康社会的目标中，把精准脱贫作为三大攻坚战之一；三是在新时代中国特色社会主义建设的任务中，部署了坚决打赢脱贫攻坚战。

确保104.6万人脱贫、17个贫困县摘帽，确保已脱贫人口可持续稳固脱贫，同步实现全面小康、两不愁、三保障。

为了高标准、高质量地实现上述目标，中共中央发挥多党合作制度的优势，确定开展脱贫攻坚民主监督专项工作。早在2016年，习近平总书记就指出，要完善民主监督，加强对重大改革举措、重要政策贯彻执行情况和“十三五”时期重要约束性指标等的监督，促进相关工作。因此，开展脱贫攻坚民主监督是党中央赋予统一战线的一项新任务，是拓宽民主监督渠道的有益尝试，也是各民主党派协助地方党委和政府打好脱贫攻坚战的重要形式。

2016年6月21日，中共中央统战部召开各民主党派中央开展脱贫攻坚民主监督工作启动会，出台《关于支持各民主党派中央开展脱贫攻坚民主监督工作的实施方案》（以下简称《方案》）。《方案》对民主党派开展脱贫攻坚民主监督的对口省份、监督内容、监督形式作了明确。

受中共湖南省委委托，民盟湖南省委聚焦湘西州脱贫攻坚工作的重点难点问题，以问题为导向，深入了解扶贫政策的落实情况、帮扶工作的开展情况和对扶贫干部的工作满意程度。民盟湖南省委副主委分别带队，组织有关盟员专家，连续两年深入湘西州 8 县市偏远乡村调研，出动调研人员 120 多人次，走访 400 多户村民，现场进行仔细核查，及时向当地党委、政府进行情况反馈，助推湘西州打赢脱贫攻坚战。调研组坚持以问题为导向，深入了解扶贫政策的落实情况、帮扶工作的开展情况和对扶贫干部的工作满意程度，并在湘西民盟驻村扶贫点保靖县中心村建立了脱贫攻坚工作情况反馈点，要求驻村干部将脱贫攻坚工作中群众反映强烈的问题及时反馈，增强民主监督工作的实效。建立了“脱贫攻坚”民主监督工作专家库、工作人员名单，深入了解各项政策的落实情况，分析扶贫措施是否符合实际，脱贫效果可否持续。

一、脱贫攻坚民主监督的重大意义

1. 是助推脱贫攻坚工作的重要实践

中共中央提出开展脱贫攻坚民主监督的一个重要着眼点就是进一步坚持和完善我国多党合作制度，团结各民主党派共同打赢脱贫攻坚战。同时，脱贫攻坚民主监督也是对民主监督工作的新探索。脱贫攻坚民主监督是迄今为止民主党派规模最大、时间跨度最长的监督活动，必将对强化民主党派成员的实践锻炼发挥重要作用。通过针对性调研，为脱贫攻坚决策部署执行和落实找问题、提建议、做规划，推动脱贫攻坚落到实处，起到服务大局的重要作用。调研组每到一个贫困县都开会碰头交流，带队的民盟省委副主委组织成员对反馈意见进行全面梳理和归纳，将当地脱贫攻坚的经验、亮点，不足或值得改善的方面一一整理，与当地县委县政府面对面提出，帮助其脱贫攻坚工作查漏补缺。2019 年，民盟湖南省委会通过三个月的实地调研走访，最终形成近万字民主监督调研报告。调研报告叙述了湘西州脱贫攻坚工作的基本情况，总结了脱贫攻坚工作中的经验和亮点，分析了存在的问题，针对性提出了可行性意见和建议，为省委省政府提供决策参考。

2. 是完善民主监督制度的重要创新

在民主党派的主要职能里，民主监督是个短板，满意度很低，要求加强呼声高，如何具体操作一直是难题。开展脱贫攻坚民主监督是各民主党派深入了解国情的重要机会，能够更加全面地把握国家重大政策决策的制定、推进、落实情况，了解政策落实过程中可能遇到的各种困难和问题，增加了党派中央和地方组织之间的沟通互动，有利于发挥各民主党派组织的整体优势，充分体现了参政党与执政党同心同德的亲密友党关系；充分体现了民主监督这一中国特色监督形式的科学性和有效性；充分体现了中国共产党领导的新时代中国特色社会主义政党制度下进行协商民主、民主监督的优越性。在这项工作中各民主党派整体部署，层层推进，深入实践，创新理论，为完善和发展民主监督工作做出了新的探索：对于如何将参政党民主监督嵌入公共政策体系中，如何破解民主监督与公共政策体系的关系做制度性安排，如何解决民主监督、政治监督与公共政策运行游离的问题进行了有力探索。

3. 是提升参政党水平的重要途径

以湖南民盟为例，通过在湘西州开展脱贫攻坚民主监督工作，民盟湖南省委会多举措并行，全方位提升参政党水平。一是健全了工作机制。着力健全民主党派民主监督领导机制、协商沟通机制、跟踪督办机制、督查反馈机制、联合协同机制、自身建设机制。成立了民盟湖南省委会脱贫民主监督工作领导小组，分阶段制订了工作方案，组织了以主委班子为组长的调研组；初步建立“脱贫攻坚民主监督工作”专家库和工作组名单，将成员培训制度化、规范化、经常化；在湘西民盟驻村扶贫点保靖县中心村建立了脱贫攻坚工作情况反馈点，要求驻村干部将脱贫攻坚工作中群众反映强烈的问题及时反馈，增强民主监督工作的实效。二是创新了工作方法。民盟湖南省委会通过主委班子分组带队，盟内专家分组针对性指导，盟员集中交流培训，调研与理论研讨互相穿插，脱贫攻坚民主监督与参政议政、社会服务、宣传信息工作相互交融、齐头并进等新思路、新方法、新举措，有力推进了民主监督工作，并为其他工作提供了借鉴。三是培养了盟内人才。发挥盟员队伍中专家教授的专业能力和示范带动效应，为盟员做表率、做榜样。加强盟员知识储备，积极引导盟员进行多党合作理论、民主监督等理论学习，并通过集中培训让盟员快速、有针对性地熟悉中共中央、湖南省委省政府脱贫攻坚政策文件，了解湖南省省情、具体涉及的市（州）情况、贫困县县情和当地扶贫工作推动状况。同时，通过座谈会、经验交流、主委班子谈话指导等方式激发盟员的积极主动性，并通过新的问题和舆情点，指导盟员在实践中发现问题、提炼问题、分析问题、解决问题，全面提高盟员调查研究、理论研讨水平和盟员政治把握能力、参政议政能力、组织领导能力、合作共事能力和解决自身问题的能力。四是推进了参政议政、社会服务、精准扶贫工作。在开展脱贫攻坚民主监督工作的同时，将湘西州作为参政议政实践基地，以湘西脱贫攻坚工作为蓝本，搭建理论到实践、实践再到理论的桥梁。经过到湘西贫困村大面积多次走访调研后，在如何做中国共产党的好参谋、好帮手、好同事，增强责任和担当，共同打赢脱贫攻坚战等方面做出了有益尝试，“超天使工程”“微天使工程”“烛光行动“等社会服务品牌更加贴近百姓，帮扶工作进一步精准，与湘西州委合作更加密切。

4. 是展示爱国统一战线和中国共产党领导的多党合作制度的重要平台

在凝心聚力、决胜脱贫攻坚的关键时期，各民主党响应中共中央号召开展脱贫攻坚民主监督，发挥优势、扎实调研、突出重点、注重实效、示范带动，尽锐出战，积极投身这一历史性事业，中国共产党领导的多党合作事业呈现勃勃生机。民盟湖南省委会在两年的脱贫攻坚民主监督工作中，在查看村民吃穿用度、饮水健康、居住环境，房屋质量、教育医疗保障以及主要增收产业等过程中，中国民主同盟这一组织也被老百姓由陌生到慢慢熟悉。在为湘西把脉产业扶贫和农村教育、医疗卫生状况中，民盟的专家教授发挥专业领域优势，逐一为当地提供智力支持；民盟湖南省委会长年精心打造的“同心送健康、送平安进校园、送烛光”“互联网＋实业＋公益”等多项社会服务品牌多次服务湘西，与脱贫攻坚民主监督精准对接，共同促进，赢得了湘西百姓的肯定；民盟湖南省委会工作组每到一个县最后一项工作是与当地县委县政府负责同志座谈，带队的省盟副主委组织所有成员对反馈意见进行全面梳理和归纳，将当地脱贫攻坚好的经验、亮点，不足或值得改善的方面一一整理，助当地县委县政府脱贫攻坚工作查漏补缺，不一样的视角和观点，真诚的态度和务实的工作作风给中共湘西州委和民众留下了深刻的印象。这是中国共产党的基层组织和民众接触民主党派、了解民主党派的一种重要途径，湘西的干部群众第一次亲历脱贫攻坚民主监督，在彼此的接触中，对于多党合作的形式、作用，民盟的性质、地位、职能等有了鲜明的认知，对于中国共产党领导的多党合作制度的优越性有了切身感受。

二、脱贫攻坚民主监督的困境

1. 缺乏基础保障体系

新形势下，习近平总书记对民主党派履行民主监督作用提出了更高的要求。从目前来看，开展脱贫攻坚民主监督工作整体上缺乏健全的保障机制，缺乏相应配套的、稳定的发挥民主监督作用的实施细则。首先，脱贫攻坚民主监督工作都是从党委政府的规范性文件和政治法理中引申出来的，没有专门的监督规程和法律法规作为依据。其次，民主党派局限于工作职能、人员配备、专业技能水平和机构设置等因素，难以有效开展监督。一方面各级民主党派机关没有民主监督相应职能机构。以民盟湖南省委会为例，脱贫攻坚民主监督工作临时安排党派省委社会服务处牵头，在调动人员、经费等方面，颇受掣肘。另一方面社会服务处只有三名专职干部，其他参与成员以民盟湖南省委会的名义对盟员所在单位发函商调，既缺乏有效的协调手段，也没有制度性规定，更没有强制性措施。由于大部分盟员分布在各行各业，参与人员到与不到，主要由各自单位决定，时常出现盟员抽不动、凑不齐的情况，还有些盟员因为单位工作需要，无法全程参与，这些都严重制约了专项工作民主监督的实效。再次，实施脱贫攻坚民主监督的过程中，或多或少存在对民主监督重视不够的现象。被监督地区有的存在着“上热、中温、下冷”的状况，少数基层领导和干部认为民主党派搞民主监督就是“挑刺”、找麻烦，民主监督可有可无、没有必要，存在不欢迎、不积极配合、消极怠慢，甚至回避的情况。实地调研走访时，更多由当地党委政府提前安排行程，学习优秀典型的多，真正走进薄弱地区的少，报喜的多，报忧的少，真实无水分的“干货”不多，成绩一大堆，问题少而精，监督主体难以第一时间获得最准确有效的信息。最后，民主监督参与人员从哪里来的问题没有从根本上解决，队伍的不稳定造成参与成员认识不够、接受培训素质不够，难以满足监督需求。具体表现为，在认识上，不少成员仍然存在“民主党派是‘政治花瓶’，起不了什么作用”的错误认识，不能准确把握定位，没有充分利用政治地位和政治权利，在监督调研中存在“走过就算了，去了就行了”的思想，提的也是些无关痛痒的问题敷衍塞责；在业务能力上，民主党派来自各行各业，很多是单位和行业的骨干专家，由于受自身经历阅历所限，有的对如何有效开展脱贫攻坚民主监督还不得要领。第一表现为不敢监督，有的从所谓的政治安全出发，不敢说真话，认为“言多必失”，提了意见怕“穿小鞋”，隔靴挠痒、患得患失，不敢真正进行监督；第二表现为不会监督，有的成员平时跟脱贫攻坚等专项工作接触少甚至零接触，在民盟湖南省委会进行的民主监督中，虽然组织学习了脱贫攻坚相关文件精神，并请盟内有过脱贫攻坚调研经验或参与过民盟中央脱贫攻坚民主监督的盟员介绍监督注意事项和心得体会，但总的来说，培训时间、培训内容等均难以满足进行深入细致脱贫攻坚督查的要求，造成调研中意见和建议过于宽泛，实际操作性有待提升，影响了民主党派的自身形象，也影响了民主监督的针对性和权威性。

2. 缺乏科学的监督运行体系

其主要表现为：一是脱贫攻坚民主监督信息不对称。脱贫攻坚民主监督的目的是工作上的互相促进，这需要一个长期监督与被监督，相互沟通，共同促进的过程。虽然进行了深入的调研，但由于民主党派职能的局限性，特别是县一级，作为脱贫攻坚的主战场，民主党派基本没有机构和组织，成员也极少，信息获取渠道较少，难以得到最准确和全面的情况。二是脱贫攻坚民主监督成果运用不充分。民主监督的目的是促进问题的整改落实，但针对民主监督中反映出的问题，有的被监督单位反馈不及时，有的干脆不予反馈，如石沉大海。有的被监督当面表态很好，但承诺后没有真正整改落实。有的被监督单位反馈意见重形式轻内容，避实就虚，出现“有提无案”“有议无果”的现象，致使民主监督实效大打折扣。民主党派调研报告提交后，用与不用，改与不改，监督组对外没有成果运用情况的反馈渠道，因此难以进行对自身监督成果的提质和优化。三是脱贫攻坚民主监督形式单一。虽然民主党派在进行脱贫攻坚民主监督时，尽量将参政议政和参加中国共产党领导的政治协商融合运用，并结合社会服务工作，但受到民主党派职能以及机构的局限，脱贫攻坚民主监督的形式单一，更多采取集中调研、实地走访、部门座谈的方式（当地政府介绍措施，民主党派反馈发现的优点缺点、意见建议）。实地走访时间短，行程紧促，难以避免存在走马观花的现象。中共党委、政府部门采取的“四不两直”（不发通知、不打招呼、不听汇报、不用陪同接待、直奔基层、直插现场），“明察暗访”等手段也难以为民主党派采用。

3. 成果运用不充分

《方案》指出，坚持鲜明的问题导向，支持民主党派通过深入调研、考察、座谈等形式，将发现问题与共同研究对策、提出整改办法相统一，真正把监督过程变成发现问题、解决问题的过程，把开展监督作为推动政策落实的过程。尤为重要的是，因为调研不充分或被监督单位重视程度不够，在监督中如何利用党外人士人才智力优势，对扶贫产业发展项目、人才技能培训、助力乡村振兴战略等技术含量高的脱贫攻坚工作进行把脉方面还鲜有涉及，大多还停留在人员到位、政策落实等基础层面的监督。

三、完善脱贫攻坚民主监督的路径思考

《方案》指出：开展脱贫攻坚民主监督的出发点和落脚点是帮助党和政府打赢脱贫攻坚战。要坚持中国共产党的领导，支持民主党派以推动中央决策部署落实为核心，围绕脱贫攻坚中的重点难点问题深入考察调研，及时发现和反映存在的问题，提出意见建议和批评，帮助对口省份党委和政府加强改进工作。要落实好以上要求，必须从以下方面入手：

1. 建立规范有序的基础保障体系

要在人员保障、监督能力提升等方面建设常态长效的保障机制，按召之能来、来之能战、战之能胜的要求做好民主党派成员管理，争取部门支

持。一是要依托新时期习近平总书记对民主党派提出的新要求，积极推动党派内部制度更新和职能更新。将中共党委委托的重大工作专项民主监督作为党派成员的义务，纳入规章制度中。既要对成员形成强制约束力，也要统筹兼顾，提升相关工作的可预见性，在年初做好重大工作民主监督专项规划，形成科学人员抽调计划向相关单位发送协商函，为成员和相关单位做好工作安排打好提前商量。科学设立民主监督相关职能科室，选强配优工作人员，着力从党派中挖掘选拔一批有担当、有能力的干部，专职做好重大事项民主监督，推动重大事项民主监督工作常态长效。二是要积极推动各级党委政府深刻认识重大工作专题民主监督的重大政治意义，全力配合参与。充分发挥各级政协系统、统战系统作用，把各级各部门单位支持配合情况纳入相关工作考核，同时强化沟通协调，推动各级各部门深刻认识重大工作专题民主监督的重大政治意义，提升政治站位，进一步把单位民主党派人士参与重大工作民主监督活动作为锻炼干部、培养干部的重要手段，积极支持和鼓励。同时，明确人员一旦抽调，非紧急情况，不应安排重大单位工作，不应临时召回，确保抽调人员全过程参与。被监督地区和部门要积极配合，按照民主党派监督的要求，严格规范做好后勤保障工作，特别是要保证各民主党派监督的自由空间，保障民主监督调看资料、自由进村入户等基本权力，不搞全程陪同、安排路线等花架子。三是强化培训，提升民主党派民主监督专业化程度。各民主党派在开展民主监督前，要认真组织专业培训，邀请相关工作主管部门进行业务指导和专业知识讲座，确保专题民主监督的科学性。中共党委政府各相关部门要积极配合，及时准确提供相关情况，积极主动为民主党派提供有效的培训和服务，并通过选派脱贫攻坚领域的专家学者、经验丰富的脱贫检查组成员、优秀的扶贫工作队员到民主党派进行授课、经验交流等形式传经送宝，甚至派专家跟踪参与全程指导民主监督工作，切实帮助民主党派提升监督专业化水平。民主党派应该组织成员加强政策学习和调查研究，形成定期培训学习的基本制度，着力提高成员发现和找准问题、研究问题、提出意见建议的能力，做到懂监督、会监督、能够监督到点子上，确保监督成果让党和政府重视、老百姓满意。

2. 要建立科学高效的监督运行体系

要坚持问题导向，探索脱贫攻坚民主监督如何实现真监督、善监督的工作机制。一是要畅通信息获取渠道。排除干扰和第二手资料，零距离贴近扶贫一线，监督精准脱贫的进程。激活基层民主党派组织和成员专家的力量，积极探索基层协商，弥补基层社会治理的短板，把影响社会和谐的问题与矛盾化解在基层，改变民主党派履行职能限于少数所谓“精英会员”的局面，充分发挥新型政党制度的制度效能。着力在县、村两级建立联系点和监测点，通过“解剖麻雀”、长线跟踪，观察和监督扶贫政策和资金落地情况。同时要不定期组建专家小分队深入贫困地区调研，提高调研的专业性、建言的科学性，积极弥补县级以下层面缺乏民主党派基层组织的缺陷，让民主监督各类信息反馈更畅通、更高效，避免管中窥豹的局限性，不把特殊典型作为普遍情况来反映和总结。二是要丰富监督形式。各民主党派要进一步丰富监督的形式，除必要的集中调研、听取情况介绍、工作座谈等形式外，要更多按照中共“四不两直”的调研要求，不给任何单位和部门添麻烦，不打招呼、不搞接待、不要陪同，直接入村入户，在街头田间随机选择访谈对象。同时充分发挥“互联网+”和大数据，坚持明察暗访相结合，通过电话调查、网络问卷调查、党派成员日常反馈等将遍布各地的眼睛和耳朵组织串联起来，并改变只依靠集中调研、统一监督、集体反馈的常规做法，对相关问题进行及时反馈、常态监督。

加强事后跟踪。脱贫攻坚民主监督，重点是监督，是发现问题。各民主党派要进一步找准自身定位，发挥好自身的优势和特点，聚焦重点难点问题和政策落实中的薄弱环节，有针对性地开展工作，不搞面面俱到，要看到工作的真面貌，提出待解决的真问题，形成能够实施的真措施。特别是把自己摆进去设身处地考虑问题，遵循科学规律做到言之有据、言之有物、言之有理。同时，对相关工作要明确专人进行跟踪，并与被监督地区建立定期会商沟通的机制。各级党委政府要重视切实提升脱贫民主监督的权威性，定期或不定期检查下级党政部门接受政协民主监督的情况，要将接受民主监督纳入工作考核范畴，考核结果记入政绩档案，作为干部提拔使用、考核奖惩的重要依据，并可以在适当的范围内，建立对民主监督落实情况予以通报公示的制度。

3. 做好脱贫攻坚民主监督成果运用工作

“行是知之始，知是行之成”，做好脱贫攻坚民主监督的最有效途径，就是真正参与到脱贫攻坚体系中，将脱贫攻坚民主监督的成果运用到实际中去，才能真正懂得监督，监督到点子上。首先，民主监督的成果运用是一种双向行为，要取得良好的效果，需要监督者与被监督者的共同努力，既要民主党派方面积极主动，更需要党政部门的理解和支持。因此，民主党派要主动与做好与党政有关部门沟通情况，对民主监督重大内容和部署要主动向党委请示汇报，对监督进展情况和遇到的重大问题要及时反映。其次，各民主党派既要做脱贫攻坚的监督者，又要做支持者，更要做亲为者，真正“下水”，充分发挥民主党派的智力和资源优势，帮助贫困地区招商引资，协调、引进项目，帮扶本地经济建设，投资扶贫产业发展项目。特别是要充分利用教育界、科技界、医疗卫生界等人才智力资源优势，面向贫困一线，积极开展农村教师培训、职业教育培训、农村劳动力转移培训、农村技术人才培训、农民实用技能培训、医疗卫生人员培训等服务，通过帮扶了解政策、洞悉问题、增加强化合作、推动执行，真正在帮扶中实现监督，推动监督与被监督单位的良性互动、多方共赢。比如，民盟湖南省委在为湘西把脉产业扶贫和农村教育、医疗卫生状况中，民盟的专家教授发挥专业领域优势，逐一为当地提供智力支持；民盟湖南省委长年精心打造的“同心送健康、送平安进校园、送烛光”；2021 年 8 月，民盟湖南省直三委员会、民盟湘西州委会联合永顺县人民政府，举办“民盟盟员带货湘西特产”直播活动，“互联网 + 实业 + 公益”等多项社会服务品牌多次服务湘西，与脱贫攻坚民主监督精准对接，共同促进，赢得了湘西百姓的肯定。再次，要把参政议政、民主监督、参加中国共产党领导的政治协商三项基本职能有机结合，通过开展脱贫攻坚民主监督了解社情民意，形成真知灼见，为开展参政议政、政党协商打下基础。通过政党协商和参政议政的平台提出监督性的意见建议。建言与践行相结合，监督与参与并重。最后，要结合助力乡村振兴，在监督中深入基层一线，围绕农村土地制度改革、农村基层社会治理等脱贫攻坚深层次问题开展持续调研，多角度为各级党委政府提供决策参考，并发挥民主党派专业技术类、经济类、商贸类成员多等优势，加大农业技术研发和优势农业投资力度，大力推动农业产业化和农民增收，助力产业振兴、人才振兴、文化振兴、生态振兴和组织振兴。

执笔人：徐静

益阳市工商联副主席

关于高质量推进脱贫摘帽以实现可持续发展的建议

（2017年界别提案）

湖南省把脱贫攻坚作为头等大事和第一民生工程来抓，出台了系列“精准扶贫”“精准脱贫”的政策措施，不断创新扶贫开发工作机制，贫困落后面貌得到较大改善。调研发现，本省“精准脱贫”实践中问题仍然突出，解决难度大，主要体现在以下几个方面：

（1）贫困治理体制机制不完善，治理能力弱。当前贫困村基层组织受各种因素限制，普遍存在政治业务素质低，知识年龄结构不合理，行政执行能力不强。以行政业务工作为主，不能聚焦精准扶贫、精准脱贫工作，甚至存在“当国定贫困县光荣”“当国定贫困村光荣”的贫困攀比思想，不愿“脱贫摘帽”，未能形成党委政府、市场、社会和贫困户相互配合、相互促进的多元共治的贫困治理体系。

（2）收入来源单一且不稳定，脆弱性强，返贫率高。一方面，无劳动力、无收入来源和无低保资格的“三无”贫困户在贫困村中仍有一定比例，成为如期脱贫、全面脱贫的最大难点。另一方面，不少贫困户虽通过结对子帮扶、打短工、家庭种养等途径短期脱贫，但收入稳定性差，工作队一旦撤退返贫率高。

（3）扶贫产业雷同且自生能力弱，持续脱贫难。在结对帮扶中，许多部门单位采取送鸡、送羊、送树苗或种茶、种中药材等粗放单一的帮扶方式，产业发展普遍分散，没有形成较为稳定的主导产业，缺少能够长效增收、脱贫致富的特色效益产业，不能有效增加贫困户和贫困村集体收益，难以支撑持续脱贫。

（4）村级治理缺位和集体认同度下降，脱贫内生动力弱。贫困村“精英”绝大部分进城，青壮年劳动力60%以上外出务工，“掏空”了有限的人力资本。

（5）政策宣传和教育扶贫成效欠佳，特殊群体精神贫困突出。一是不少贫困户对扶贫政策不是很了解。二是中小学教学点合并调整加大了贫困户子女上学的机会成本，虽有教育扶贫资助，但“入不敷出”，致使部分贫困家庭子女放弃上学，贫困代际传递阻隔难度加大。三是不少贫困家庭中只有孤寡老人和少儿留守，他们不仅在物质上贫困，而且在情感上特别孤单和无助，急需相关社会组织的帮扶。

针对上述问题，我们提出以下高质量推进“脱贫摘帽”，实现持久脱贫和可持续发展的几点建议。

（1）完善县域贫困治理的体系，提高贫困治理能力。扶贫攻坚越往后难度越大，结合湖南县域当前实际情况，形成县域层面的贫困治理体系，落实常态化扶贫工作机制，是确保“脱贫摘帽”质量，巩固“全面脱贫”成果的关键。要打赢扶贫攻坚战役，必须科学地开展顶层制度设计，力争每个县域建立“五个一”扶贫机制：一个“领导”（省领导挂点）、一个“智库”（高等院校或科研院所顶层设计）、一个“帮手”（百强区县对口支援）、一个“企业”（大型国企或民企引领）、一群“主导产业”（产业增收致富）。

（2）适当扩大兜底范围和增收渠道，降低脆弱性和返贫率。对“三无”贫困户这一“关键少数”群体再进行全面排查，实现“应兜尽兜”，提升“兜底”在减贫中的贡献度。同时，扩大贫困户增收渠道，除家庭经营收入外，拓展工资性收入、转移支付收入和资产性收益收入渠道，从而降低收入的脆弱性和返贫率。

（3）加大产业扶贫力度，强化产业扶贫的减贫效应。一是要进一步提升对产业扶贫的认识，树立“因地制宜、因户制宜、因人制宜”的产业扶贫理念；二是要积极探索和创新产业扶贫模式，如“贫困户＋专业大户”“贫困户＋专业合作组织”“贫困户＋专业大户或专业合作社＋销售企业”

等，用好、用活产业扶贫资金；三是要支持典型，树立榜样，对县域产业扶贫做得好的企业给予资金和政策支持；四是提升非农产业发展在产业扶贫中的参与度、贡献度；五是解放思想，大胆探索产业扶贫新路子、利益联结新方式，如委托帮扶、贫困优先股及股份帮扶等。六是加强贫困地区产业基础设施建设，建设一批农村现代流通基础设施，解决农业生产资料和农村消费品的下乡和特色农产品的进城问题。

（4）进一步做好政策宣传和关爱引导，增强自强观念和满意度。一是将“自强自立”观念与“面子观”对接起来，多途径、多渠道地破除“等靠要”思想，增强精准扶贫对象的内生动力。二是通过多种形式加大扶贫成效的宣传，真实反映扶贫成效，增强认同度和满意度。尤其要对高山移民搬迁政策、医疗救助、教育资助等政策进行重点宣传。三是对贫困户中的特殊弱势群体，要给予更多的情感关爱。四是结合群团改革，发挥妇女组织、社会公益组织力量，通过加大购买社会服务力度，解决或者缓解这些政府够不着、市场管不了的社会问题，用社会自身的力量来解决社会问题。

（5）加大教育帮扶力度，提高贫困群众的自我发展能力。一是着力改善贫困地区办学条件，加强贫困地区基础教育，全面提升贫困地区教育水平；二是整合培训资源，强化职业技能培训，为贫困村培养一批农村实用人才和新型职业农民，促进贫困家庭劳动力转移就业，稳定提高劳动收入；三是加大贫困户子女入学的帮扶力度，在全面普及九年业务教育的基础上，对于贫困家庭子女考上高中、职业学校以及大专院校的，给予学费、生活费等方面的减免与补贴，确保其不因贫困而失学，拥有享受国家优质教育资源的机会。

民盟湖南省委会　供稿

关于加快推进湖南职业教育精准扶贫脱贫的建议

（2017 年集体提案）

省委、省政府高度重视省里的教育扶贫工作，专门出台了《湖南省教育扶贫规划（2015—2020 年）》。目前，本省教育精准扶贫学生资助政策体系已经实现了所有学段全覆盖、公办与民办学校全覆盖、家庭经济困难学生全覆盖。特别是以职业教育发展助力精准扶贫取得了显著的成绩和效果。由于一些结构性的问题没有解决，在推进过程中还存在一系列困难和问题，主要表现为：一是教育经费存在短缺。部分职校由于缺乏经费，办学条件简陋，缺少基本的实训、实习场所和设备。二是教育发展不协调。职业教育门类发展不协调，职业教育投入保障机制未全面落实，“双师型”教师缺乏。三是师资建设急需加强。一些中职学校专业教师占专任比例不足 50%，而且跨专业教学现象比较普遍。四是技能人才教育培训工程实施成效不足。调查发现，每年通过人社部门口申报立项实施的职业技能培训项目效果不好，一方面，下到乡镇开展培训的项目，其真正培训时间存在缩水现象，有的甚至应付式的只搞一天培训，存在做资料套取职业培训项目资金的现象，另一方面，送到职业院校培训的项目，其技术技能培训的效果也比较差，要求主动参加职业技术技能培训的人员少，职业院校承担的项目培训内容的针对性、实用性、实践性等存在不足，参加培训的学员的培训效果差。

针对主要问题，特提出以下建议：

1. 进一步完善职业教育与培训扶贫政策，增强组织领导、人才支撑、技术服务和经费投入等方面保障

加强各级政府和各职业院校在职业教育与培训扶贫方面的组织领导，明确职责分工和目标任务，整合增强驻乡镇村专职扶贫工作队力量，加强职业教育与培训扶贫工作各方面专业技术人才支撑，先进实用技术培训、推广、指导和服务工作，同时从政策层面加大对职业教育与培训扶贫投入经费的支持，提供针对性强，实效性好的职业教育与培训扶贫专项资金，并加强扶贫资金的绩效考核管理。对贫困地区职业教育与培训扶贫发展难题进行集中“会诊”，通过“一县一策”“一镇一品”“一村一案”“一户一方”实现精准帮扶、精准施策，并加大专项督查力度，引导贫困地区财政加大“发展教育，脱贫一批”的资金投入比重，切实增强贫困县职业教育与培训事业发展内生动力，提高职业教育与培训扶贫对全省脱贫攻坚工作的贡献力。

2. 进一步完善职业教育与培训扶贫相关法律法规制度，增强职业教育与培训扶贫体制机制、经费投入和考核评价等方面法治保障

根据《湖南省农村扶贫开发条例》，各贫困地市县区要进一步制定本行政区域内的《农村扶贫开发实施办法》，推进扶贫开发体制机制改革，扎实做好扶贫开发重点工作，切实加强对扶贫开发的组织领导。配套制定《脱贫攻坚责任制实施实施细则》。根据中共中央办公厅、国务院办公厅颁发的《脱贫攻坚责任制实施办法》，贫困地区要进一步制定本行政区域内的《脱贫攻坚责任制实施实施细则》。

3. 进一步完善职业教育与培训扶贫相关法规制度和实施办法明确各级责任落实的检查考核

加强对本省教育扶贫政策落实的督促检查，全覆盖常态化监督扶贫开发条例的实施，严格扶贫项目资金监管。

4. 进一步提升职业教育与培训扶贫能力建设

要创新人才培养培训模式，加强专业体系建设，加强技术技能积累创新，实现精准扶弱扶基、精准培训培养、精准技术支撑、精准资助招生、精准放权增效、精准宣传发动、精准组合施策。加强贫困地区职业教育的

基础设施建设，提升职业教育扶贫发展的职业院校基础能力。在分配国家以奖代补职教经费中，对贫困地区职业院校予以倾斜，分配比例高于全省平均水平，支持贫困地区职业院校的基础能力建设，实现“精准扶弱”，聚集薄弱学校建设。推进贫困地区职业教育的专业体系建设，打造职业教育扶贫发展的人才支撑引擎。

民盟湖南省委会　供稿

改革农村土地流转会计核算制度
推动农业土地资源的资本化

中共十八届三中全会《中共中央关于全面深化改革若干重大问题的决定》以及今年中央“一号文件”，提出的深化农村土地制度改革意见中，有一个很重要的精神，即对于不同用途的土地，将配套不同的资本化措施，并在农村集体经营性建设用地入市、承包土地的经营权向金融机构抵押融资以及农民住房财产权的抵押、担保、转让等方面提出了明确的改革路线。同时，国务院也发文《开展农村土地承包经营权抵押贷款试点》，稳步地推动着农村土地制度改革有序进行。

但是，在调研中发现一个问题始终没有得到妥善解决，即农业企业流转土地使用权的资本化问题。

对于农业企业，土地是最主要的生产要素，在土地上的持续投入，是农业企业资本积累的重要过程。然而，由于目前农业企业只能以租赁农村土地承包经营权的方式流转土地，在会计账务处理上，所有对土地的投入都以各项费用形式计入资产负债表，这样，原本属于资本积累的投入，不仅形成不了资本积累，反而造成了农业企业经营成本的大幅增加。

首先，由于土地的资本投入以费用形式计入资产负债表，直接增加企业待摊费用。其结果是，土地的规模经营无法得到规模优势，这一点已经成为农业产业化进程中的最大障碍。因为在土地家庭承包经营制下，农业生产的组织是以家庭为单位，生产过程没有经济核算，土地成本、土地收益与土地增值等，既无计价，也无纪录，也就无资本积累一说。农业企业流转土地不能够以资本化资产进入企业，这完全与一家一户生产方式无异。无论是农民家庭，还是企业，或是政府，持续在土地上的投入，虽然都附着于土地之上，但始终都没有能够形成可以经济核算方式来体现的资本资产形态，也即农业产业始终没法完成资本的原始积累。换句话说，在账面资产上，国家这么多年来对农业的投入，全都归于零。

其次，由于土地投入不能够以资本形态进入企业资产负债表，由此也就无法形成与土地形态相匹配的资产，即使资本的持续投入，已经极大地提升了土地使用价值情况下，农业企业也始终无法获得资产增值收益。任何一个企业的收入一般都由两个部分构成，一是产品或服务的销售收入，二是资本的增值收入。农业企业为了提升生产能力，必须不断地追加在土地上的各类投入，包括农业生产设施、土地级差提升等，这些投入都以费用的形式逐年摊销，看似从每年的产品销售收入中收回，可生产成本增加的结果是摊薄了企业利润，企业收入下降了。

最后，由于土地的资本投入没有促成企业资本积累的增加，企业无法建立后续发展所需要的资本运营平台，这是造成农业企业融资困难的重要原因之一。因为土地上的所有投入都没有形成企业的固定资产，农业企业既缺乏债务融资的抵押、质押品，也缺乏可供资本运营的增值资产，由此切断了土地与资本、技术、人才等各类生产要素相结合的正常通道，农业生产要素市场也就无法形成。

由此可见，农业企业的土地资源资本化，就是一个让土地要素进入资产负债表的过程。如何让土地要素通过土地使用权流转制度的推行，完成农业企业的土地资源资本化，为此建议：

第一，要把农村土地流转会计核算制度的改革作为土地制度改革的一项重要内容。不仅要建立农业企业的土地资本的核算制度，也要建立农村集体组织、家庭农场以及各类农业合作组织的土地资本核算制度。我们认为，从经济核算角度出发考虑土地资源资本化的路径可能更具有操作性。

第二，与农村土地流转会计核算制度相配套，建立土地资本估值、审计等中介服务体系，以此推动农业产业要素市场的完善与发展，促进土地与资本、技术、人才等各类生产要素的充分结合。

民盟湖南省委会　供稿

以人口管理机制创新推进湖南省乡村人才振兴

乡村振兴，人才是关键。习近平总书记在参加党的十三届全国人大一次会议山东代表团审议时强调，要“推动乡村人才振兴”“把人力资本开发放在首要位置”，明确了人才在乡村振兴诸多要素中的核心地位，为实施乡村振兴战略找到了突破口。本省作为农业大省和农业劳动力转移大省，实施乡村振兴战略对乡村人才的需求更为迫切，推进乡村人才振兴的意义尤为重大。

围绕中共省委、省政府的重点工作，民盟省委将乡村人才振兴列为今年的重大调研专题，深入长沙、岳阳、郴州、邵阳、怀化、湘西州的10个县市区，开展了为期半年的调研。调研发现，近年来，在中共省委、省政府实施的一系列乡村人才政策的推动下，本省乡村人才结构不断改善，下乡返乡创业创新的人才队伍不断扩大，人才创造活力不断增强；但也存在着乡村青壮年劳动力大规模持续外流，人才队伍发展缓慢，急需人才严重不足等问题。城市人才向乡村流动存在体制壁垒，人才支持与激励政策力度不足，乡村教育培训与实践对接不紧密，乡村创业风险缺乏有效化解途径等因素，在很大程度上制约着乡村人才队伍的发展。为此，提出以下建议。

1. 推进有利于城乡人才双向流动的人口管理机制创新

建议在本省试点探索允许符合条件的城市人口到农村落户的政策，可在部分县域先行开展试点，对原籍在城市、原籍在农村的不同城市人才到农村落户，在创业创新方面设定相应的条件，由农村集体组织将其吸纳为“准成员”，赋予相应的参与农村公共事务的权利。鼓励县域借鉴城市居住证制度的做法探索实施乡村居住证制度，根据城市居民在农村居住时间与创业创新情况，对其住房使用、土地优先流转经营、参与村庄治理等给予保障。同时，着力构建城乡有效衔接、转移方便的社会保障、教育、就业等公共服务制度，为城乡人力资源双向流动提供便利。

2. 推进人才服务乡村的激励机制创新

建议加快制定激励性、针对性更强的鼓励专业人才、党政人才下乡服务的政策，使人才下乡服务与职务晋升、职称评定、工资、津补贴、社会保障等挂钩，统筹完善涉农部门干部与乡村干部选拔任用、科技人才增值服务合理取酬、教育卫生人才特殊岗位津贴等制度，强化家属随迁、子女入学、住房保障等配套措施。借鉴区域对口扶贫的经验，引导构建起城市与乡村之间、区域与区域之间的人才对口服务机制。同时，以“芙蓉人才行动计划”为依托，建立乡村高素质急需紧缺人才支持制度，对农业企业引进急需紧缺人才予以补贴，对县、乡、村引进高端人才智力的项目予以优先支持，并加大对有突出贡献的乡村优秀人才的表彰奖励力度。

3. 推进乡村人才的培育与服务机制创新

建议加强对各部门教育培训职能的整合，构建资源集中、分工明确的乡村人才教育培训组织体系，鼓励县域成立乡村教育培训领导小组。加强对乡村人才教育培训的规划，建立全省上下衔接的乡村教育培训对象登记与分类建档制度。借鉴外省做法，建立职业农民职称制度，组织开展乡土人才专项能力认定。支持建设“乡土人才超市”“农业技术服务超市”，引导科技人员和乡土人才进入农村技术市场。

4. 推进乡村创业的风险防控机制创新

建议加大财政对农业保险的投入力度，引导保险机构大力发展特色农产品、品牌农产品保险，扩大价格保险补贴范围，开发农业收入保险，引导农业保险由“保成本”向“保收入”转变。引导各涉农部门及各级政府将公益性服务资源与行业协会、新型农业服务主体联结起来，形成乡村产业的社会化服务联盟。

5. 推进工商资本下乡的引导机制创新

建议加强对工商资本参与乡村振兴的引导，加快研究制定专门的政策文件，落实和完善融资贷款、配套设施建设补助、税费减免、用地保障等扶持政策，注重保持政策的连续性与稳定性。

民盟湖南省委会　供稿

发展农村现代流通产业　助力湖南乡村振兴战略

农村流通产业发展是实现城乡融合、一二三产业协同发展的重要桥梁纽带，是实施乡村振兴战略的强有力支撑。受较低的农村生产力水平以及城乡二元经济结构的制约，湖南农村流通产业仍存在商贸流通网点布局分散、流通组织化程度低、现代流通业态少、流通基础设施薄弱、流通管理体制障碍、高素质经营者缺乏等问题，现有产业基础难以转化为现实产业优势，现有资源优势难以转化为现实效益优势，严重阻碍了湖南乡村振兴战略的实现。

如何更好地发展农村现代流通产业，助力湖南乡村振兴战略，为此，我们提出以下建议。

1. 高度重视支持农村现代流通产业发展

要提高对农村流通体系重要性的认识，加大对公益性和准公益性流通基础设施的财政支持力度，特别是要加强对农村流通业基础设施建设，努力推进城乡流通业投资均等化。优先支持中心批发市场、骨干零售商，重点支持农产品物流枢纽、公共集配中心、电子商务平台，加强农产品冷链物流、销区配送中心、社区零售商业的建设，加强对农产品和农业生产资料供应链商的核心企业、关键节点和薄弱环节的支持。

2. 强化湖南农村流通产业协同联动发展

通过加强市场开放、分工合作以及资源共享，实现地区之间农村流通的协调联动发展。一是在湖南商贸流通产业规划中，重点加强对推进农村流通产业的规划，各项扶持政策适当向老、少、边、穷地区倾斜；二是发挥长株潭地区的商贸流通中心的聚集、辐射与带动功能，成为促进湘西、湘南地区农村流通产业发展的重要支撑极；三是湘西、湘南地区大力扶持发展特色农产品流通、农村集散市场和产地农产品购销市场，增强其市场集散能力、保障能力和为地区产业服务的能力。

3. 完善农村现代流通产业体系

一是连锁超市推动的农村现代流通产业体系，即连锁超市瞄准市场需求，投资兴建农产品供应基地、农村物流配送中心、农村超市，使分散的农村生产消费直接与现代零售终端对接。二是批发市场推动的农村现代流通产业体系，大中型批发市场通过与农业生产企业、小批发商、终端零售商、专业合作社等连接，形成农产品及农业生产资料生产、配送以及市场信息提供等一体化的模式。三是电商推动的农村现代流通产业体系，电商企业基于信息、通信以及物联网技术，建立一个农村交易网络信息平台，并依托于这个平台发布农村供需信息和实现供需对接交易，同时鼓励线上网店平台与线下流通实体企业融合发展。四是第三方物流企业推动的农村现代物流产业体系，由第三方物流企业与农业生产者、加工企业、零售商等建立合作关系，物流企业提供一体化物流服务，其他企业负责生产、加工、销售以及其他服务等，通过合同规定每个企业在生产、销售、服务以及利益分配和风险分摊等方面的权利和义务，共享利益，共担风险，将农村生产对接现代化大市场、大流通的新型农村供应链管理模式。

4. 加快发展农村现代物流业

要加快建设以农村中心镇为基础单元的区域物流中心点。在中心镇建立物流中心点的基础上，建成覆盖全省的集合农产品、农业生产资料和农村商品的收购、加工、配送等多功能于一体的农村商贸物流网络。

5. 加强对农村现代流通产业的监管

要尽快建立完善的、现代化的农产品标准体系，在质量检测、绿色认证、安全管理等方面建立统一的标准。建立农村流通主体信用管理体系，这种信用体系包括产品信用和企业经营信用，相关信息要以动态方式储备在农村流通企业信用数据库中。

6. 提高农村现代流通产业信息化水平

开发市场信息，做好商情预测，及时准确地向农民、农村合作经济组织、农村龙头企业提供信息咨询服务，完善农村流通服务体系。推进以监测预警、市场监管和公共信息服务为主要内容的社会化服务体系建设，构建农村流通产业发展大数据平台。

民盟湖南省委会　供稿

关于健全湖南省城乡居民大病保险的建议

（2017 年集体提案）

截至 2015 年 6 月底，湖南全省参加基本医疗保险人数 2609.9 万人，比上年年底增加 309.2 万人。其中，参加职工基本医疗保险人数 804.8 万人，占 30.84%；参加居民基本医疗保险人数 1805.1 万人（含城乡居民医保参保人员），占 69.16%。基金总收入 103.75 亿元，其中，征缴 97.29 亿元，总支出 84.55 亿元，当期结余 12.74 亿元，累计结余 230.99 亿元（其中统筹基金 96.17 亿元）。参加基本医疗保险的人群中，退休人员所占比重约为 10% 左右，在职与退休人员的比重约为 2∶1。

民盟湖南省委在调研中发现，湖南省城乡居民大病保险存在的主要问题。

1. 统筹级别偏低

目前的大病保险还只达到了市级统筹，不同的市级统筹区之间，待遇标准有很多差异。例如，长沙市 2016 年城乡居民大病保险的起付线为 20000 元，郴州市则为 10000 元，这就导致不同地区享受大病保险待遇的机会不均等。

由于本省是以市为单位进行统筹，如果要与其他省份实现跨省异地就医结算，就需要多家医保经办机构分别签订协议，工作难度急剧增加，且进度缓慢。对于外出农民工，更不用提跨地区医保关系转移的困难程度，在异地生活很难享受医保待遇。

2. 大病医保基金持续性差

目前政策规定大病保险不增加筹资，从当年城乡居民基本医保基金中直接划拨。目前的城乡居民医保筹资政策是以财政补助为主，个人缴费为辅，比例为3.5∶1，而财政补助标准不可能持续按照当前的标准继续增长。因此，单靠基本医保基金的结余作为大病保险基金的唯一筹资来源难以为继。湖南省老年人口比重增大，大病发病的概率与严重程度增大，基金的支出负担加剧。城乡居民大病保险制度的实施在一定程度上释放了更多大病患者的医疗需求，这也导致了医疗费用支出的进一步加大。基金结余逐年减少。

3. 商业保险机构作用发挥不够

目前，本省5家保险公司入围承办全省大病保险的商业保险机构，而就目前的试点情况来看，保险公司与医疗机构之间的合作普遍停留在被保险人患病后定点就医的浅层次合作层面，绝大部分保险公司对大病保险只注重事后理赔的审核，缺少过程管理和事前风险预防，没有建立起有效的风险控制机制。

现阶段，大病保险的市场和政府双向调节风险机制不够健全，政策规定超过合同约定的结余商业保险公司全额返还，返还的理由是超出合理利润的最大限度，然而非政策性亏损则由保险公司自身承担，实质上并未达到利益共享与风险共担，由此造成保险公司缺乏管理医保基金的积极性。为此，我们提出以下建议。

1. 落实市级统筹，推进省级统筹

本省应在总结各市风险调剂金的运行经验的基础上，探索建立大病保险省级风险调剂金，将省内各市大病保险基金的一定比例划拨到省级风险调剂金，待条件具备时逐步整合，建立省级统筹的大病保险基金。

构建分区域乃至全国层面的大病保险异地就医共同结算系统，在各地医疗机构相互认定的情况下，使用统一表格和医疗保险卡，记录保险接续、基金缴纳情况、基金缴费地等有关信息，在结算时，将医疗保险参保地的大病保险基金结算给就医地的医疗机构。

2. 提高大病医保基金持续性

居民个人根据收入情况适当缴费，筹资的缴费标准由试点城市当地的经济发展水平、不同年龄段人群的基本医疗消费需求、人均可支配收入以及财政的负担能力确定。

建议省人社厅牵头做好大病发生情况、医疗服务成本等基础数据的分析，做出大病医保基金的收支测算，对大病保险费率做出科学测定。

建议借鉴现行福利、体育彩票的发行经验，在原有的基础上扩大发行规模，或新增社保彩票，新增收入用于补偿医疗保险基金，鼓励其他社会资金的融入。

政府部门可以牵头尝试与商业保险机构、医疗机构、第三方监督管理机构等“合署办公”，不仅可以实现实时信息共享，而且在发现问题后能够及时向相关责任方反馈，迅速解决问题。

3. 发挥保险公司承办优势

建议允许保险公司参与前端风险控制，利用其全国性的医疗网络资源，通过对城乡参保人员健康状况和风险因素的监测、分析、评估和预测，建立健康管理计划，以降低大病保险医疗费用的开支。保险公司应积极主动监控和管理医疗费用，有效控制大处方、过度医疗、骗保等行为。针对异地报销程序复杂、监管难度大、不合理医疗花费情况较为严重的情况，保险公司可依托覆盖全国的服务网络，建立异地就医服务监督机制，控制和审核虚假医疗消费。

建议设立一定指标衡量商业保险公司的经办效率和监管部门的监督效率，考核保险公司经办大病保险的绩效，建议省保监会每年定期公布全省大病保险发展报告，详尽披露大病保险实施的进度，取得的成效和存在的问题。提升大病保险经营管理的准确性和公开性。

民盟湖南省委会　供稿

关于进一步巩固提升脱贫攻坚成果防止脱贫户再度返贫的建议

目前，本省部分贫困县已脱贫摘帽，没有脱贫的贫困县正准备接受中央第三方评估，预计2020年将全部脱贫摘帽。我们还应清楚，这仅仅是一个阶段性、暂时性的胜利。我们的最终目的，是为了让老百姓过上更加幸福美好的生活。因此，要确保脱贫成效可持续，脱贫不返贫，经得住历史和人民检验，目前就要多措并举巩固提升脱贫攻坚成果，理由如下：

1. 脱贫摘帽仅仅是阶段性成果，成果需要进一步巩固提升，需要进一步补足短板与不足。脱贫摘帽仅仅意味着贫困群众迈过了贫困线，但在“两不愁三保障”方面还存在不少薄弱环节，尤其是在人民群众最关心最关注的教育就业、社会保障、医疗卫生、农村人居环境等各方面还存在诸多短板和不足，存在脱贫后返贫的多种可能。

2. 部分干部群众对目前脱贫攻坚成果产生懈怠自满思想与情绪，需要克服消极思想与情绪。行百里者半九十。少数干部群众对脱贫攻坚的长期性、艰巨性认识有差距，认为“脱贫摘帽了就万事大吉”，出现“松口气、歇歇脚”的现象。我们要充分认清当前脱贫攻坚巩固提升面临的严峻形势，坚决克服少数干部思想存在的胜利在望、大势已定的骄傲自满情绪，坚决克服“刀枪入库、马放南山”的精神懈怠情绪，切实增强责任感、使命感和紧迫感，始终以赤忱为民的初心、久久为功的耐心，做好脱贫摘帽后的持续帮扶、监管和巩固提升工作。

继续把脱贫攻坚巩固提升紧紧抓在手上，找准差距短板，整改突出问题，加快工作进度，在“实”字上下功夫，在“续”字上求实效，在

“提”字上做文章，在“防”字上守底线，推进脱贫成效的再提质、再升华，走好脱贫攻坚后半程，具体措施建议如下：

（1）进一步抓实产业扶贫，建立健全农村产业合作社，促进贫困群众持续增收、稳定脱贫。发展产业是促进贫困群众持续增收致富、摆脱贫困最有效的途径。做好产业扶贫这篇“大文章”，必须立足“增收可持续”，千方百计让富民产业兴起来，让广大老百姓的腰包鼓起来。农村发展、农业增效、农民增收，离不开优势高效产业的支撑，特别是促进贫困地区发展，产业扶贫将“输血式”扶贫转变为“造血式”扶贫。建立健全农村产业合作社，由政府扶持，村民主导，社会参与，确保农村产业产品供销两旺。建立健全农产品电商平台与服务机构，确保农产品及时销售，确保农民增收。同时进一步加强贫困户的产业专业技术培训。

（2）进一步强化就业扶贫，不断提高转移就业的组织化程度。围绕“应转尽转、转得出去、稳得下来”的工作目标，坚持政府引导、部门主抓、协会联动、能人带动，不断提高就业产业扶贫组织化程度，带动农村富余劳动力有组织外出务工，进一步拓宽群众增收致富渠道。

（3）进一步推进消费扶贫，积极帮助贫困群众拓宽收入来源。消费扶贫有助于打通社会力量参与扶贫的痛点、难点与堵点。我们应围绕促进贫困人口稳定脱贫和贫困地区长远发展，坚持政府引导、社会参与、市场运作、创新机制，着力激发全社会参与消费扶贫的积极性，拓宽贫困地区农产品销售渠道，提升贫困地区农产品供应水平和质量，推动贫困地区产品和服务融入全国大市场，并具备较强的市场竞争力，确保农产品销售顺畅。

（4）进一步抓好后续扶持，让易地扶贫搬迁群众留得住、能就业、有收入。突出抓好易地扶贫搬迁工程拆旧复垦、后续产业配套、基础设施和公共服务完善、居住小区社区管理等工作，确保易地扶贫搬迁对象全部搬迁入住，落实“20户以上安置点必须有一个主导产业，20户以下安置点必须一户有一个增收的就业门路”工作要求，实现搬得出、稳得住、能脱贫致富。

（5）进一步提升公共服务水平与能力，全面提升乡村治理能力。全面落实各项惠农强农政策，推进乡村电子政务办公。加快推进农村基础教育升级改造，全面落实“四位一体”医疗保障政策，大力加强乡村医疗卫生服务体系建设，做好政策性保障兜底，严格落实残疾人生活补贴和护理补贴政策。

（6）进一步整合帮扶力量，推动形成全社会广泛参与的大扶贫工作格局。持续推进抓党建促脱贫攻坚，整合乡村脱贫攻坚力量，多渠道拓展村级集体经济收入来源，持续稳定增加村集体经济收入。针对青壮劳动力外出务工，造成土地撂荒、老人赡养不足、少年儿童无人照看等问题，充分发挥职能站所、基层党组织作用，采取邻里结对、志愿帮扶等方式，帮助外出务工人员妥善处理好土地照管，留守老人、留守儿童照护问题，做好外出人员的跟踪服务和维权工作。

执笔人：孙清良

民盟邵阳市委会主委、邵阳市城市规划设计研究院院长、

邵阳市规划建筑设计（集团）有限公司总经理

贫困地区的资本形成与区域经济发展

——关于“推动武陵山片区区域发展与扶贫攻坚的对策与建议”

党的十八大提出“全面建成小康社会”，截至2020年，GDP和城乡居民收入翻一番的奋斗目标。武陵山片区是湖南省“老少边穷”地区，2011年，湖南武陵山片区地区生产总值3308.36亿元，占全省生产总值的16.8%。人口1700万人，约占全省26%。武陵山湖南片区作为全国区域发展与扶贫攻坚的试点，如何在加快区域发展、尽快脱贫的方面，为本省全面建成小康社会作出新贡献。带着这些思考，民盟湖南省委组织专题调研组，先后到武陵山（湖南）片区的怀化、湘西州、张家界等地，对片区扶贫工作与区域经济发展的情况进行了深入调研。

在调研过程中，我们发现，各市州的扶贫工作有两个最突出的现象。一是扶贫工作广而杂，一讲扶贫，每每都要从体制讲到机制，从政策讲到资金，从基础设施讲到社会保障等；二是扶贫资金短缺，扶贫工作的核心就是筹钱与拉项目。这两个现象组在一起，很显然是一对十分尖锐的矛盾，即非常有限的资金却要做非常多的事。由此说明，“资本缺乏”是制约武陵山片区扶贫工作与区域经济发展的主要障碍。因此，我们的目的是期望通过对该地区资本形成状况的剖析，以寻找制约该地区经济发展的最根本原因。

一、武陵山（湖南）片区的资本形成状况

1. 从物质资本形成情况看，武陵山（湖南）片区总体表现为：资本形成渠道狭窄、形成能力薄弱，导致地区资本形成总额严重不足

“十一五”期间，怀化、湘西、张家界和邵阳四地的资本形成总额仅

占全省的6.35%，而同期的长株潭地区占44.19%。

一个地区的资本形成由居民、企业、政府储蓄及引进外来资金四方面构成。2011年，四地居民储蓄总额仅占全省储蓄总额的17.29%，企业存款总额占全省企业存款的8.99%，实际利用外资和地区外境内资金分别只占全省的4.21%和25.6%。财政支出均依赖于中央财政的转移支付，分别占财政总支出的38.07%、46.79%、40.78%和46.5%。

四地的资本形成渠道狭窄，主要由全社会固定资产投资、中央财政转移支付的专项资金、地方金融机构信贷与政府和民间扶贫开发项目构成。“十一五”期间，四地固定资产投入虽然连年增长，但地区差距并没有从根本上改变，且财政缺口越来越大，对转移支付的依赖性越来越高。地方金融不仅没有成为资金的蓄水池，反而从某种意义上成为当地经济的抽水机。2007—2011年间四地的贷存比，除张家界市外，其他三地平均达44.26%，大大低于全国与全省银行业平均69%和68.42%的水平，这说明银行业在这一地区吸收的资金并没有完全用于当地。扶贫资金主要有财政扶贫专项资金、“三联一保”定向扶贫资金和社会慈善捐赠三个来源，三项加总，对于扶贫需求可以说是杯水车薪。

2. 人力资本形成情况看，武陵山（湖南）片区不仅人力资本存量小，且人力资本积累能力严重缺乏

首先看人力资本的存量水平，2011年每万人在校的高校生，四地仅为50.56人，为全省的33.56%，更达不到长株潭地区平均水平的10%。其次看人力资本的积累能力，2011年四地全年教育投入加总为21.33亿元，为全省的13.58%，为长株潭地区的23.89%。卫生、社会福利与事业投入加总为11.67亿元，仅为全省的8.9%，为长株潭地区的24.47%。这说明武陵山（湖南）片区不仅人力资本存量低，而且人力资本积累能力也十分薄弱。

3. 从资源资本化情况分析，资源配置机制扭曲，资源缺乏资本化的通道

虽然近些年来，湘西地区在挖掘旅游资源与民族文化资源方面，取得了引人瞩目的成绩。张家界、凤凰等成为世界知名旅游胜地，土、苗、侗等少数民族文化通过各种表现形式展现出非凡的生命力。这些优秀的资源

品牌不仅吸引了每年6000多万人次的游客来此观光旅游，更重要的是吸引了大资本，完成了资源向资本的转化，成为地区经济发展的重要推动力。

与此同时，我们还看到整个地区资源资本化的转化率低，转化进程缓慢，尤其是缺乏资源资本化的市场与机制。整个地区“捧着金饭碗要饭吃”的局面并没有从根本上改善，仍然陷入“资源陷阱”而不能自拔。

二、武陵山（湖南）片区资本形成不足的原因

1. 资本形成机制扭曲

改革开放以来，各地方经济发展的主要模式就是“工业立市”，通过园区开发，招商引资，尤其是依赖外部产业的引进。目前，武陵山（湖南）片区各地州市都卯足了劲儿，纷纷制订市州县各级工业园区发展规划，扩大招商引资力度。由于受制于其特殊的地理环境和薄弱的工业基础，传统思维下的产业发展模式，缺乏有利于资本形成的机制与通道。

首先，金融发展明显滞后。武陵山（湖南）片区生产总值在2008年至2011年以年均高于12%的速度稳步增长，但与此同时，金融相关率并未呈现相应的增长趋势。尤其受“集资案”的影响，地区金融发展严重受阻，资本融通的渠道不畅通。

其次，土地市场市场化程度低。与发达地区土地供给情况比较来看，缺乏有效的市场化配置土地资源的方法，很容易造成土地资源的浪费。

最后，劳动力市场、技术市场、信息市场的市场体系尚未建立。市场间分割严重，造成劳动力、技术、信息等要素的严重阻隔，缺乏与资本形成有效结合的通道。

2. 资源缺乏资本化的通道

资源资本化就是要将这些优势的资源通过市场转换，形成产业发展所需要的资本。资源资本化从操作层面上讲就是要让资源能够进入投资项目的资产负债表。

目前区域内首先是缺乏资源资本化的市场机制。以旅游资源为例，一是旅游资源整合市场化程度不高，资产价值增值无法体现。二是旅游资源的无形资产缺乏市场评价机制，难以资本形态进入实体从而转化为资产。

其次是项目资源缺乏市场信息交流平台。目前项目信息分散，发布渠道杂乱，信息内容缺乏专业的生产方式，导致项目价值无法得到准确的表达。因此，不仅项目信息交易困难，而且不能够满足融资所需求的信息质量。

3. 优惠政策多而不实

一是支持政策细化不够。目前国家发布的《规划》中，支持政策大多是一些方向性的、“粗线条”的要求和规定，缺乏具体化操作性强的配套政策。二是扶贫投入和实际需求不匹配。国家层面和省级层面通常采取“一刀切”的政策模式，统一规定项目笼子，造成一些地区性急需开展扶贫的项目难以匹配国家政策。三是政策高度重叠。西部大开发、少数民族地区与此次扶贫攻坚，优惠政策重叠，导致政策优惠的“塌陷”，政策支持无法真正落实。四是政策执行限制多。国家的相关政策都按专项项目资金下达，且附有非常严格的条件，这些条件往往是这些地区很难具备的，结果是国家层面对贫困地区的支持力度大，但资金却又难以流向这些地区。

三、关于促进武陵山（湖南）片区资本形成的对策与建议

1. 将武陵山（湖南）片区产业布局确定为生态产业，并从全省乃至全国的层面制定产业发展战略

党的十八大提出要建设“美丽中国”，武陵山（湖南）片区有着良好的生态环境，是建设“美丽湖南”“绿色湖南”的重要基础。我们建议将武陵山湖南片区产业布局定位为“生态产业”，即将旅游、农业和文化，整合到一个大概念下，以提升和实现资源价值为目的而构建的产业概念。

首先，要突破区域限制，全面整合旅游资源，建立本省以张家界为核心的“大湘西旅游业”。并以旅游业为依托，大力发展农业与文化产业。其次，根据不同产业发展要求，集中建设与配套不同的产业基础设施。最后，制订对武陵山（湖南）片区固定的基础设施投入计划，每年保持一定量，量力而行。

2. 创新拓宽融资平台，强化投融资体系建设

首先，建议建立“武陵山片区区域性的产业金融服务中心”。以优惠的政策和完备的基础服务设施，吸引各类金融机构进入，主要是非银行金融机构，由此形成金融服务与金融信息的集中，促进金融资源的集中。

其次，先行先试，发起成立由民间资本为投资主体的区域性地方发展银行，建立大湘西地区正常的融资通道。

最后，从政策与法律层面，扫清资源资本化的障碍。打通资源进入资产负债表的路径，让丰富的自然与文化资源，以有形与无形资产的形态，获得抵押、质押以及市场公开交易的能力。

3. 建立生态补偿机制，实行生态优先战略

第一，切实健全公共财政体制，调整优化财政支出结构，加大财政转移支付中生态补偿的力度。

第二，积极探索区域间生态补偿方式，尤其是针对湘西地区的特殊性，尽快建立市场化生态补偿机制，通过生态补偿、军工补偿等方式支持片区发展生态产业。

4. 制定长效人才战略，不仅要培养本地人才，更重要的是吸引人才流入

首先，重点支持这一地区高级人才的培养。建议在张家界建立一个专业的旅游大学，为这一地区生态产业发展培养专门人才。

其次，建立专项人才引进支持计划，并将此计划纳入财政转移支付内容。

最后，加强对农民的教育与职业培训。建议建立一个长效扶贫教育计划，设立一个专项教育基金，对农民进行定期培训。

5. 优化政策组合，简化操作规则

第一，认真地梳理国家已经下发的有关优惠政策与条件，归类合并相近相似的条款，制定统一的政策执行细则。

第二，申报主持部门在规定的申报时间内，要切实做好申报咨询与服务工作，并将此指标纳入有关人员与部门年度考核内容。

第三，从省政府的角度制订各地区的专项扶持项目计划，有计划有目

的地进行国家项目申报，以改变现在每年由各地自报的困难。

综上所述，要解决武陵山（湖南）片区资本形成不足问题，关键在于“建立有效促进资本形成的机制以及相关制度”，以推动资本向这一地区的顺畅流动。

民盟湖南省委会　供稿

勠力“同心乡村”——范例典型篇

同心齐力　星耀三湘

——民盟长沙市委会助力脱贫攻坚纪实

从破解"读书难"到"烛光行动"

脱贫攻坚号角吹响之前，进城务工子女"读书难"曾是困扰中国城市发展的难题。

以教育界为主，从教育入手，服务社会、造福民生一直是民盟履职尽责的重要实践。打开尘封的记忆，早在2000年年初，随着城镇化进程的推进，民盟长沙市委会的目光就触及农村进城务工经商人员子女数量激增，面临"读书难"的问题。如长沙市雨花区五一小学，为解决农民工子女就学，当地一间50多平方米的教室安排学生接近80人，依然不能满足需要，基层教育部门苦不堪言。

2006年，经过深入调研，民盟长沙市委会拿出了《农民工子女入学政策影响的分析》的调研成果，获第七届民盟中央基础教育研讨会二等奖，成为当时国内最早关注农民工子女"读书难"，且在参政议政和社会实践中走在最前列的参政党地方组织。

在民盟长沙市委会支持下，吴承志还提议、策划、起草并推动了湖南省政府湘府发（2007）21号文件，即《关于加强城市义务教育设施规划建设工作的意见》的出台，为长沙市以及湖南省城镇化进程中的城市义务教育学校建设提供了政策支持，惠及了全省城乡千百万家庭。

2008年的春天，为响应民盟中央发起的农村教育"烛光行动"号召，民盟长沙市委会将目光开始聚焦贫困地区的乡村学校。当年，发动长沙明德中学、天心区和开福区教育部门的三个民盟支部组成下乡支教队，由时任专职副主委郑宏旺带队，经艰苦跋涉，来到浏阳市龙伏镇中心完全小学支教。

在当地，支教队就“如何提高农村教师队伍建设，力所能及地帮助改善农村教师的工作生活状态和条件”展开了走访和座谈。同时，盟员彭爱莲、田湘华作为省、市级骨干教师给中心小学师生上了一堂精彩的语文、数学公开课。临别时，还赠送学校五十套新课桌椅。

当年民盟下乡支教队成员们坚信：受大山阻隔，自然条件差、交通不便、收入不高，优质教育人才进不来、留不住的乡村学校落后窘状，一定会随着民盟点亮农村教育的“烛光行动”而迎来冰雪消融的春天。

不久，民盟长沙市贺龙体校支部下乡支教队也跋山涉水来到被大山遮蔽的浏阳市七宝山升平小学。盟员老师们给学生上课，与学校教师交流座谈，向学校赠送图书和学习用具。同时，还走访贫困学生家庭，送上助学慰问金……

一年又一年，随着长沙民盟基层组织和盟员的不断加入，“烛光行动”陆续带给教育资源匮乏的贫困乡村教师和学生们更多的希望。

中共十八大后，民盟长沙市委会积极响应中共中央、国务院关于打赢脱贫攻坚战的号召，整合各方资源，助推发展成果城乡共享，赋予“烛光行动”更深的内涵和外延，“烛光行动”千校计划由此拉开了帷幕。

2013 年，民盟长沙市委会配合民盟中央部署，举办民盟教育“烛光行动”千校计划长沙站软件捐赠仪式及教学培训活动，向全市 6 所中学开展软件捐赠和教师培训；2015 年 6 月，再次举办民盟“烛光行动”助力教育信息化发展捐赠活动，北京四中网校与长沙 10 所中学签订合作协议并捐赠总价值 600 万元的教育教学软件。同时，以明德华兴中学为电子信息技术与教育教学深度融合示范校，向全市推广教师培训。

2015 年 6 月 28 日，由民盟长沙市委会主办、北京四中网校长沙分校承办的民盟“烛光行动”助力教育信息化发展签约捐赠仪式在长沙举行。全国政协常委、民盟中央常委、北京四中校长刘长铭出席。

民盟长沙市委会的支持和区工委、支部的参与下，随着“烛光行动”的深入展开，长沙民盟把目光延伸到更远的地方，民盟“烛光行动”的脚步越走越远。

利用暑假，民盟长沙市雅礼中学支部在主委魏建新的组织带领下，来到革命老区、国家级贫困县——平江，他们走进重重大山，向当地政府和教育部门建言献策，与农村教师之间建立“一对一”的长期对口帮扶联系，给贫困学子捐款捐物，帮助他们树立勤奋学习、报效国家的正确认识；民盟雨花区第二综合支部的盟员们，利用中秋假期，驱车前往湘西自治州古丈县开展“关爱留守儿童、资助寒门学子”的活动，他们给贫困山区的孩子带去了崭新的书籍、品牌月饼和爱心助学款，并与寒门学子一起共度佳节。

2018 年 12 月，民盟长沙市委会联系湖南通远网络公司和长沙苗阳服装公司牵手“烛光行动”，助力农村教育事业发展。时任主委张庆和亲自带队，顶着冷冽的寒风，给平江县长寿镇付坪小学捐赠现金 3 万元和 200 套全新校服。

不仅如此，长沙民盟更将“烛光行动”关爱农村教育的触角延伸到省外。在民盟长沙市委会和雨花区教育基金会的支持下，雨花区工委联合民盟云南省文山州委会远赴该省的国家贫困县——西畴县曼竜民族小学开展“烛光行动 · 点亮边疆”暖冬行动，捐赠价值 3.5 万元生活物资和 7 万元现金，资助当地贫困学校及贫困学生。

2020 年 10 月，连续五年的民盟“烛光行动”千校计划签约仪式在长沙隆重召开。在此期间，民盟长沙市委会积极推广智慧教育的最新成果，助力现代化长沙建设，做了大量的工作。签约仪式上，长沙民盟联合北京四中网校向湘一芙蓉中学捐赠价值 126 万元的教育云平台，签署了捐赠协议并建立合作学校关系。

“烛光行动”中，民盟长沙市委会尤其注重结合脱贫攻坚实际，发挥民盟优势和特点，精准帮扶。协调市教育局解决浏阳市教育事业发展困难，弥补龙伏镇中心完小建设经费不足，并捐赠电脑、摄像机、课桌椅等一批教学设备，解决农村教育实际困难；组织区工委、支部盟员优秀教师和爱心企业开展支教助学活动，助力贫困乡村学校提高教育质量；向张家界旅游学校、湘西龙山高级中学、岳阳平江付平小学等 10 余所农村贫困地区中小学捐资助学共计 20 余万元；支持岳麓区工委常年向该区龙洞村农家学舍、莲花小学等多所农村学校捐赠图书、校服、体育用品等教学物资……

尽盟之力，为促进湖南教育事业健康发展贡献智慧和力量。十年来，民盟人“烛光行动”脚步从未停止，足迹犹星星点灯，洒满三湘大地。

脱贫攻坚闪耀民盟智慧

中共十八大后，学习贯彻习近平总书记精准扶贫战略思想，努力发挥民主党派独特优势和积极作用，为脱贫攻坚建言献策，成为民盟长沙市委会履职尽责的一项重要工作。他们坚持“不调研不发言”的原则，把开展调查研究、民主监督、了解和反映社情民意、表达民生诉求贯穿脱贫攻坚的全过程，为打赢脱贫攻坚战贡献民盟智慧。

脱贫攻坚之初，民盟长沙市委会大兴调研之风。盟员政协委员赵忠科在民盟市委会支持下，调研涉及促进农民增收问题，其提案《关于返乡农民工就业问题的建议》随即得到长沙市人力资源和社会保障部门的重视和采纳。

2014 年 3 月，长沙市教育局举办民盟长沙市委会集体提案《关于加大农村薄弱学校教师队伍建设的建议》专题答复会。作为建议牵头人，时任民盟市委会专职副主委刘志红，直言长沙市义务教育城乡发展不均衡的问题仍然比较突出，农村教育质量偏低的局面依然没有得到根本改观。建议提高农村教师待遇，留住优秀教师，对农村偏远地区教师实行特殊津补贴政策等。

从这个建议开始，围绕“扶贫与扶智相辅相成，治贫先治愚，治愚必重教，引导贫困地区重视教育、发展教育事业”成为长沙民盟长期坚持调研、建言重点，并不断推动盟内外资源，朝着城乡教育均衡发展的方向前进。

在民盟长沙市委会引领下，从解决农村教育实际困难，到各级民盟组织和盟员优秀教师、爱心企业开展支教助学活动，助力贫困乡村学校提高教育质量……长沙盟员扶贫扶智踊跃，感人事迹俯拾皆是。

盟员教师方田根，从湖南长沙远赴西藏山南，从担任山南市第三高级中学的生物教研组长，到担任贡嘎县中学的副校长，作为湖南师大附中博才实验中学教师，两度入藏。遥远的雪域高原，方田根用敬业与专业，在孩子们心中播下爱与希望。他说：“改变藏区面貌，根本要靠教育。作为盟员教育工作者，为此贡献自己的一份力量，是责任，更是使命。”

民盟长沙市委会围绕扶贫与扶智深入调查研究，有效资政建言的同时，还不断深化脱贫攻坚的内涵，凝聚最大政治共识。

2015年，民盟长沙市委会集体提案《关于破解长沙市农村征地拆迁难题的建议》和刘志红《关于消除长沙市农民安置小区消防安全隐患的建议》个人提案被评为市政协优秀提案。

2016年，民盟长沙市委会开展《优化社会治理背景下推进长沙精准扶贫工作的建议》调研，在该集体提案办理过程中，与市扶贫办等有关主办单位密切配合、通力协作，就长沙落实扶贫工作相关建议，实现长沙市率先全省基本实现现代化目标进行了协商和沟通。最终在2016年年底，形成的调研报告提交市政协会议，立刻引起时任省委常委、市委书记易炼红的高度重视，批示有关部门采纳落实。

2016年8月26日，民盟长沙市委会赴宁乡调研《我市农村社会治理和精准扶贫问题研究》课题，并慰问老粮仓镇双藕村困难村民。

2017年年初，民盟长沙市委会推出《2017年度社会扶贫工作方案》，同时，召开盟务工作会议，再次对精准扶贫计划向全市基层组织进行动员和部署。

这一年，围绕脱贫攻坚大局，民盟长沙市委会就中共长沙市委部署的“凝心聚力十三五行动”和精准扶贫工作方案进行了多次专题研究和讨论，对未来几年长沙民盟深化精准扶贫工作提前进行谋划和布置安排。

2018 年年初，在省政协十二届一次会上，盟员政协委员张庆和、周永亮提交的《关于加快我省事实孤儿救助保障体系的建设》《在创新引领战略下，让职业教育为精准扶贫助力》个人提案，关注事实孤儿生存状况。强调加强教育基础建设的重要性，为湖南教育事业进一步拓展贫困地区职业教育的外延，加强连片贫困地区和职业学校结对合作、结对帮扶；完善职业教育招生制度，根据产业和个人需求招生，积极引导贫困学生接受职业教育等建议，引起有关部门的高度重视，在脱贫攻坚中发挥了积极的推动作用。

在这一年的市人大会上，盟员人大代表杜有志的《关于精准脱贫从娃娃全面提升素质抓起的建议》被中国新闻网、红网等多家媒体视为社会热点，高密度采访报道。

2019 年，民盟长沙市委会先后组织多批机关专干和盟员专家配合民盟省委会脱贫攻坚民主监督工作，分赴湘西龙山、保靖、花垣等贫困县就“两不愁、三保障”等脱贫攻坚政策落实情况和相关工作机制进行调研，为湘西州脱贫攻坚民主监督积极建言献策。

2020 年，湖南“两会”期间，盟员省人大代表刘志红在《统筹实施“三大计划”，推动全省职业教育扶贫攻坚》的建议中，提出实施“楚才计划”即在贫困地区建立永不撤退的技能人才队伍；实施“授渔计划”，帮助贫困群众实现技能脱贫；实施“锦囊计划”，为贫困地区产业发展献“技”献策。该建议引起《湖南日报》、湖南卫视等媒体高度关注，社会反响热烈。

据统计，在助力湖南打通脱贫攻坚“最后一公里”的日子里，近五年来，民盟长沙市委会在各级“两会”平台上提交集体或个人建议、提案 400 余件，其中多篇被市领导批示，围绕脱贫攻坚开展调研和民主监督并反映社情民意信息，受到领导重视，被纳入政府有关职能部门政策措施，取得了一定社会成效，民盟市委会及个人多次被民盟省委会、市政协、市委统战部等有关单位表彰，多人被民盟中央评为反映社情民意信息工作先进个人。

2021年5月26日，民盟长沙市第十八次代表大会。在开幕式上，民盟湖南省委会主委杨维刚、中共长沙市委统战部长谭小平充分肯定了民盟长沙市委会领导班子围绕中心大局，以参与脱贫攻坚为工作主线，扎实开展民主监督，在扶贫帮困、教育改革、科技创新、营商环境优化、生态环境保护等重大问题上深入调研，提出了一批很有价值的意见和建议。其大量卓有成效的调研工作和研究成果，为助力湖南脱贫攻坚提供智力帮扶，产生了积极良好的社会影响力。

执笔人：廖红波

民盟长沙市岳麓区综合支部

情系城步金童山　脱贫攻坚不畏难

城步金童山国家级自然保护区位于湖南省西南边陲的城步苗族自治县境内，地处越城岭山脉与雪峰山脉交汇地带、南岭山脉北缘。

位于金童山自然保护区内的小阳坪村（后与大冲头村、独宿村合并更名为金童山村），尽管森林资源比较丰富，但长期以来由于交通闭塞，村民过着靠山吃山的原生态生活。

2015 年，听闻小阳坪村村民的贫困情况后，身为邵阳市副市长兼任民盟邵阳市委会主委的赵为济，主动请缨，自我加压，与市商务局一道对口帮扶市级贫困村——城步县汀坪乡小阳坪村，并担任市级责任领导。

赵为济是一个十分务实的人。2015 年春暖花开的一天，他直接驱车 300 多公里，经过 4 个小时的颠簸来到这个大山深处偏僻闭塞的小阳坪村，在村里简单地吃了中饭后挨家挨户进行了走访。他还不顾劳累地爬到山坡察看全村的地形地貌。仅 300 多人的小村，光贫困人口就有 80 多人，他深知小阳坪村扶贫脱贫任务的艰巨。他特意安排民盟邵阳市委会机关有丰富乡村工作经历和扶贫工作经验的李明同志，专职驻村开展扶贫攻坚工作。

这是赵为济第一次来到小阳坪村，小阳坪村民脱贫致富的幸福梦想就在他心里深深地扎了根。

“那一定得想办法让当地百姓早日脱贫。”如何“拔穷根、摘穷帽”，赵为济进行了深入调研和思考。对口帮扶小阳坪 3 年，先后跑了 18 次小阳坪村，行程达 6000 公里，走访慰问了每个贫困户，深入每个扶贫项目、每处水毁工程进行察看，召开座谈会 12 次，现场拍板解决问题 20 余个。他与村、乡干部和贫困户交上了朋友，村里无人不知晓市来的领导赵为济。

赵为济首先想到的是要改善乡亲们的衣食住行这些大问题。

在他的不懈努力下，多方筹措到位 400 多万元扶贫资金。安全饮水工程于2016年2月完工，解决了村民饮水困难，安全饮水入户率100%。新建河堤300米、新修挎方50米，灌溉渠道4条6000米、平板桥2座，清理河道5000米，确保农田丰产丰收，水土不被流失。新建入村道路500米，解决进村无马路的问题。全村共有危房户20户，2016年完成改造10户，2017年全部完成。鼓励开展全村环境卫生整治，以人畜分离、垃圾处理、村庄绿化为重点，指导制订了卫生公约，出台农户卫生评比管理办法，硬化村内空坪隙地，引导60户村民改厨改厕。

赵为济非常清楚，脱贫必须要有可持续的产业发展作强有力的支撑。

在他的推动下，2015年小阳坪村成立了蔬菜水果种植农民专业合作社，以“公司+合作社+农户”的方式，种植本地特色蔬菜水果，蓝莓100亩、苗乡梨60亩、西红柿30亩、百合10亩。经他多次联系协调，利用村集体荒山、荒坡等资源，建成60KW村级光伏电站，每年能为村级集体增加收入5万元以上，可用来弥补其他扶贫项目的投入。高山有好水，他还到兄弟市考察调研，计划引进优质鱼种，推动高山养鱼业的发展。他鼓励本地优质农产品走出去，积极协调注册“金童山”商标，努力推动农村电商发展。随着南山国家森林公园试点工作的推进，赵为济敏锐地注意到，金童山脱贫的长远出路在于依托金童山自然保护，大力发展乡村旅游经济，发动各方的力量，着力推动金童山乡村旅游和民宿经济迈开发展的步子。

赵为济还想到发动社会的力量，参与小阳坪村的脱贫攻坚。民盟邵阳市委会的每位班子成员、民盟界别的20多位市政协委员，在他的动员和带动下，来到了小阳坪村开展“三个一”助力脱贫活动，结对帮扶，送医送药、捐钱捐物、捐资助学、找门路就业。赵为济牵线搭桥，把民盟省直支部的盟员也带到了小阳坪村开展助力脱贫活动。

到2018年，小阳坪人均收入由原来的不足2500元，增长至3500元，80%的贫困户如期脱贫。如今的金童山，村落整洁，人心思富思变，正朝着更加美好的未来奋进。

执笔人：曾振华
民盟邵阳市委会委员

“品牌”背后的民盟精神

如果说，“烛光行动”是长沙民盟人秉承“奔走国是，关注民生”的民盟优良传统、贯彻落实民盟中央关于社会服务支教工作落地湖南的不灭烛光，那么，“长沙孟妈妈青少年保护家园”“魏玛丽政协委员工作室”“关爱地中海贫血儿童”“民盟·同心班”“关爱事实孤儿”等名播三湘四水的公益品牌，则是民盟长沙市委会长期以来围绕湖南脱贫攻坚目标“出主意、想办法，做好事、做实事”的生动实践。

一、孟繁英，民盟雨花区第一综合支部主委

2011 年，在民盟长沙市委会和社会各界的大力支持下，孟繁英成立了“长沙孟妈妈青少年保护家园”，其以亲情帮扶理念、以社区家长课堂为依托，扎根城市社区服务工作。短短两年时间，就让数百名失足少年重回生活正轨，成为民盟作为参政党主动参与长沙创新社会治理有益实践的一大亮点。

2013 年，民盟中央启动“黄丝带帮教行动”计划，让民盟长沙市委会的社会服务有了更明确的工作方向和目标。仅一年时间，长沙民盟在总结孟繁英从事未成年人帮教经验的基础上，发挥民盟教育界别优势，以民盟组织为依托，探索园校合作、园社合作、园所合作等模式，建立保护青少年社会服务点分站。与此同时，发起成立全省首个“妈妈禁毒联盟”“社区青少年禁毒教育基地”。

民盟中央和民盟省委会及省委统战部对民盟长沙市委会的做法给予了积极的肯定。时任中共湖南省委书记徐守盛曾对长沙民盟孟妈妈青护园的工作成果高度赞赏：“这是一个很有内涵的工作，挽救了一个孩子，就是

挽救了一个家，就是对社会做了很大的贡献。”并对民盟推广建立社会服务点分站寄予厚望，鼓励他们“要将盆景变成花园”。

2014年5月，“长沙孟妈妈青少年保护家园”的盟员志愿者参加全省“‘情暖高墙·关爱孩子’联合帮扶工作启动仪式”。

自2013年“黄丝带帮教行动”启动至今，以孟繁英为榜样，长沙民盟形成20个爱心团队及其他各界爱心团队百余个，发展志愿者上万人；亲情走访上千户，热线、网站和心灵家园接访上万人次，帮助了2000多名青少年；近2000名社会爱心人士成为爱心园丁，先后帮扶弱势群体3000多人；举办普法、禁毒、教育演讲320多场次，参与受益者达十万余人次。将昔日的关爱盆景，变成百花齐放的爱心风景。

如今，耕耘不辍的孟繁英早已成为湖南省道德模范，在三湘四水，“长沙孟妈妈青少年保护家园”服务社会助人为乐的精神家喻户晓，并成为长沙乃至湖南公益事业的一大知名品牌。

二、魏玛丽，英华早逝的已故民盟开福区综合支部主委

2021年6月13日，劳累过度的魏玛丽因病医治无效，年轻的生命永远定格在47岁。恶耗传来，让周边与她共事和受益的许许多多的人陷入悲伤和思念中。湖南省政协机关《湘声报》为此专文纪念，称她是“优秀且

能力出众的教育工作者、热心且情怀满满的公益行动派、履职积极且成效显著的省政协委员。”

作为盟员政协委员的魏玛丽，在民盟长沙市委会的支持下，其创办的“魏玛丽政协委员工作室”成为长沙深入人心的履职品牌。春秋十余载，“魏玛丽政协委员工作室”举办的小小演说家、品书会、剪窗花、关爱孤老、扶贫等各类公益活动，促进了社区和谐稳定，成为民盟服务社会的窗口、反映社情民意的平台、弘扬民盟精神的盟员之家。

2015 年，在总结“魏玛丽政协委员工作室”的成功经验基础上，魏玛丽投资 30 多万元，为社区建起“家门口的图书馆”，成为长沙个人捐建图书馆的第一人，后无偿捐赠公益事业，变成长沙市图书馆左岸分馆。此后，魏玛丽投资公益事业的热情只增不减。2016 年，投入 200 万元创建“甜蜜荟”，每个月开展 30 多场公益性质的社会活动，成为社区活动中心和居民交流中心；2017 年以后，每年投入近百万元，将教育心理咨询与其他公益项目对接，成立了集社区阅读、社区心理干预、社区活动与交流于一体的“睦邻书院”，打造了全省独创的民盟社会创新服务新模式。

为助力湖南脱贫攻坚，魏玛丽即使在患病住院之前，还奔波往返于武冈市里仁村结对帮扶贫困户的路上。她帮扶的家庭有 3 个小孩，父母在外打工，73 岁的奶奶在家照顾孩子。为此，她在多个场合呼吁，加大对贫困地区留守家庭和儿童的心灵关注。

如今，魏玛丽生前与民盟长沙市委会联合在通道县开展的“扶贫扶志·护航青春”和“爱之塔——关爱留守儿童扶贫扶志·护航青春”公益项目，为已经脱贫的少数民族地区实施“乡村振兴”战略依然发挥着催人奋进的作用。

2019 年 4 月 3 日，民盟长沙市委联合魏玛丽政协委员工作室赴通道县侗族自治县开展“扶贫扶志·护航青春”未成年人心理健康教育培训社会服务公益项目。

在湖南万众一心的脱贫攻坚战中，民盟长沙市委会服务社会除涌现出孟繁英、魏玛丽这样的公益人物“品牌”外，更有众多蜚声三湘四水的社会公益项目“品牌”。

三、关爱地中海贫血儿童

2014年5月，民盟长沙市委会发起“关爱地中海贫血儿童”公益活动。活动迄今历经三任领导班子，长沙民盟各级组织和爱心人士满腔热情地投入，从未松懈。

在广大盟员的踊跃参与支持下，民盟长沙市委会携手湖南省“地贫”家长互助会等相关单位和社会团体，组织了“阳光同行”“携手同行”“让爱流淌”等各种形式的社会公益活动，为地中海贫血儿童筹款累计400多万元，每年慰问造血干细胞移植住院手续和家庭困难的地中海贫血儿童，直接帮扶地中海贫血家庭40余户，全省受益地中海贫血儿童600余人。民盟市委会利用政协和人大平台，积极为地中海贫血患儿治疗费用纳入社会基本医疗保障体系鼓与呼，部分费用已进入医保，取得初步成效。

“关爱地中海贫血儿童”活动发展到今天，由民盟市委会发动的这项社会服务公益活动，不仅动员了社会各方力量进一步关爱地中海贫血儿童，共建起地中海贫血防治的综合机制，帮助地中海贫血儿童家庭战胜贫困、提振生活信心，更在全社会起到了示范带头作用，形成了具有民盟特色的社会服务公益品牌，被湖南社会各界广为称颂。

四、逆风飞翔事实孤儿同行计划

2021年8月底至9月初，民盟长沙市委会以腾讯“99公益日”为契机，联合湖南省大爱无疆青少年公益发展中心，发起了一场“我为事实孤儿办事实”社会公益活动，助力“逆风飞翔事实孤儿同行计划”筹集助学款和宝贝小屋援建资金。据统计，活动开展以来，经48位盟员爱心大使代言劝募，有3971人次参与，已募集善款50余万元。这是长沙民盟历史最高纪录的一次慈善募捐，为十月金秋新中国的生日献上了一份厚礼。

民盟长沙市委会“为事实孤儿办事实，携手迈步新时代”不是一时心血来潮，是多年来深切关注事实孤儿的生活困境、酝酿久已的厚积薄发和践行社会主义核心价值观在生活中的体现。民盟市委会多次提交关于解决事实孤儿困难的提案、建议和社情民意信息，助推了惠及全国数十万事实孤儿政策出台。民盟长沙市委会务虚更务实，领导俯下身子，带领盟员脚踏实地成立“志愿者服务队”“事实孤儿公益发展基金”，广泛联系志愿者、爱心人士和其他社会力量，为改善事实孤儿生活条件奔走呼吁。

五、硕果累累的“同心工程”

中共十八大以来，民盟长沙市委会积极响应省统一战线“同心工程”号召，围绕“同心”创建了诸多延续至今的“同心”品牌，感动着湖南的一山一水、一草一木。

“民盟·同心班”始于2014年5月，在民盟长沙市委会组织下，由盟员企业家徐森林的湖南集拓科技公司和彭奕的湘坤房地产公司共同赞助的“民盟·集拓特教班”正式签约，募集的资金用于帮扶湘西贫困山区的学生继续学业。至2021年9月，民盟长沙市委会联合民盟湖南省委会，发动丁志强的湖南护理学校、周永亮的长沙经贸职业中专学校等盟内爱心单位积极参与“民盟·同心班”捐建活动，共筹资500余万元，捐建了11个同心班，500多名湘西贫困学生因此完成学业，并顺利就业。

长期以来，民盟长沙市委会创办的“民盟·同心班”有力激发了基层组织和广大盟员参与“同心工程”助学支教的热情。

2016 年，民盟雨花区综合二支部全体盟员在主委黄尚喜组织下，发起成立“同心育蕙教育基金”定点帮扶邵东县三都小学，连续 5 年向该校捐赠累计达 10 万元，用于奖励学校优秀师生，并对接雨花区优质教育资源为三都小学教师提供学习交流与进修等帮助。民盟雨花区工委还为三都小学捐赠了电脑、打印机等教学和办公设备。

民盟市委会原常委杜有志从 2014 年就在湖南师范大学设立“有志奖学金”，向湖南师范大学教育基金会每年捐赠 5 万元，截至 2020 年共计捐出 35 万元，惠及 150 名优秀贫困大学生。

与此同时，民盟“同心工程”服务社会的内涵更延伸到社区和乡村。

多年来，经与各方共同努力，民盟市委会参与同心创建收获不少，其中省级“同心社区”和省级“美丽乡村”就有雨花区廖家湾社区、芙蓉区荷晏社区、开福区清水塘社区和浏阳市龙伏村；市级“同心社区”或“同心项目”则有天心区嘉和社区、开福区“环保宣导站”和岳麓区“大爱无疆事实孤儿项目”等。此外，还有民盟天心区工委、岳麓区工委、开福区工委开展的“同心创客梦工厂”“携手同行 · 盟桥圆梦”“同频共建 · 造福家园”的同心社区帮扶活动。

2015 年 12 月 11 日，省委常委、统战部长黄兰香就“四同”创建工作率队赴民盟开福区工委同心环保宣导站考察。

在同心社区的服务创建中，处处可见长沙盟员们活跃的身影，温暖的笑容。民盟长沙市委会为社区建设“做好事、做实事”，每逢春节等节假日上门走访残障人士、看望孤寡老人、患重病等困难群众，还慰问一线环卫工人和社区工作者，送去节日慰问礼物和生活物资。

不仅如此，每当国家遭遇洪水、地震、海啸等自然灾害，民盟长沙市委会发起向受灾群众捐款捐物号召，广大盟员踊跃参与捐款捐物。仅2020年抗击新冠肺炎疫情，长沙民盟市委会就募资82万元，募集各类物资价值300余万元。据不完全统计，2012年至今，民盟长沙市委会累计组织募集资金和物资价值2000多万元。

春去秋来，长沙民盟人助力脱贫攻坚，在关爱困境儿童、助学支教、扶贫帮困等活动中创建的一系列公益品牌，得益于人民群众的信任支持和民盟精神的浇灌培育，更是全社会同心齐力的结果，使他们深深扎根于繁华的社区和美丽的乡村，香飘四季，历久弥新。

这些熠熠生辉服务社会的公益“品牌”，宛如枝繁叶茂的大树，累累硕果；更像夜空闪耀的星星，守望祝福着三湘四水。

执笔人：廖红波

民盟长沙市岳麓区综合支部

让关爱“地中海贫血”儿童成为接力赛

地中海贫血是遗传性溶血性贫血疾病，此病多发于长江以南，湖南省为高发省份之一，虽然患病率在全省人口中占比不高，但对病患家庭来说却是百分之百的不幸。重度“地贫”儿童依靠长期输血维持生存，而长期输血必须结合排铁治疗，仅每天的医药费就达千元。常年输血与排铁的治疗费用，对患者家庭造成了沉重的经济负担。

民盟长沙市委会关注“地贫”儿童始于2012年10月，当年参与了在醴陵市举办的“关爱地中海贫血症儿童”的慈善募捐活动。此后，民盟长沙市委一直关注着“地贫”儿童的治疗与康复。当时，民盟市委会积极履行参政党服务社会职能，已开展了诸多形式的社会服务活动，如新农村建设、烛光行动、青少年帮教、同心创建等，各项工作任务繁重。但是，经过认真研究后，民盟市委会依然决定把关爱“地贫”儿童作为社会服务的一个新尝试，通过与有关社团组织合作，进一步开拓脱贫攻坚的新领域。

2014年5月28日，民盟长沙市委会举办了“关爱地中海贫血儿童”活动启动仪式，现场为肖东国等三户子女罹患重型“地贫”的贫困家庭发放了慰问金。同时，向湖南全社会呼吁，“携手同行”关爱“地贫”患儿和家庭。当年，在民盟长沙市委会的关心和推动下，湖南省儿童医院就接诊了“地贫”患儿约2000人次。

2015年5月9日，民盟长沙市委会与湖南省儿童医院等社会团体共同发起和举办了“关爱地贫、阳光同行”暨关爱地中海贫血儿童交流会，为来自全省不同地区的10名特困“地贫”儿童的家庭，赠送了共计20万元的免费输血援助“燃料卡”。

2016 年 12 月 20 日，民盟长沙市委会携手中国抗癌协会、湖南省儿童医院、芒果 V 基金湖南省关爱地贫儿服务队，在湖南省儿童医院共同举办关爱地中海贫血儿童公益活动。来自全省的近 70 个地中海贫血家庭报名参加这次公益活动，食宿全部免费。活动当天，为所有地中海贫血患儿提供了免费义诊，邀请湖南省儿童医院的专家做了有关地中海贫血治疗和家庭护理知识讲座。时任民盟长沙市委会主委张庆和代表爱心盟员和爱心人士捐赠了 5 万元善款，用于地中海贫血患儿的输血补助，为地中海贫血家庭解决燃眉之急。

2017 年 3 月，在长沙市开福区第五届人大常委会第二次会议上，刘慧代表民盟在讨论政府工作报告时提出，开展优生优育与地中海贫血筛查是一项重要的民生工作，并引起共鸣。一个月以后，开福区率先在全省全市推行计划怀孕夫妻免费地中海贫血初筛和基因诊断工作，从源头减少重症地中海贫血缺陷儿的发生，提高出生人口素质。

2018 年 7 月，在民盟长沙市委会关心支持下，40 名来自湖南各市州的“地贫”儿童从长沙启程前往青岛，开始了一场为期 7 天的关爱“地中海贫血症儿童”的公益之旅，以此呼吁全社会对地中海贫血症儿童多一份关注和爱心。

2019 年 6 月，民盟长沙市委联合湖南经视和湖南省儿童医院，发起了芒果 V 基金“关爱地贫儿童”公益项目，活动现场发布了 2019 年度关爱地贫儿童社会服务计划及“千人献血、关爱地贫”大型公益活动。同时，为 12 个贫困地中海贫血家庭进行了爱心捐赠，每个家庭获得 1 万元现金捐赠。

2020 年 11 月，民盟长沙市委会携手中共开福区委统战部、芒果 TV 在中国共产党长沙历史馆举行“同心圆梦、爱满星城”关爱地贫儿童公益活动开福站启动仪式，与爱心企事业单位一起，将 18 万元善款当场发放给地中海贫血困难家庭。

2020 年 11 月 15 日，民盟长沙市委会携手中共开福区委统战部、芒果 TV 举行“同心圆梦、爱满星城”2020 年长沙市关爱地贫儿童公益活动开福站启动仪式。中共省委统战部副部长符俊根等人出席。

2021 年 1 月，民盟长沙市委会专职副主委李兰宏带领慰问团队来到湖南省儿童医院探访正在进行造血干细胞移植的地中海贫血患儿，并送上新年祝福与爱心大礼。每个地中海贫血家庭都收到了价值 700 元的爱心礼包和 2000 元的慰问金；2021 年 3 月，在民盟长沙市委会为“地贫”儿童组织的募款公益行动中，四家爱心企业共同为来自郴州、宁乡的两位病患儿童捐赠爱心善款 10 万元……

关爱绵绵无尽期，从 2014 年 5 月至今，“关爱地中海贫血儿童”活动在民盟市委会三届领导班子的接续努力和广大盟员的踊跃参与下，不仅动员各方力量关爱“地贫”儿童，共建起地贫防治的综合机制，帮助“地贫”儿童家庭战胜贫困、提振生活信心，更在全社会起到了示范带头作用，形成了具有民盟特色的社会服务公益品牌，被湖南社会各界广为称颂，取得了令人瞩目的成绩。

如本文前面提到的肖东国等三户患病的子女，在民盟市委会的呼吁下，很快得到了众多爱心人士的关注。2016 年 7 月，老大和老三手术成功，2017 年 9 月老二治愈，迎来了全家“脱贫”的幸福时光。据统计，“关爱地中海贫血儿童”至今为“地贫”儿童筹款累计 500 多万元，直接帮扶地中海贫血家庭 40 余户，全省受益“地贫”儿童 600 余人，让数百个地中海贫血家庭重新燃起了与地中海贫血抗争的勇气。

携手“事实孤儿”迈步新时代

2021年8月至9月，民盟长沙市委会以腾讯“99公益日”为契机，联合湖南省大爱无疆青少年公益发展中心，发起了一场为全省“事实孤儿”募捐的社会公益活动。

履新主委职务的民盟长沙市委会刘志红亲自挂帅，以“爱心大使刘姐姐”的普通身份，率领全市民盟组织推选出的2个支部和46位盟员爱心大使，充分发挥民盟界别、专业领域和社会影响力等方面优势，向全社会宣传为“事实孤儿”代言劝募。据统计，活动开展以来，全省有3971人次参与，已募集善款50余万元。这是长沙民盟历史最高纪录的一次慈善募捐，为十月金秋新中国的生日献上了一份厚礼。

长沙民盟“为事实孤儿办事实，携手迈步新时代”不是一时的心血来潮，是其几年来深切关注“事实孤儿”的生活困境、酝酿久已的厚积薄发和自然体现。

2015年，湖南红网一篇《湘西州5000余名“事实孤儿”亟待关注 渴求享受同等救助》的新闻让时任民盟长沙市委会副主委的张庆和辗转难眠。

张庆和作为曾分管过教育工作的副区长，对青少年的成长比较关心，特别是在青少年中的弱势群体比较关注。经他初步调查发现，“事实孤儿”不太受人们关注，这个群体数量庞大，却因不符合孤儿的认定标准，暂时还没有被纳入国家救助体系，是未成年人保护体系中的一块短板，亟待救助。

从此，关注“事实孤儿”的冷暖进入民盟长沙市委会的议事日程。

2018年，张庆和以两年多来对“事实孤儿”的调研情况为基础，撰写了《关于加快湖南省事实孤儿救助保障体系建设的提案》，提交给省政协十二届一次会议，建议将“事实孤儿”纳入孤儿保障体系，加快相关法律修订和制度完善的进程，确保事实孤儿能够享受到与孤儿同等的基本社会福利保障。

2019 年 3 月 9 日，民盟长沙市委会组织盟员志愿者参加关爱事实孤儿送助学款式社会服务公益活动。

2019 年湖南省“两会”期间，张庆和再次提交了《关于建立事实孤儿动态数据库》的提案，建议将“事实孤儿”救助工作明确纳入民政部门的工作职责范围，研究制定事实孤儿认定标准，参照低保户和孤儿救助模式，颁布具体实施细则，在全省范围内启动事实孤儿动态数据库建设工作。

在民盟等各界推动下，2019 年 6 月 18 日，民政部、最高人民法院、最高人民检察院、发展改革委、教育部、公安部、司法部、财政部、医疗保障局、共青团中央、全国妇联、中国残联 12 部委联合出台了《关于进一步加强事实无人抚养儿童保障工作的意见》，为解决事实孤儿生活保障、教育救助、基本医疗、关爱服务、监护责任等方面提供了政策支持，民盟提出的建议在文件中得到采纳。与此同时，民盟长沙市委会务虚更务实，领导班子俯下身子，带领盟员脚踏实地为“事实孤儿办实事”不辞辛劳、奔走发声。

2018 年，在民盟长沙市委会的支持下，盟员江平福等四位创始人以大爱无疆公益文化促进会“逆风飞翔·关爱事实无人抚养儿童”公益项目为依托，联合相关企事业单位创办了全国首个“事实孤儿”麓山少年成长营。目标对象是服务于全省乃至全国的事实孤儿，以平等、尊重、合作和包容的理念，注重培养事实孤儿基本社交、安全能力和情感陪伴。

麓山少年成长营成立后，民盟长沙市委会随即宣布将该营地作为其社会服务实践基地，倾注民盟优势资源全力扶持。每逢开营、结营仪式上，民盟长沙市委会主要领导总抽出时间出席，谆谆教导孩子们珍惜这次难得的交友、学习和成长机会，鼓励他们学会感恩，在实现人生理想后，将来也用爱心回馈社会。

民盟长沙市委会倡导和支持事实孤儿项目建设，发起成立了“长沙民盟关爱事实无人抚养儿童志愿者服务队”，并以市委会名义成立“事实孤儿公益发展基金”，广泛联系志愿者、爱心人士和其他社会力量，为改善“事实无人抚养儿童”生活条件奔走呼吁。民盟市委会不少专门工作委员会、区工委、支部，甚至盟员企业参与其中活动，有的直接对接麓山少年成长营的营地建设，解决营地发展难题；有的向“逆风飞翔·事实孤儿同行计划”项目捐赠善款和物资，共同举办一期开营和结营活动。

在此基础上，民盟长沙市委会还与大爱无疆公益文化促进会多次举办以“关爱事实孤儿”为主体的公益活动。其中“托起希望·向阳生长”和“逆风飞翔·事实孤儿同行计划”关爱事实孤儿公益活动在社会上引起广泛的影响。

每次活动前，志愿者要接受岗前培训，详细了解活动的具体内容、事实孤儿服务的行为规范。以“逆风飞翔·事实孤儿同行计划”为例，在完成上岗前培训后，近百名志愿者在长沙民盟志愿服务队成员带领下，分成 23 组奔赴长沙市内五区和宁乡市，上门看望慰问了 71 位事实孤儿，给孩子们送去了 37 个应急安全包和精心挑选的近 400 册图书画册。志愿者们耐心给孩子们介绍安全包物品使用指南，陪伴孩子们共读了图书，并与孩子们及其监护人进行沟通交流，了解有关事实孤儿优惠政策落实情况和孩子们的生活、学习状况以及面临的困难和需求。

受此影响，盟员企业家李荣携手大爱无疆发起“关爱事实孤儿”爱心基金项目，成为湖南首个专注服务事实孤儿的企业内部基金，首笔启动善款 23000 元，同时向麓山少年成长营捐赠善款 10000 元。与此同时，该公司还成立了事实孤儿志愿团队，希望以实际行动让事实孤儿在全社会的尊重与关爱中健康成长、幸福生活。

本文前述的“为事实孤儿办事实”募集的所有公益款项，也将全部汇入中国慈善基金会“长沙民盟事实孤儿专项账户”，全部用于事实孤儿助学和建设宝贝小屋，并将及时、公开、透明地向社会公示使用情况。

多年来，长沙民盟在关爱困境儿童、助学助教、扶贫助困等社会服务等方面的积极作为，不仅源于民盟“奔走国是、关注民生”的优良传统，也是中华民族乐于助人传统美德的集中体现。正如刘志红在庆祝中国共产党成立 100 周年，各民主党派长沙市委会、市工商联、市知联会负责人署名文章说的那样，未来长沙民盟将在“以社会服务塑形，建设‘爱心民盟’”的大道上永不止步，努力扮靓成新时代三湘四水最美的风景线。

盟员挥舞“黄丝带”感动长沙二十载

2013 年，民盟中央在总结全盟开展社会服务工作特别是参与司法帮教工作的做法和经验后，将“黄丝带帮教行动”作为民盟社会服务工作的一个重大项目，纳入阶段性的工作重点。

“黄丝带帮教行动”一经推出，立即得到民盟长沙市委会的积极响应，而在此前，长沙民盟在司法行政领域参与基层社会管理体制创新，促进社会和谐，已经做了卓有成效的积极探索。

2000 年年底，盟员孟繁英退休后主动去社区做了一名志愿者，她常年以未成年人为服务对象，通过信件交流、亲情走访、热线交流、社区接访等方式对特殊群体进行道德引领、普法宣传、心理疏导，让一个个徘徊在人生十字路口的孩子们找到回家的正道，让一个个婚姻亮起红灯的家庭恢复了往日温馨幸福的生活。

孟繁英从事公益的义举得到了民盟长沙市委会的鼓励和肯定。2011 年，在民盟长沙市委会和社会各界的大力支持下，孟繁英成立了“长沙孟妈妈青少年保护家园”（以下简称“青护园”）并自任园长，专以青少年为服务对象，联合家庭、学校、社区和法、检、公、司、工、青、妇等各方面力量，对思想上有困惑的青少年实施有效帮扶，对有不良行为的青少年进行行为矫正，对违法犯罪的青少年进行挽救、感化、帮教，对生活、学习上有困难的青少年进行资助和维权。

“青护园”的亲情帮扶理念经民盟长沙市委会等推广，以社区家长课堂为依托扎根在城市社区服务工作中，短短两年时间，让数百名失足少年重回生活的正轨，成为民盟作为参政党主动参与长沙创新社会治理有益实践的一大亮点。

民盟中央2013年启动的“黄丝带帮教行动”计划，让民盟长沙市委会社会服务有了更明确的工作方向和目标。

仅一年时间，长沙民盟在总结“青护园”实践经验基础上，发挥教育界别优势，展开园校合作，以民盟基层组织为依托，建立“青护园”社会服务点分站。与此同时，还发起成立了全省首个“妈妈禁毒联盟”“社区青少年禁毒教育基地”。

民盟中央和民盟省委会以及省委统战部领导多次到“青护园”视察、指导工作。时任湖南省委书记徐守盛曾高度肯定“青护园”的工作成果：“这是一个很有内涵的工作，挽救了一个孩子，就是挽救了一个家，就是对社会作了很大的贡献。”并对长沙民盟推广建立社会服务点分站，寄予厚望“要将盆景变成花园”。

长沙民盟这一社会管理创新，使得“黄丝带帮教行动”在长沙落地生根：通过发挥“青护园”的辐射带动作用，将青少年帮扶工作有效拓展；以民盟基层组织互为依托、资源共享，共同促进青少年帮扶事业的发展；民盟市委会机关发挥枢纽作用，加强联系，做好指导和服务，为社会服务站、点的工作提供坚实保障。

2012年12月，长沙孟妈妈青少年保护家园正式挂牌“民盟长沙市委会社会服务基地”。

在“黄丝带帮教行动”影响下，长沙的大中院校、社区居委会，活跃着无数的像“孟妈妈”这样的社会帮教志愿者，他们的身影一直延伸到省未管所、省黎托强戒所等未成年人管制机构。在民盟长沙市委会的努力下，最终促成湖南省综治办、省司法厅、省民政厅等 14 个部门联合下发《关于开展“晴暖高墙 · 关爱孩子”联合帮扶工作的意见》，引导企业和社会团队、爱心力量共同对因家庭困难辍学、退学的未成年孩子实施跟踪帮扶，为失足青少年撑起一片爱的天空。

在我们面前一幕幕感人的画卷徐徐展开：有长沙民盟基层组织参与“晴暖高墙 · 关爱孩子”联合帮扶活动，他们与少管所的帮扶对象一起演出情景歌舞——《爸爸我爱你》；有“青护园”情景舞剧《妈妈的呼唤》，再现孟妈妈“蓝结”联盟帮扶感化迷途孩子回家的故事；有民盟盟员向强戒所帮扶对象赠送学习、生活用品和书籍，通过交流互动，了解他们的生活近况和思想动态，帮助他们重新树立信心与勇气；有“青护园”禁毒联盟的妈妈们带领同学及部分家长，到强制隔离戒毒所，开展“让孩子的心声被听见”爱心帮扶活动……

不仅如此，还收到了许多孩子催人泪下的来信，信中写道：“谢谢您一直以来对所有服刑人员的关爱”“不仅仅只是物质的关心，更重要的是给我带来了正能量”“您的爱让我在曾经的黑暗中看见光明希望”“我们一定努力改造，重返社会，做一个对社会、对祖国有用的人，不负父母期望”。

2014 年 6 月 23 日，民盟长沙市委会组织长沙孟妈妈青护园盟员禁毒志愿者参加湖南省黎托戒毒所举办的“牵手家庭社会、共同拒绝毒品”主题禁毒活动。几年后，“青护园”的《聆听孩子的心声，触摸孩子的内心世界》禁毒教育与法律服务项目获得“湖南省首届青年志愿服务项目大赛决赛”金奖；作品《珍爱生命，拥抱青春》获省禁毒办、省妇联联合举办的“讲述身边的妈妈禁毒故事”视频征集大赛一等奖。

“黄丝带帮教行动”落地长沙的前后十余年里，盟员孟繁英成为无数民盟盟员、志愿者中的杰出代表，获得了“全国孝亲敬老之星”“中华慈善人物”“全国十佳优秀志愿者”“首届全国十大民间禁毒人士”“全国维护妇女儿童权益先进个人”“全国优秀百名志愿者”“中国好人榜好人”“全国第五届道德模范提名奖”“全国最美志愿者”等多个国家级荣誉。

“黄丝带帮教行动”启动至今，以盟员孟繁英为首，长沙民盟形成 20 个爱心团队及其他各界爱心团队百余个，发展志愿者上万人，亲情走访上千户，热线、网站和心灵家园接访上万人次，帮助了 2000 多名青少年；近 2000 名社会爱心人士成为“青护园”爱心园丁，先后帮扶弱势群体 3000 多人，举办普法、禁毒、教育演讲 320 多场次，参与受益者达十万余人次。在三湘四水，“青护园”服务社会的精神家喻户晓，已成为湖南和长沙公益界的一大知名品牌。

“黄丝带帮教行动”有力提升了民盟社会影响力，充分发挥了民盟作为参政党维护社会和谐稳定、理顺情绪、化解矛盾、增进团结的政治优势，体现了中国共产党领导的多党合作制度的优越性，得到了上级领导和社会各界的充分肯定。

执笔人：廖红波

民盟长沙市岳麓区综合支部

追寻费老足迹　传承民盟精神
助力南岭瑶族地区开发

——民盟永州市委会助力脱贫攻坚纪实

著名社会学家，民盟第五、第六、第七届中央委员会主席费孝通先生一生曾对南岭瑶族进行长达70年的研究，1988年12月专程到广西、广东和湖南南岭地区瑶族聚居地江永、江华考察，提出了建立“南岭瑶族地区经济协作区”的构想。他在专著《志在富民》中说：“作为民盟成员，我们要用知识推动社会前进。出主意、想办法、做实事、做好事。”

近年来，民盟永州市委会传承费老严谨治学的态度和志在富民的理念，学习费老深入调研的科学方法、脚踏实地的作风，用好费老留下的宝贵精神财富，为南岭地区脱贫攻坚建言献策，贡献力量。

关注南岭山区，促进协调发展

费老到南岭地区开展瑶族调查的经历和成果，对新时代民主党派地方组织开展调研、社会服务等各项工作的思路、方法仍具有重要的指导意义。1988年12月，费老在广东连南县召开的开发南岭瑶族山区座谈会上指出，湘粤桂瑶族地区应该建立一个南岭瑶族经济开发协作区，旨在加强瑶族之间的联系和协作，互相交流经验，共同探讨如何加快瑶族地区经济发展问题。根据这一思路，民盟永州市委会多次呼吁加大南岭山区瑶族困难群众扶贫开发力度，建议将南岭山区增设为国家集中连片特困地区。2014年，民盟市委会联合永州市人大政策研究室开展南岭山区群众生存现状的调研，撰写了《关于加大南岭山区瑶族困难同胞扶贫开发力度的建议》调研报告。2015 年全国“两会”上，全国政协常委、省政协副主席、民盟省委会主委杨维刚在联组讨论时提出了“关于将南岭山区增设为国家集中连片特困地区的建议”，得到时任中共中央政治局委员、国务院副总理张高丽批示。在省政协全会上，《关于加大南岭山区瑶族困难群众扶贫开发力度的建议》作为民盟集体提案，列为省政协重点督办提案。

脱贫攻坚战取得决定性胜利后，民盟永州市委会又开展《设立南岭瑶族生态保护区、促进瑶族聚居区经济可持续发展》课题调研，作为民盟中央参政议政课题，由民盟湖南省委会牵头，民盟永州市委会承担，目前已取得阶段性成果。2020 年，民盟永州市委提出的“设立南岭瑶族文化生态保护区”的建议写进了永州市政府工作报告。2021 年 1 月省“两会”期间由姚如男、袁火林等省政协委员联名提交了《关于设立省级南岭瑶族（永州）文化生态保护区的建议》提案，得到省政协的重视。据悉，市级南岭瑶族文化（永州）生态保护区将在 2021 年年底前正式设立，对于加快推进永州区域经济社会高质量发展、铸牢中华民族共同体意识，具有十分重大的现实意义。

追寻费老足迹，传承民盟精神

“行行重行行”。费老在南岭地区开展民族调查提出的“走社会主义民族平等道路”“少数民族要增强造血功能”“突破区域限制，打破行政界限，建立南岭地区贸易生产协作区”等理念，对现实具有较强的启示和借鉴作用。民盟永州市委会组织民盟成员深入开展田野调查，先后撰写了《浅谈费孝通“建立南岭瑶族经济开发协作区”构想对南岭地区精准扶贫的借鉴和思考》《要走社会主义民族平等道路，不走资本主义自由竞争的道路》等文章，为南岭瑶族地区经济发展献计献策，其中理论文章《费孝通与南岭瑶胞》获民盟湖南省委理论调研课题二等奖。

“志在富民”。在费老曾调研并题词“瑶胞寻根千家峒”的江永县千家峒瑶族乡，民盟永州市委会协调在刘家庄村挂牌设立民盟传统教育基地。民盟湖南省委会主委杨维刚帮助江永争取土地整理专项资金2000万元，用于千家峒土地整理。原副主委、山河智能董事长何清华为江永希望工程、公益基金捐款累计60余万元，捐赠挖掘机两台价值118万元，并计划在当地设立拓展基地。民盟永州市委会从2016年开始每年组织盟员在冷水滩区上岭桥镇仁山村，进村开展送医送药、送种苗、送科技下乡、捐赠书籍等社会服务活动，2019年建立了民盟永州市委同心实践基地，设立了盟史展览馆、市政协民盟界别活动室和省市区三级代表委员工作室。近年来，组织盟员中的企业家和农业专家在同心实践基地建立现代农业和种苗培育示范基地，带动老百姓共同致富。通过在实践基地调研，先后撰写了关于整治农村人居环境的重点提案、关于给乡村干部减负的参政议政发言材料，助力乡村振兴。目前，该村成功创建省级同心美丽乡村、全国乡村治理示范村。

投身扶贫攻坚，推进乡村振兴

在脱贫攻坚战中，民盟永州市委会没有联系对口扶贫村，但仍发挥民主党派优势积极参与，动员广大盟员投身扶贫主战场，为脱贫攻坚和乡村振兴作贡献。从2018年起，永州市人大常委会副主任、民盟永州市委会主委袁火林率湖南恒瑞集团帮扶冷水滩区普利桥镇落刀塘村，每年募集3万元资助该村15名贫困学生，引导该村发展瓜蒌、小龙虾等特色产业，免费赠送蔬菜种苗，开展玉米义卖，促使该村在2019年实现整体脱贫。2020年倒春寒，落刀塘村前期种下的很多蔬菜种苗被冻死了，民盟永州市委会及时送种苗下乡，向落刀塘村送去价值 1 万余元的种苗，包括辣椒苗 1 万株、茄子苗 4000 株、苦瓜西红柿种苗各 400 株。村民蒋朝勇说：“民盟市委会想得这么周到，我们太高兴了。”

2020 年，永州职院总支在金洞管理区金洞镇小金洞村开展对口帮扶，赠送教辅资料，送医送药，义诊 78 人次、发放疾病预防知识科普手册 472 份，送医送药（械）近万元，为该村送去价值近万元的蔬菜种苗，并长期提供技术咨询。永州职院一支部从 2014 年开始，坚持 6 年帮扶孤儿张美云，在张美云考入位于怀化的大学后，民盟永州市委会与民盟怀化市委会联络，接力帮扶张美云同学，助她成才。近五年来，民盟市委会和各支部开展送医送教送科技下乡活动 70 余次，义诊 10 余次，上示范课 50 多次，在科技扶农助农上贡献民盟力量。

执笔人：张华兵　《永州日报社》
记者　李梦洁　民盟永州市委会机关

勠力同心齐扶贫

——怀化民盟助力脱贫攻坚综述

消除绝对贫困，实现整体脱贫是中国人民的千年梦想、百年夙愿，也是中共中央向全国人民作出的郑重承诺；作为同中国共产党通力合作的参政党，为扶贫助力，民盟有着义不容辞的责任和义务。基于这样的认识，民盟怀化市委会自2015年开始，组织带领全市盟员发挥自身优势，主动参与社会扶贫工作，调动盟内资源，积极参与教育扶贫、健康扶贫、产业扶贫、电商扶贫工作，作出了应有的积极的贡献。

一、立足特色助力教育扶贫，斩断贫困基因代际传递

教育是民盟的特色，也是民盟的优势，关注教育更是民盟的传统。民盟怀化市委会通过引外援，聚内力，积极参与教育扶贫工作。

2016年7月，中共湖南省委常委、统战部长黄兰香在通道调研时，提出省直统战系统要全力支持通道早日实现全面小康。民盟省委会杨维刚主委非常重视，要求湖南民盟积极响应，认真贯彻落实省直统战系统支持通道县精准脱贫工作方案。2017年3月7日—8日，民盟省委会专职副主委胡颖带队，副主委黎定军参加，赴通道开展扶贫考察调研活动，并确定通道溪口镇杉木桥村为民盟湖南省委会和民盟怀化市委会共同帮扶村。8日下午，胡颖在杉木桥村主持召开了精准扶贫工作座谈会，会后走访慰问了困难群众10户，发放慰问金1万元，并为该村争取扶贫资金10万元用于基础设施建设。

同年，通过民盟湖南省委会联系，由民盟上海市委会支持，在通道县

职业中等专业学校开办了湖南“一家一”助学就业·同心温暖工程2017“民盟·同心班”，筹资20万元，共资助50名贫困学生完成学业。9月19日，在通道县职业中等专业学校举行了签约仪式。民盟省委会专职副主委胡颖，社会服务处处长陈雅云，中共怀化市委统战部副部长刘勇，中共通道县委统战部长蒋慧铭，通道县副县长、盟员龙满銮，民盟怀化市委会兰燕、黄升参加。

胡颖，刘勇、蒋慧铭等省市县领导在通道县职业中专与受助学生合影

2019年，通过曾在溆浦支教的浙江宁波孙绍富、周秀芳两位老师牵线搭桥，上海交通大学安泰经济与管理学院EMBA15秋2班的师生发起善举，与宁波甬邦集团、怀化市路桥公司溆浦分公司及其他爱心人士共同筹资100万元，并由上海民盟同舟公益基金会组织专业团队承建，在溆浦县沿溪乡过江坡村修建了一栋两层楼，共四间教室、两间教师办公室、一厨两厕的新校舍和一个水泥操场。9月6日上午，上海交大安泰（甬邦）烛光小学过江坡村教学点举行了启用仪式。民盟省委会专职副主委胡颖，怀化市政协副主席、民盟市委会主委、市教育局副局长巫培云，中共怀化市委统战部常务副部长戴永福，民盟湖南省委社会服务处副处长郑灿军，民盟怀化市委会专职副主委兰燕，中共溆浦县委常委、统战部长熊水平等省、市、县相关单位领导参加了活动仪式。

过江坡村是溆浦县有名的边远贫困山村，距溆浦县城70余公里，距沿溪乡政府所在地15公里；全村858人，有96户贫困户。多年来，因原教学点校舍破旧，教学安全环境差，村里孩子不敢在教学点上学，宁愿走15公里的山路到金陇中心学校或邻村条件好的教学点读书。这样无形中加重了村民负担，也阻碍了村民脱贫致富的脚步。新教学点设幼儿园和小学一、二年级两个班，不但极大地改善了学校的教学学习环境，而且有效地解决了孩子们上学难的问题，也为村民脱贫攻坚鼓舞了干劲，增添了信心。

胡颖在上海交大安泰（甬邦）烛光小学过江坡村教学点启用仪式上讲话

2017年5月29日—31日，在“六一”国际儿童节来临之际，民盟怀化市委会出资10000元携手怀化市义工联，支持民盟盟员、义工联会长王鸿福组织开展“起航希望、放飞理想”——怀化市第四期“六一”爱心主题活动。组织通道、麻阳、中方、鹤城等县（区）共23名贫困儿童相聚长沙参观学习，帮助孩子开阔眼界，感悟成长，树立正确的人生观、价值观。

2019年5月30日至6月2日，民盟怀化市委会再次携手怀化市义工联开展“争做新时代好队员”——怀化市第五期“六一”爱心主题活动。来自怀化鹤城区、中方县的20名贫困留守学生和城区5名学生代表，由盟员王鸿福、谭翩翩和盟员企业人士刘颖、舒蓝欣带队赴北京，在天安门广场观看了升国旗仪式，与北京市朝阳区实验小学三里屯分校的师生进行了交流，共上一堂课、合唱《我爱你中国》，参观卢沟桥中国人民抗日纪念馆，聆听抗日战争故事，在居庸关长城脚下共同朗诵励志强国名篇《少年中国说》，度过了一个幸福快乐难忘的“六一”儿童节。

2020年9月至11月，怀化学院盟员杨丰齐、房福来分别承担国家级非遗研培项目“花瑶挑花”和“民间雕刻”，通过“非遗+扶贫”模式，先后招收怀化、邵阳等地的贫困学员46人参与花瑶挑花技艺或木雕石刻技能集中培训，并由文旅部、教育部、人社部联合颁发结业证书，有力地提升了学员个体的从业意识和创业动力。如邵阳市隆回县虎形山瑶族乡白水洞村36岁的杨云霞，利用所学挑花技能开办了花瑶挑花艺术民宿体验馆；怀化市溆浦县九溪江乡宝山村52岁的杨尖妹与其29岁的女儿张叶青一同参加花瑶挑花研培班学习，回乡后共同创办了花瑶挑花艺术博物馆，带动了当地旅游经济的发展。

二、凝聚资源开展健康扶贫，阻击村民因病致贫返贫

2012年民盟中央白内障复明行动大型公益活动走进湖南。11月26日，在怀化市第三人民医院（现为湖南医药学院第一附属医院）举行了“爱心温州·善行天下·明眸工程”走进湖南启动仪式，民盟中央李重庵副主席出席并讲话。自实施“明眸工程”以来，民盟怀化市委会安排副主委、三医院眼科主任刘岚亲自主持“明眸工程”工作。据统计，截至2018年年底，在中方、靖州、会同、麻阳、沅陵、新晃、通道等县共走访眼疾患者1万余人次，完成筛查贫困白内障患者3000多人，实施手术治疗700多例，为贫困患者减免治疗费用400多万元。

2017年7月18日，由刘岚主刀，为民盟市委会参政议政宣传科科长黄升的扶贫联系对象通道县官团村杨秀强和其儿子杨保乐，一同免费做了超声乳化加人工晶体植入白内障复明手术，让杨秀强一家重振脱贫致富信

心。2016 年 8 月，杨秀强女儿杨善绥考上大学并顺利入读，2017 年年底杨秀强一家如期实现脱贫摘帽。

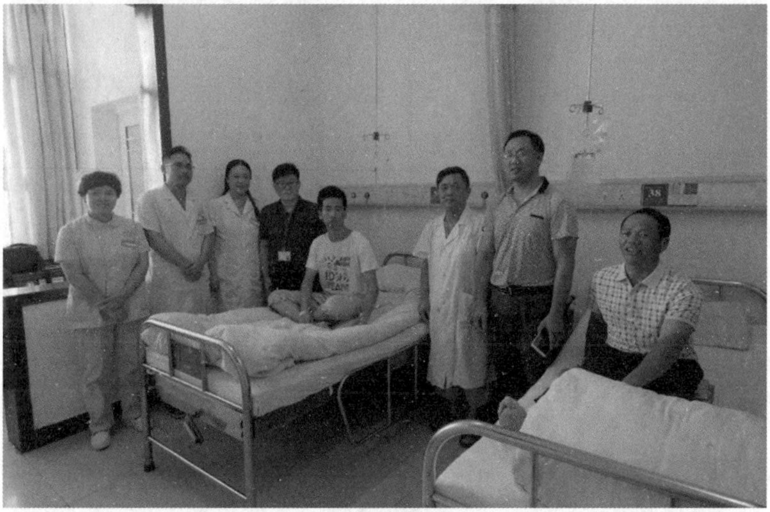

民盟市委会刘岚副主委，黄升科长看望住院的杨秀强父子

2017 年，会同县广平镇羊角坪村特困儿童李皓轩被查出为脑瘫患儿。为了给他康复治疗，父母花光了所有积蓄，还欠下 20 多万元债务。2018 年，李皓轩父亲在外务工时，因摔造成膝盖处严重骨折。家里唯一经济来源断流，一家人顿时陷于困境，无法自救。2019 年 11 月底，民盟怀化市委社会服务专委会副主任王鸿福得知这情况，便把李皓轩一家作为民盟和义工联重点关注对象，集聚民盟资源和义工力量，帮助这个家庭走出困境。2020 年 1 月 6 日，王鸿福带队走访慰问了李皓轩一家，为他们送去 2000 元慰问金和大米、猪肉、食用油等过年物资，并建立了帮扶计划措施，让他们在 2020 年的脱贫路上没有掉队，如期实现脱贫。

2020 年 4 月 21 日，怀化市政协副主席、民盟市委会主委、市社科联主席巫培云带队，民盟市委会联合怀化爱尔眼科医院，在沅陵县凉水井镇王家岭村开展了“健康扶贫”义诊和眼保护知识宣传活动。为该村 120 多位贫困村民免费进行了白内障及青光眼等疾病的排查，并给其中视力不佳、眼胀、畏光村民做了矫正治疗，免费赠送了 5000 元的药品，发放了眼保护宣传资料 500 份。

2020 年 5 月 26 日，应群众要求，怀化市政协副主席、民盟市委会主委、市社科联主席巫培云再次带队，到沅陵县凉水井镇王家岭村开展“健康扶贫”义诊和宣传风湿病、类风湿、痛风等疾病的预防知识活动，为该村 120 多位贫困村民免费进行风湿病、类风湿、痛风等疾病的排查和治疗，无偿发放药品价值 5000 多元，宣传资料 200 份。

2020 年 11 月 29 日，民盟市委会组织湖南医药学院支部、中方县支部盟员走进中方县袁家镇桂花村，开展“助力同心美丽乡村，民盟公益服务行”义诊暨公益扶贫救助活动。10 余位各领域医学专家同时坐诊，服务群众 100 余人次，发放健康宣传资料 200 余份，大米、食用油及药品等物资约 1 万余元。

三、创社会服务品牌，组织盟内电商企业参与扶贫，助推乡村产业发展

自 2017 年年初开始，民盟市委会参与怀化统战工作实践创新活动，以服务“经济社会良性发展，助力脱贫攻坚”为宗旨，通过“民盟牵手怀化

互联网协会”创建“电商扶贫”社会服务品牌。充分发挥盟员廖凡的湖南鑫辉武陵网络科技服务有限公司（以下简称鑫辉公司）和姚和平的湖南淘农村农业科技有限公司（以下简称淘农村）的平台优势，帮助贫困地区销售滞销农产品，推动地方农业产业升级。

五年来，盟员廖凡、姚和平和他们的团队发挥优势，积极承办和参与怀化地方农产品展销活动，发动并指导160多家水果种植大户，统一包装、统一设计、统一宣传和推广，与邮政、顺丰、中通等物流快递行业合作，举办网上促销节，推动怀化农业产业升级发展。2017年6月，廖凡和姚和平在中方县龙场乡（现合并到花桥镇）南木山村和毛田村举办了中方县首届杨梅采摘节，帮助销售杨梅160余万斤。同年9月18日，他们又在中方县花桥镇排叶村举办了中方县首届刺葡萄精准扶贫网购节，帮助销售刺葡萄1200万斤。

姚和平（左二）、廖凡（左三）在杨梅采摘节现场

2017年11月，郴州市永兴县冰糖橙因天气原因晚熟20多天，3000多万斤冰糖橙严重滞销，永兴县商务局找到廖凡。2018年2月，廖凡联合淘农村带领团队赶往永兴县，帮助指导果农选果、打包、发货，在10天内把滞销的冰糖橙全部售完，为农民挽回直接经济损失近4000万元。同年5

月，四川大凉山1亿斤洋葱严重滞销，受西昌市蔬菜局邀请，鑫辉公司与淘农村再次合作，帮助销售5000万斤。

2019年，鑫辉公司与淘农村又合作帮助四川大凉山销售滞销丑苹果500万斤，帮助广东高州销售滞销荔枝500万斤。

2020年年初，受新冠肺炎疫情影响，快递业务一度暂停，客户在网上订购的冰糖橙发不出去，农民送来的几十万斤冰糖橙眼看就要烂掉，淘农村想办法将冰糖橙全部拉到福建漳州做成了橙汁，再做成了固体功能型饮料。同年11月，由于管理不善，洪江部分乡镇冰糖橙出现严重沙皮问题，卖相极差，传统渠道没有人愿意收购，为了减少农民损失，淘农村通过平台的力量，收购有沙皮问题的冰糖橙超300万斤。

与此同时，几年来，淘农村扎根怀化洪江市农村，成立淘农村助农平台，修建电商仓储中心，安排和带动100人就业，建立起以洪江市岩垅乡青松村为主要定点帮扶的冰糖橙示范基地。每年不论等级、卖相，均以高于市场5分至1角的价格签约收购的农民冰糖橙超1000万斤（其中贫困户约500万斤），让农民吃下定心丸，从而带动岩垅乡13个行政村17600多人及周边红岩乡、黔城镇等10余个乡镇发展柑橘产业。目前，冰糖橘已成为岩垅乡的拳头产品和支柱产业，全乡有柑橘面积24500亩，年产柑橘8400吨。2019年9月，农业农村部认定岩垅乡为第九批全国一村一品示范村镇（柑橘）；2021年4月，岩垅乡入选2021年国家农业强镇创建名单。2018年，洪江市实现整体脱贫摘帽。截至2020年年底，洪江市发展冰糖橙30万亩，年产量超过30万吨。

在做好产品助销、产业带动的同时，还积极参与网点建设。2020年，廖凡和他的团队承接了怀化溆浦县、会同县，邵阳洞口县、湘西州永顺县和广西荔浦市等地区的农特电商物流产业链项目暨全国电子商务进农村综合示范项目建设。帮助指导建立农村电商综合服务网点3000个，培训电商人才近万人。

执笔人：黄升

民盟怀化市委会参政议政宣传科科长、四级调研员

圆脱贫梦　梦同心圆

——民盟常德市委会助力脱贫攻坚纪实

“民有所呼，我有所应；民有所呼，我有所为。”

在脱贫攻坚战取得全面胜利的这一彪炳史册的人间奇迹中，“人民至上”的底色越发鲜明，“一个都不能少”的誓言越发坚定。

民盟，始终与中国共产党和人民在一起。

近年来，民盟常德市委会秉承民盟“出主意、想办法，做好事、做实事”的优良传统，凝心聚力、攻坚克难，让一条条道路直通贫困村，一个个贫困村盖起了农家新居，一栋栋楼房里洋溢着脱贫户的幸福，为脱贫户圆了脱贫梦，为自己画好同心圆，为常德市打赢脱贫攻坚战做出了自己应有的贡献。

民盟市委会还先后被民盟中央评为“民盟社会服务工作先进集体”“民盟脱贫攻坚先进集体”。

一个“家”装满幸福

2016 年夏天，石门县白云镇青龙桥村，民盟盟员刘丽艳第一次见到村民李小明时，其实有点震惊：明明才五十出头，却已经鬓发斑白，皱纹满脸，像是一个“小老人”。

青龙桥村是民盟常德市委会扶贫点村，李小明是她的结对帮扶责任人。

因为早年间被人打残了左眼，导致李小明丧失了部分劳动能力，只能在家守着几亩薄田过活。她还身患糖尿病、高血压、冠心病等多种疾病，

2014 年做过子宫肌瘤手术，每年保守需要药费 5000 元。

除了送温暖和爱心，刘丽艳决定从李小明最忧心的房子的事着手，帮她拾起脱贫的信心。

她的老房子是一个煤矿工房，建于 20 世纪 70 年代，因年久失修，墙体多处开裂、倾斜，屋顶多处漏雨。经刘丽艳多次与驻村帮扶工作队和村干部沟通，最终将李小明的房屋纳入农村危房改造项目。

一年之后，房子建起来了，儿子也在宁波找好了工作，一个月有几千元，李小明开心地说，再也不怕穷了，不怕儿子找了女朋友不敢带回家了。

2018 年 1 月 23 日，刘丽艳带领机关干部走访点村结对贫困户，图为刘丽艳一行为李小明（左二）送上床上用品，恭贺她新屋建成。

一个“小家”里装满幸福，一个“家园”满载着更多的期盼。

在联点期间，民盟常德市委会驻村工作队帮助青龙桥村，通过实施水、电、路、房、网、环境治理“六到农家”工程，村级公共基础设施更加完善，村容村貌焕然一新。在大力发展升级柑橘产业等精准扶贫措施后，全村农民的人均收入从 2014 年的 4000 元增长到 2020 年的 9280 元，村集体收入从 0 元增长至 12 万元。2020 年，该村实现了全村 80 户 217 人建档立卡贫困人口全部脱贫彻底清零，阔步迈上小康之路。

2018 年，民盟常德市委会驻村工作队又来到了安乡县官垱镇护安村。

因地制宜，工作队和村支两委决定引进农作物种植专业合作社对全村进行优质稻种植 850 亩，稻虾养殖 350 亩，并建立“专业大户 + 贫困户”的利益联结机制，以土地流转入股分红、劳务务工等方式，直接惠及全村 106 户贫困户。

2016 年以来，民盟常德市委会共筹集资金 2000 多万元，用于点村公路、水利、电网、通信等基础设施建设，并通过产业扶贫等精准扶贫举措，帮助穷山沟变成了田园山村，帮助穷水沟变成了梦里水乡。

一束“光”播撒希望

2017 年 10 月 30 日，下午两时许，石门县维新镇学校报告厅座无虚席，盟员夫妇、科技专家吴昌云、杨丽慧老师为孩子们上了一堂生动的科技课。

骑不断的跳高杆、奶罐二胡、穿衣提醒机器人、语言交互助残电梯、摩托扎胎运载车……他们用一件件新奇的创新发明启发孩子们如何发现问题、解决问题，激发出他们对科技创新的兴趣和欲望。6 年级的学生覃逸兴奋地说，他从来没听过这么有意思的科技课，原来创新其实不难，创新其实就在我们的身边，只是我们从来不会发现。

当天，学校还特聘吴昌云等盟员为“校外辅导员”。他告诉覃逸，只要他保持兴趣和热爱，“校外辅导员”就会经常到校内辅导。

这是民盟常德市委会开展“烛光行动”送爱心活动的其中一场。

民盟常德市委会主要负责人表示，关注教育是民盟永恒的主题，愿“烛光行动”民盟的助学行动，能够点燃更多的“蜡烛”，用明亮和炽热的烛光去照亮温暖农村的孩子们，帮助他们茁壮成长、梦想成真。

2017 年 10 月 30 日，民盟市委教育扶贫小分队赴石门县维新镇开展“烛光行动”助学活动。

近年来，民盟常德市委会充分发挥民盟文化教育科技的界别特色和资源优势，积极开展形式多样的智力支教助学活动，为他们送去一束束光，撒下一个个希望的种子。

与“烛光行动”稍有不同，民盟常德市委会坚持开展的“名师巡讲”送教育，则是组织盟员学科带头人和骨干教师到基层学校，为基层老师提供教学示范和专业支持，提高农村薄弱学校的教育质量和教学水平，促进城乡教育均衡发展。

另外，民盟常德市委会还开办了“民盟·同心班”，积极争取湖南“一家一”助学就业·同心温暖工程“民盟·同心班”落地常德，在常德淮阳中学开办了四个“民盟·同心班”，资助培养200名品学兼优的贫困学生，两年共资助80万元，产生了强烈的社会反响。

2019年11月7日上午，湖南“一家一”助学就业·同心温暖工程“民盟·同心班”签约仪式在常德淮阳中学举行。

在民盟常德市委会的号召下，更多的盟员爱心涌向社会。

以盟员张国友为例，2018年，张国友为全国《龙鼓宝贝》“爱心节奏教室”公益捐赠行动“龙腾计划”捐赠物资及经费共计222万元。

2018年至今，张国友主动对接常德市文旅广体局，在常德市各个区县（市）招募有意愿的6岁至18岁的学生，免费提供暑期篮球培训，每期700人至1000人，并特意预留250个名额给农村地区的孩子，每年赞助和培训费用120万至300万元。

一棵“枝”系连感情

行程万里，人民至上。

2013 年 9 月，民盟盟员、尤尼泰（湖南）税务师事务所有限公司董事长邓新民带着公司的员工还有几个朋友一起，走访慰问汉寿县月明潭乡的贫困村民。在村子里，他们遇到了一户家境特别困难的村民，一双儿女都患了地中海贫血病，躺在床上，面色肌黄。看到这一幕，所有人心情都非常沉重。于是，大家现场又自发进行了一次捐款，共筹到善款 2000 多元。

这件事给当时参与慰问的人都留下了深刻印象。回来之后，他们先后都加入了邓新民注册成立的慈善组织“新民善行汇”，成为一个慈善义工。

作为一名民盟盟员，邓新民继承并发扬了民盟“发挥优势、突出重点、量力而行、讲求实效、持之以恒”的优良传统，积极投身社会服务活动，多年来捐款捐物总金额已逾百万元。

2021 年 2 月 1 日，盟员爱心企业家邓新民慰问常德市武陵区丹阳街道北堤社区贫困户。

弘扬传统情暖群众，也是每个盟员的光荣使命。

2016 年 12 月 29 日，民盟盟员、博睿智能控制系统有限公司总经理钟发祥在常德市东星家居广场举办慈善义卖会，义卖会现场筹得善款 1.8 万元，钟发祥又主动拿出 1 万元，将总计 2.8 万元现金全部捐赠给了常德市福寿颐康园（万寿老年公寓）。

2017 年，钟发祥在常德市步步高商场前坪又举办了一场慈善义卖活动，现场共筹得善款近 2 万元，并送到了 5 位贫困学子的手里。

民盟盟员、华诚蔬菜专业合作社副理事长舒丽，将蔬菜产业与扶贫帮困深度结合，先后在洲口镇小河等村结对帮扶 85 个贫困户，发展蔬菜 348 亩，帮助人均增收 2700 余元。同时，她还与沧浪等 3 个乡镇 93 户 278 人签订委托帮扶协议。

盟员中，产生了一大批先进典型：盟员李昌雄被民盟中央评为“民盟脱贫攻坚先进个人”，张国友、舒丽、文会军、罗鉴远、贺爱华、鄢隆德等多名盟员被省市扶贫办评为“最美扶贫人物”“百名最佳帮扶干部”。

此外，民盟常德市委会还积极发挥界别优势，送文艺、送书法、送法制、送春联下乡，让一枝一叶紧紧相连。

脱贫已是过往，全面小康已然建成，未来，民盟常德市委会将与中共常德市委同力同心同向，深入落实“三高四新”的战略，加快建设现代化新常德，谱写新时代坚持和发展中国特色社会主义的湖南新篇章。

执笔人：李白

《常德日报社》记者

勠力同心战贫困　助力老区奔小康

——民盟岳阳市委会助力脱贫攻坚纪实

路，一端连着大山，一端连着人心，在脱贫攻坚的路上，岳阳民盟人一直心系平江这块革命热土。

为深入贯彻落实党中央、国务院、省委、省政府和市委、市政府关于扶贫开发工作的重大战略部署，2015 年，民盟岳阳市委会制定了《民盟岳阳市委会精准扶贫三年（2015—2017）实施方案》，成立了扶贫领导小组，并派出一名盟员平江乡镇挂职帮扶。

温暖送到老区人民心坎上

2015 年年底，民盟岳阳市委会深入革命老区平江县长寿镇实施“同心·精准扶贫”工程，主委万岳斌及在平江县长寿镇担任副镇长市委委员方舒，为长寿镇向民盟湖南省委争取了 10 万余元的组级公路建设资金；向新港区和市、县民政局争取了 50 万元的旅游扶持资金。

2016 年 8 月，主委万岳斌带着盟员企业家们，驱车近 3 个小时，抵达梅仙镇，给村民们送来了物资帮扶、精神鼓励以及帮扶思路。他们通过现场办公，向市国土局争取 50 万元的土地整理专项资金，专项用于该镇农田、沟渠整理、道路基础设施建设。同时，大力支持长寿镇抢抓国家开展特色小镇培育机遇，争取申报了 600 万元特色小镇专项资金。

易地扶贫搬迁帮助山沟里的村民走出来了、富起来了。平江板江扶贫搬迁安置项目是万岳斌高度重视的项目，多次实地查看房屋质量、入住情况、公共设施、服务设施、环卫设施和产业项目落地运行情况。“收入来源怎么样?”“房屋质量有无问题?”“生活成本相较搬迁前有何变化?”每到一户，万岳斌都详细了解群众想法和声音。

在短短几年内，民盟市委会主要负责人积极向上争资争项，将项目与资金倾斜到山区贫困乡村，用于土地整理、地质隐患防治、村组公路建设、易地搬迁等，为贫困山区解决了一系列民生问题，有力地推动了贫困地区经济社会发展。

扶贫先扶智

2015 年 11 月，梅仙镇柘庄村的天气已有些寒意，但在柘庄中学里，正发生着温暖的事情，盟市委会在这里举办第一期“爱在冬天，温暖助学”爱心活动，盟市委会向建档立卡贫困户家庭孩子捐赠学习生活费 28000 元，并为柘庄村捐献棉衣棉被 2000 多套、书籍 1000 多册。在现场，爱心盟员陈静琳等与 14 名贫困学子签订了“一对一”《帮扶合同》，承诺将资助这些孩子的学习与生活，一直到孩子完成大学学业，每年最少资助 2000 元。之后的每年，盟市委会就像走亲戚一样看望这群山里的孩子们。

2016 年中秋，民盟市委会筹集 6 万元资金，用于资助 6 名初中生、8 名高中生和 6 名大学生解决学费问题。面对 20 名花朵般灿烂的孩子，万岳斌以长者的身份，用“充满信心、充满勇气、充满毅力”来鼓励、勉励孩子克服暂时的困难，树立远大理想，认真学习，以优异成绩回报社会。

“谢谢你们，你们不仅为我解决了生活、学习上的困难，也深深慰藉了我的心灵，为我们营造了一片温暖的天空，使我更加坚信，世界永远充满爱。”冯晓激动的表达着谢意。

2018 年，“民盟 · 润物同心班”在平江职校开班，资助培养 50 名品学兼优、家庭贫困学生完成两年的学业。此次同心班共进行了 4 次捐赠，累计捐款 20 万元。

利用盟员教育界优势，倡导发动盟员积极开展爱心助学、志愿帮扶和一对一支教等活动，确保了精准扶贫户家庭学生不失学、不辍学。

走出大山看世界

“我们要创造机会，让山区的孩子能够走出大山、走进城市，开阔眼界、增长见识。”

2017 年 8 月 19 日清晨，来自平江县长寿镇的 10 名贫困家庭孩子们早早地来到长寿镇政府，带着期待的眼神与兴奋的心情登上了盟市委安排的专车，踏上了前往省城长沙之旅。孩子们在湖南省科技馆体验“声光体验”“电磁探秘”“运动旋律”“太空科学”“低碳生活”“数字生活”；在长沙市博物馆、规划展示馆、图书馆和音乐厅，触摸历史、展望未来，领略了湖湘历史文化底蕴，体验了现代化图书馆的阅读乐趣；“独立寒秋，湘江北去……”在橘子洲头齐声诵读着毛主席的《沁园春·长沙》。

2018 年，“走出大山看世界”第二期活动的孩子们踏上了前往上海的梦想之旅。“我从没有想过，在这个暑假，我能和我的同学来上海。当我第一次上高铁和第一次吃西餐，甚至是第一次上地铁，我就能感到上海的人山人海和地方之大……”平江县长寿镇小学的刘江涛开心地说。

在上海市科技馆、南京路步行街、外滩、上海交通大学、紫竹高新科技园、钱学森图书馆，这群山那边来的“蓝精灵”他们呼朋引伴环看着机器人跳舞，他们在火箭模型面前一脸认真地听着讲解，他们为看到一架巨型恐龙模型高兴地跳起来，他们排队体验 VR 项目，他们久久凝视夜空下璀璨的东方明珠塔、繁华的外滩，露出灿烂的笑脸……

2019 年，“走出大山看世界”来到了广州、佛山，“飞行员!”“老师!”“翻译官!”“体育教练!”“歌手!”“游戏主播!”“设计师!”“设计师!”……在中山大学里，孩子们用稚嫩的声音分享着各自的梦想。

读万卷书，行万里路。在广东科学中心、益力多工厂、广东工业设计城，这群来自山区的孩子感受了广阔世界，见识了现代工业科技，体验了现代化的都市生活，拓宽了视野、提高了见识、起航了梦想。

几年来，民盟市委会坚持每年举办“走出大山看世界”活动，组织近

200 名孩子们走出大山，走进城市，开阔眼界、增长见识，帮扶大山深处贫困学生完成学业、健康成长，成功地走出了一条智力扶贫的新路子，实现了扶贫先扶“智”和”志”的目标。

执笔人：沈凯
民盟岳阳市委会机关

追光者

——民盟娄底市委会“烛光行动”“明眸工程”实施侧记

天上二十八宿，其中娄星、氐星交相辉映之处，是为娄底，一座名副其实的“星城”。

娄底地处湘中，这是一片人杰地灵、山清水秀的神奇土地。近年来，娄底市响应党中央号召，发起了一场脱贫攻坚的伟大战役。短短几年，敢教日月换新天，3 个贫困县全部摘帽，498 个贫困村全部出列，实现了告别绝对贫困的美好“星愿”。

在攻坚克难的精准扶贫战役中，娄底民盟人也是义不容辞、责无旁贷，举组织之力、尽盟员之能，发挥民盟的智力优势，积极实施“烛光行动”“明眸工程”。“烛光行动”以涟源市斗笠山镇惠民学校为定点学校，坚持开展送教下乡、爱心捐赠、努力均衡城乡教育资源，让大山深处的孩子双眼不再迷离，对未来充满了憧憬。“明眸工程”先后免费开展复明手术近 4 万余例，惠及 5 个县市区和 2 个经开区上 10 万群众，累计减免医疗费用近 2000 万元。

让孩子眼中有光

寒风穿过破窗户，闯入昏暗的教室，摇得课桌嘎吱作响，一旁的藤椅也早已千疮百孔；凹凸不平的操场，除了一张兼做餐桌的水泥乒乓球台，没有任何体育设施；180 多名学生大部分都是留守儿童，见了生人目光呆滞，你与他打招呼，他却直往后退……这是当年涟源市斗笠山镇惠民学校的真实写照。

这个场景深深刺痛了娄底市政协副主席、时任民盟娄底市委会主委邵瑛一行的心。

2010 年 5 月，民盟娄底市委会召开主委会议做出决定：将涟源市斗笠山镇惠民学校确定为民盟娄底市委会“烛光行动”长期定点扶助学校，集娄底民盟之力，努力缩小这所学校与城区学校的差距。从此，邵瑛和她的盟员们成了惠民学校的常客。

记得那是 2011 年 10 月 26 日，邵瑛到学校专题调研师生用餐条件。学校厨房是一间不到 6 平方米的房子，西南角有一个砖砌的灶，灶膛里正在燃烧的柴火熏得人睁不开眼，食堂师傅在烧火蒸饭；东面是一排用木板搭起的简易操作台，北面窗户下用砖头做支架、木板做台面搭了个台子，上面放了个小电磁炉，炉小锅也小，食堂仅能提供几人的菜，无法为学生服务，学生只能自己带菜。饭蒸好了，校长和工友将蒸笼抬到室外的水泥乒乓球台上，100 多个学生蜂拥而至，找到自己的饭碗或杯子，将热饭与早晨从家里带来的、早已冰凉的菜搅和在一块，这就是他们的中餐了。有几个孩子蒸饭用的杯子因破旧漏水，饭只有七八成熟。饿极了的他们也顾不上了，端着碗或站着或蹲着大口吃了起来。老师们说，若碰上雨天，就站在教室走廊上吃。看着他们狼吞虎咽的样子，邵瑛一行人心酸得直掉眼泪。

“条件如此之差，肯定会影响孩子们的身体健康，我们必须马上改造食堂。”邵瑛说干就干。她积极与惠民村村支两委沟通，促成食堂建成；多方筹资，完成了食堂的内部装修；发动盟员企业家潘杰、朱伟等人捐款，购置了电蒸笼、冰箱、餐桌椅。2013 年下学期，一个卫生、敞亮的小食堂诞生了。从此孩子们告别了带菜上学、露天吃饭的历史。

在娄底民盟和各方人士的帮助下，不仅是食堂建成了，惠民学校教室、办公室、教师宿舍供电线路都得到改装，安装了日光灯和风扇；藏书上万册的娄底民盟图书室开馆了；操场修整好了，篮球架、乒乓球台架好了……后来还有了青少年宫、多媒体教室。城里学校有的硬件设施，这个乡村小学校一样也不少，在 2017 年迎接国家、省级两项督导评估考核和义务教育均衡发展检查中获得检查组的高度评价。

因为“烛光行动”，惠民学校的孩子有了很多“远方亲戚”。邵瑛主委是其中最亲的一位。每逢元旦节、“六一”国际儿童节，邵瑛主委会率有关部门负责人和盟员，赴惠民学校，与孩子们一起过节，给孩子们送去校服、体育用品、学习用品等礼物，和孩子们一起做游戏，让孩子们体验到节日的快乐和家人般的温暖。因为去得多了，和孩子们熟络了，孩子们都亲热地称她为“邵妈妈”；长沙矿冶研究院党盟代表团的叔叔阿姨们，无论有多忙，每年都会到学校看看他们一对一支助的孩子，他们说：“这里也有我的孩子，我放不下。”娄底市中心医院、中医医院、眼科医院的盟员专家们，连续 8 年为他们免费体检，讲授健康知识；科协的叔叔阿姨，把科普大篷车开进了校园，让他们看见了一个更加新奇的世界；至于郭国权、曾振华等记者叔叔是最受欢迎的。他们一到学校，孩子们由原来的躲镜头，变成现在的抢镜头。拍摄完后，他们会缠着郭叔叔、曾叔叔看看自己的影像，来一个先睹为快。看着孩子们越来越自信，越来越开朗，“亲戚们”感到由衷的安慰：眼中有光的人，心中一定是充满希望的人；对未来充满希望的人，就是世界上最富有的人。

因为“烛光行动”，惠民学校的老师们也觉得受益匪浅。他们不但享受了民盟娄底市委会提供的免费体检，而且还有更多的培训机会。老师们已不记得娄底民盟派过多少位老师来校上示范课，也记不清经娄底民盟联系，去娄底一中、娄底二小、娄底吉星学校、娄底一中等学校听过多少堂课，但他们清晰地知道，经过多次观摩，反复研习，自身的教学水平在逐步地提高。他们能自信地去参加各种赛课活动了，他们的论文多次在省市两级获奖了。学生们的表现也越来越出色：在学区组织的统考中，名次由垫底逐步上升到前 5 名；2016—2018 年惠民学校连续三届在斗笠山镇中小学运动会上获得团体第一名，为市级运动会输送了邵涛、邵富源两名优秀运动员；在镇中心学校组织的“六一”文艺会演中，多次荣获一等奖。这样的成绩在从前那可是想都不敢想的事。

当惠民小学成为方圆百里的名校时，2021 年 9 月，娄底民盟又在双峰县杏子铺镇大兴学校挂上了“烛光学校定点学校”的牌子。相信不久的将来，这个学校及学校的孩子也会有更多的改变。

让我成为你的眼

黑夜给了我黑色的眼睛，我却用它来寻找光明。

曾几何时，在我国中西部地区，有上百万贫困群体患白内障未能得到及时治疗而致盲，只能在黑暗中摸索。

2009 年，由民盟中央牵头，旨在帮助贫困白内障患者免费实施复明手术，解决贫困人口白内障致盲问题的“明眸工程”项目在全国推行。

2012 年，在民盟省委会的帮助下和民盟娄底市委会的努力下，“明眸工程”项目正式落户由盟员廖华创办的娄底眼科医院（2014 年更名为娄底爱尔眼科医院）。从此，以廖华为代表的民盟娄底眼科医院支部一班人，挑起了奉献爱心、输送光明的重担，让上万贫困白内障患者得以重见光明。

记得那是 2015 年 6 月 21 日，恢复光明的许田芳大爷感激地把一面印有“慈心免费治双眼，妙手回春济百姓”的锦旗送到娄底爱尔眼科医院。他说：“做梦都想不到，我一个黄土要埋脑壳的人，还可以瞎子变光子。感谢共产党，感谢人民政府，感谢娄底爱尔眼科医院！眼科医院的医生比自家屋里人还亲啊！”

回想起当初医生接他到医院治疗的情景，许大爷脸上写满了感激之情。82 岁的他，住在双峰县锁石镇壕口村，10 多年前视力开始下降，慢慢看不清东西了，眼前只有雾茫茫一片。屋漏偏逢连夜雨。许老又因眼盲行动不便，不小心摔成骨折，以至于只能躺床上，生活起居都离不开家人的照应。看不见、走不动的生活，让老人感觉十分绝望，他常常哀叹：“这日子难过哦，不如死了算了。唉，现在是找根绳子，走到河里去都做不到哩，只能等死。”

得知这一情况，廖华特意安排了专车，把许大爷接到医院检查。车到医院已是中午。老人一入医院，值班护士立刻放下饭碗，陪同他做完了查视力、测眼压等检查，待到办理好入院手续，已经是下午 4 点。护士告诉老人家，第二天就安排手术，而且是廖华院长亲自主刀。老人家心里嘀咕着：80 几岁哩，还治得好？反正是个瞎子，也不要我出钱，那死马当作活马医吧!

手术后的第二天，廖院长带队查房，亲自为许老揭开纱布。纱布揭开的那一瞬间，许大爷激动得大喊：“我看得见了！我看得见了!”他抓住廖华院长的手，连声说：“谢谢，谢谢！八十几岁的瞎子又可以看世界了，你是神医呢!”看着重见光明的许大爷，兴奋得像个孩子，廖华及医务人员们笑了。

不少在娄底眼科医院做完白内障手术的康复患者，自动成了“明眸工程”的“宣传员”。许田芳大爷也不例外，回到家乡后，告诉同村人：有白内障就赶紧去娄底爱尔眼科医院做手术，国家政策好，不用自己掏腰包就能把手术做了。在他的宣传下，村里的老年人开始了解“明眸工程”，一些原本不相信“天上会掉馅饼”的人也打消了心头的顾虑，来到娄底爱尔眼科医院完成了手术。

廖华常常对医护人员说，老百姓的口碑就是“明眸工程”最好的宣传，也是对我们医院最大的肯定，这么好的惠民工程，我们一定要全力以赴，把好事做好，实事办好。廖华及其团队就是这样用实际行动，传承民盟“做实事、做好事”的优良传统。

这些年来，“明眸工程”足迹遍及娄底5个县市区和2个经开区，对全市农村白内障等主要致盲眼病，进行全面免费普查、登记入册，开展眼科知识普及和送医送药活动，每年行程不下10万公里，每年免费开展复明手术3000余例，手术成功率为99.8%，其中年龄最大的患者达103岁，累计服务群众逾10万人，累计减免医疗费用近2000万元。

娄底民盟大力实施“明眸工程”，赢得了社会各界广泛赞誉，还得到了著名慈善家彭立珊先生家族的大力支持，如今娄底爱尔眼科医院也是“立珊光明行”的定点实施医院。2017年8月，娄底爱尔眼科医院“明眸工程”获评湖南省级“同心项目”，娄底市仅有两家单位获此殊荣。

如果说“烛光行动”是给贫困地区的孩子带来希望，那么“明眸工程”则是给贫困地区的患者送去光明。两者都是把爱心和光明送到社会的最底层，送给最需要帮助的弱势群体。

10年来的3000多个日子，娄底民盟支持农村义务教育的烛光一直熠熠生辉。烛光虽小，但点亮的是孩子们心中的灯，拨开的是孩子们眼前的迷雾，照亮的是孩子们前行的道路。

10 年来的 3000 多个日子，娄底民盟实施的“明眸工程”一直坚持不懈，让数万贫困患者重见光明，让众多的家庭重新点燃了对生活和未来的希望。

执笔人：王红贵

民盟娄底市委会专职副主委

让民主监督在脱贫攻坚中发挥实效

——民盟张家界市委会脱贫攻坚民主监督纪实

党中央吹响脱贫攻坚的号角后，民盟张家界市委会迅速行动起来。在民盟湖南省委会的正确指导和市委统战部的大力支持下，针对桑植县开展脱贫攻坚民主监督工作，既取得了优异的成绩，又积累了丰富的实践经验。

周密有力

2016年11月，中共张家界市委统战部、市人民政府扶贫办公室联合下发的《关于支持各民主党派市委开展脱贫攻坚民主监督工作的实施方案》的通知，明确了5个党派分别对口4个区县开展脱贫攻坚民主监督工作任务。民盟张家界市委会高度重视脱贫攻坚民主监督工作，经主委扩大会议研究，制定了《民盟市委开展脱贫攻坚民主监督工作的实施方案》，成立了脱贫攻坚民主监督工作领导小组，由主委任组长，副主委任副组长，市委委员、各部负责人及支部主委任成员。明确了脱贫攻坚民主监督的内容、形式、方法和措施，制定了工作原则，建立了工作机制，对国家级贫困县——桑植县开展脱贫攻坚民主监督工作，通过人员培训、实地考察、入户走访、调查问卷、座谈会等方式，集中各方意见和建议，全面开展脱贫攻坚民主监督工作。

民盟张家界市委会明确脱贫攻坚民主监督的工作内容和重点，将桑植县脱贫攻坚过程中的重大政策措施执行情况、精准识贫工作情况、结对帮扶和驻村帮扶工作情况、行业扶贫工作情况、扶贫队伍建设情况、落实脱贫攻坚责任制情况、扶贫资金项目管理使用情况以及贫困县摘帽情况等情况作为实施民主监督的主要内容。

2017 年上半年，民盟专题民主监督小组先后调查走访了刘家坪、廖家村、龙潭坪、八大公山、利福塔、空壳树、凉水口等 10 多个乡镇，共计 40 个村 262 户贫困户，其中未脱贫户 130 户，已脱贫户 132 户。半年间共召开 10 余次县、乡镇、村组干部和贫困村民座谈会，深入了解贫困家庭情况、贫困户建档立卡情况、该退出程序的规范合理情况以及退出后的帮扶政策等情况，着重了解脱贫户退出的规范性、脱贫不脱钩政策的执行情况及未脱贫户对帮扶责任人工作的满意程度和急需解决的困难等情况，深入开展脱贫攻坚民主监督工作，针对桑植县脱贫攻坚的有关难点和问题，最终形成《桑植县脱贫攻坚退出环节民主监督调查报告》，涉及加大国家扶贫政策的宣传力度，产业帮扶要落到实处，要大力提高帮扶责任人的自身素质，建档立卡工作应从下而上进行，整合帮扶后盾单位力量，推动发展乡村特色产业。报告得到桑植县委县政府的高度重视和肯定。

实用实效

2018 年，根据中共市委、市政府的要求和民盟湖南省委会、市委统战部的安排部署，民盟张家界市委会继续开展对桑植脱贫攻坚的民主监督工作，主要有以下几个做法。

1. 制订工作方案，确保监督有序开展。

针对国家级贫困县桑植县的具体情况，民盟张家界市委会成立桑植县脱贫攻坚民主监督工作领导小组，由主委任组长，4 名副主委任副组长，市委委员为成员，抽选参政议政能力强的 20 名盟员参加，制定了工作方案，明确了指导思想、工作思路、监督重点和措施保障等。

2. 组织培训学习，确保监督有的放矢。

2018 年 4 月，民盟张家界市委会组织 20 多名盟员进行业务培训，重点就精准扶贫、精准脱贫政策进行学习。同年 5 月，部分工作组成员参加市住建局组织的精准扶贫业务培训班学习。通过培训学习，工作组成员进一步熟悉、掌握相关的脱贫攻坚政策法规，为履行民主监督职能、提高监督工作质量打下良好的理论基础。

3. 完善工作机制，确保监督规范有效。

重点建立三项制度：进村入户调查碰头会制度，每个小组调查完毕后，都及时召开碰头会，交流调查发现的问题，讨论形成调查意见；信息反馈制度，将调查发现的问题及建议，及时反馈给相关乡镇、村，便于工作的改进；建立台账制度，每次监督工作结束后，每个工作组都要及时填写工作台账，将相关工作内容归档备查。

4. 扎实调查研究，确保监督落实落地。

在民主监督过程中，我们采用问卷调查、召开座谈会、定点与随机抽查相结合、查阅文档资料、入户询问等多种方式开展民主监督，确保监督以问题为导向，不走过场、不搞形式，将监督工作落在实处。

当年，民盟对桑植开展脱贫攻坚民主监督工作，通过查阅文档资料、入户询问、现场考察、问卷调查、召开座谈会等方式，先后对芙蓉桥、廖家村、龙潭坪、八大公山等共计 10 多个村 107 户贫困户，其中未脱贫户 75 户，已脱贫户 32 户；召开 8 次座谈会、发放调查问卷 107 份，最终形成《脱贫攻坚路上党旗永飘扬——桑植县脱贫攻坚民主监督工作调研报告》。

该报告既指出桑植县脱贫攻坚工作的不足，又给出了积极的建议。

1. 建议调整村级班子，重新搭建好村级班子。

充分发挥村支部书记“领头羊”作用，当好脱贫攻坚“领路人”，发挥村级党组织的战斗堡垒和先锋模范“两个”作用，筑牢脱贫攻坚“桥头堡”，将党建“主业”与脱贫“主责”有机统一，带动更多的群众在脱贫攻坚主战场上大显身手，发挥锋示范引领的作用。

2. 加快基础设施建设，特别是产业路的建设。

产业是脱贫的根本，产业的发展壮大是脱贫的核心。对于乡村产业发展要给予重点支持和倾斜，助力脱贫攻坚；必须培育壮大特色产业，聚焦脱贫攻坚“核心点”。只有按照“以短养长、长短结合、多产联动”的思路，主动对接市场，发挥资源优势，推动适宜本地实际的各种产业项目的发展，才能助推农业增效、确保农民持续增收，脱贫才能稳固脱贫、持续脱贫。

3. 积极宣传扶贫政策，做到走访不漏户。

扶贫政策逐一讲，让扶贫政策家喻户晓，惠农政策兑现到位；积极整合资源，组织协调职能部门开展小额信贷、危房改造、民政救助、贫困学生资助、健康检查等，确保惠农政策落实到位，帮扶措施落实到位。

久久为功

为助力桑植县打赢脱贫攻坚战、顺利实现2019年脱贫摘帽这一目标任务，民盟张家界市委会对桑植县脱贫攻坚民主监督不松懈，坚持久久为功。

在民主监督中，市委会发现扶贫产业稳固发展问题是该县脱贫攻坚的短板，便聚焦这一问题开展民主监督。市委会先后多次深入桑植县上洞街、八大公山、马合口、桥子湾、洪家关等乡镇开展监督，通过现场走访、与农户座谈和产业发展比对分析等，对桑植县扶贫产业发展情况有了较为全面深入的了解，在充分监督调研基础上撰写了《扶贫产业稳固发展的生动实践——桑植芙蓉桥乡合群村的经验和启示》，就如何稳固发展农村扶贫产业提出了具体的意见建议，被桑植县委县政府采纳，付诸实施。

在民主监督的同时，民盟张家界市委会积极参与精准扶贫。他们多次深入桑植县合群村结对扶贫户开展走访慰问、宣传扶贫政策、帮助解决具体问题，为3个对接户送去物资和现金折合6000元，为村里捐助帮扶资金1万元。盟员杨雄为阳湖坪村民免费发放价值近1.8万元的米粉、酱油、食用油和糯米等生活物资。慈利支部组织师资先后深入二坊坪、许家坊等7个乡镇，开展焊工、维修电工等12期实用技术培训班，700余名贫困劳动力受益，部分人员实现转移就业。

2019年上半年，民盟张家界市委会深入伞家湾村了解产业发展、文化建设等情况，督促村里发展165亩莓茶种植基地，收入6万元左右。为支持新农村建设、乡村振兴战略实施贡献力量。

这一年，民盟张家界市委会对桑植县脱贫攻坚民主监督工作的建议，涉及4个方面，为该县脱贫摘帽，巩固扶贫成绩，发挥了积极可鉴的作用。

第一，必须尊重市场经济规律。要以市场需求为导向，认真研究现代消费者心理和消费行为，培育和建立稳固的消费市场；要因地制宜，突出利用地域资源优势和现代农业科学技术，培育人无我有、人有我优的特色农产品；要将村民组织起来，资源整合起来，探索走集约化、规模化、品牌化现代农业产业经营发展之路。

第二，必须大力发挥党的基层组织对扶贫产业发展的引领作用。认真研究总结合群村经验，着力培育一批一心为公，有能力、有担当、有强烈市场经济意识的村支部书记，通过党支部的坚强领导，积极、主动谋划和引领扶贫产业走上可持续发展道路。

第三，必须探索创新村级主干管理体制机制。建立优秀农村基层干部关怀制度和工资待遇激励机制，让他们觉得工作有奔头、事业有前头，并由此形成强大的工作活力和工作动力，必要时，村级干部的工作待遇可以考虑与绩效挂钩，并从制度上予以保障。

第四，必须建立和完善村级财务管理制度。加强对村级财务公开透明管理，让村干部清清白白做事，老百姓明明白白看到他们的真心和付出，焕发出一股强大的向心力，我们的农村才会真正富起来、美起来。

让民主监督拓展脱贫攻坚的内涵外延

2020 年是脱贫攻坚、全面建成小康社会、“十三五”规划收官之年，民盟张家界市委会动员全市盟员力量，以更大决心、更强力度推进脱贫攻坚，让民主监督拓展脱贫攻坚的内涵外延，确保取得最后的胜利。其主要做法是：

民主监督有深度。民盟张家界市委会成立调研组，先后深入桑植县空壳树、竹叶坪、凉水口等 6 个乡进行实地调研，通过入户走访、座谈等方式，充分了解、深入分析村支两委班子的建设及管理情况，最终结题形成《关于桑植县贫困村级干部队伍建设的调研报告》，报告中的意见和建议被桑植县委县政府采纳，付诸实施。

民盟张家界市委会多次深入桑植县芙蓉桥乡合群村开展脱贫攻坚“四个一”活动，与结对户同吃同住同劳动，走“亲戚”，叙家常，共商生产致富之计。

助力脱贫有力度。民盟张家界市委会为2019级“民盟远航·同心班”筹集资金10万元，受资助的50名贫困学生，都取得了骄人的成绩。在桑植县、慈利县两地的扶贫村开展“以购代扶”“消费扶贫”等爱心活动，2020年，盟员自发献出爱心消费扶贫达5万余元。

这一年，民盟张家界市委会对桑植县脱贫攻坚民主监督工作的建议，为该县巩固脱贫攻坚成绩，服务乡村振兴工作，得到了桑植县委政府的高度重视。

大力推进基层干部职业化，拓展晋升渠道。积极推行党组织书记、村（居）主任、村集体经济法人“三位一体”的做法，实现村（居）主职干部职业化。大幅提高村干部的待遇，为村干部提供稳定的工作报酬，解决好“后顾之忧”，实现报酬待遇“栓心留人”。拓宽从村干部队伍中招考机关事业单位人员的覆盖面并提高招录比例，让所有村级干部都能享受公平晋升的机会。提高村级干部政治上的“含金量”和岗位吸引力，解决一些优秀人才在经济、政治待遇上的顾虑，有效打破行业、地域界限，在农村大学生村官、返乡创业农民工、复退军人等群体中广聚良才，增加后备干部储备，及时掌握优秀人才信息，发展壮大村级后备干部队伍。

着力培育村级集体经济，激发干部活力。发展壮大村级集体经济，是巩固农村集体所有制、促进现代农业发展、实现农民共同富裕的有效途径，也是完善乡村治理机制、提升村干部待遇、激发工作热情的有力措施。摸清“家底子”，在驻村工作队的协助下对各村集体经济发展现状、环境条件、资源禀赋、独特优势、需要解决的问题等进行摸底，初步形成适合本村集体经济发展的思路。找准“突破口”，按照“一村一策”的要求，围绕“定一个好规划、找一条好路子、造富一方群众”的发展思路，因村制宜、精准施策，找准村集体经济发展的突破口，制定村集体经济发展的长期规划，脚踏实地，久久为功，把村集体经济发展好。选好“领头人”，发展村级集体经济，关键是要有一个好班长，特别是要选优配强带头人，要选择愿奉献、懂技术、会经营的能人作为领头人，带领村民共同发展，壮大村集体经济。打好“市场牌”，要解放思想，利用各种平台实施新型集体经济提升行动，如改变经营方式，多村联合抱团发展；拓宽销售渠道，充分利用后盾单位、电商、网络直播带货等形式为村集体经济打开市场，确保集体经济健康持续发展。

加强干部系统化培训，提升干部综合能力。为了解决村级干部综合素质偏低、缺乏解决问题的相关能力，村级干部的培训应注重系统化，多方面发展，大力提高村级干部的综合素质。一是加强政治理论培训，提升村级干部的思想意识和政治素养，对政策的解读能力，用知识武装头脑，减少工作中的盲目性和不确定性；二是加强先进适用的致富技能培训，村级干部作为群众致富的带头人和村集体经济的经营骨干，他们自身要懂技术、会经营，应加强他们在农业、贸易等技术方面的培训，提高他们带领广大农民群众发展经济共同富裕的能力；三是把发展村集体经济纳入培训内容，通过集中培训、相互观摩、外出考察等方式，不断提高村“两委”干部适应市场、发展集体经济的能力。

四年来，民盟张家界市委会精心选择调研题目，从客观实际情况出发，运用大量翔实的材料，全面分析工作推进情况，最终形成了《认真开展脱贫攻坚民主监督工作，助力打赢市委市政府打赢脱贫攻坚战》《脱贫攻坚路上党旗永飘扬——桑植县脱贫攻坚民主监督工作调研报告》《扶贫产业稳固发展的生动实践——桑植芙蓉桥乡合群村的经验和启示》《关于桑植县贫困村村级干部队伍建设的调研报告》4 篇高质量、有分量的调研成果。

民盟张家界市委会的民主监督意见、建议得到了桑植县委、县政府的高度重视，促使调研成果从理论向实践转化，实现了价值最大化。

调研报告着重就桑植县脱贫攻坚工作中存在的“村级班子软、弱、散，产业和村集体经济发展难，村级基础设施建设进度缓慢”等问题和不足给出了意见建议，桑植县人民政府立即部署开展整改工作，制定了“三项举措”夯实党建工作基础，“七大抓手”破解产业发展难题，“五力齐发”加快农村基础设施建设，“五措并举”提升群众满意度，助推了脱贫攻坚工作进一步做深做实。

调研报告提出的村级集体经济收入“必须尊重市场经济规律、必须大力发挥党的基层组织对扶贫产业发展的引领作用”等四点建议，受到桑植县人民政府高度重视，对每条建议提出了相应举措。

调研报告对桑植县村级干部队伍建设提出了“大力推进基层干部职业化，拓展晋升渠道；着力培育村级集体经济，激发干部活力；加强干部系统化培训，提升干部综合能力”三条对策建议，桑植县全部采纳，县委组织部就相关执行情况进行了回复。

民盟张家界市委会在进行民主监督的同时，积极做好精准扶贫联系村——桑植县芙蓉桥乡合群村的定点监督，总计投入帮扶资金和物资近30万元；结合全市精准扶贫“秋季攻坚行动”，与市住建局等单位开展“秋季攻坚”行动督查调研；积极参加合群村的农耕文化节，选送歌舞节目《共圆中国梦》；多次开展助力脱贫攻坚义诊活动，提供健康咨询400多人，发放宣传资料500多份。

2021年，民盟张家界市委会扶贫村——桑植县芙蓉桥乡合群村荣获“全国脱贫攻坚先进集体”。

民盟张家界市委会　供稿

中心村脱贫记

“一垄垄青青茶园美如画，一家家猪圈生猪闹翻天。一条条水泥路闪花眼，一个个贫困户笑开颜……”

夏至刚过，笔者来到保靖县水田河镇中心村，在一首首鲜活的童谣中感受到一幅幅欣欣向荣的脱贫画卷。

“工作队来了之后，我们村真的是大变样了!”7月9日，中心村支书向洪军向笔者一个劲地夸赞民盟湘西州委牵头的驻村扶贫工作队。

完善基础设施

中心村辖16个村民小组，13个自然寨，475户2084人，其中建档立卡贫困户177户700人。2014年，全村人均可支配收入仅为2180元。当时村里的情况是“三无三多三差”，即“无村部办公场所、无村民活动场所、无环境治理安排；垃圾多、泥泞多、问题多；道路差、水质差、通信差”。

村民谭碧卫感受颇深。作为村里的一个养鸡好手，前些年，由于道路不通、资金短缺等条件限制，他的绿壳蛋鸡一直都是自给自足式的养殖，他的贫困状态也如日出日落一样恒定。

“要想富，先修路”。2015年3月，民盟湘西州委进驻该村，看到村里的现状，他们所做的第一件“大事”就是修路。

经多方调研，该工作队积极争取保靖县委、政府及社会各界的大力支持，整修和硬化了该村通村公路3公里，村间道3000余米，新建了机耕道3000余米、防洪水渠800余米。以不到三年的时间结束了该村村民的出行困难。

“2015年，我们村的5、6、7等组村民赶场都是靠走路，最远的要走两三个小时。工作队帮我们修路之后，大家赶场走路最慢也只要 1 个多小时就到了，好方便!”向洪军感慨道。

在修好道路的同时，该工作队还为中心村新建了村部办公楼，改建了村民活动场所，配套修建了村部文化广场、文化长廊、篮球场、羽毛球场、健身步道，实施了绿化、亮化、河堤美化、公厕建设；投资 150 余万元，帮助村小学修建了标准跑道、标准球场和宿舍厕所改造；投资 40.5 万元，完成危房改造 40 户……工作队还解决了该村通信难题。

“马上就挂到网上、发到微信群里，这么好的绿色有机农产品很受城里人欢迎。”前不久，湘西州人大常委会副主任、民盟湘西州委主委刘小刚来到该村，他一边把谭碧卫没卖掉的 2000 多个鸡蛋往车上搬，一边在手机上用 4G 网络联网进行销售。

这是刘小刚第 33 次来到村里，两年前他第一次来时，村里连打电话都没有信号，而现在，工作队为该村新增的基站，让全村和周边村寨的移动通信 4G 信号达到了全覆盖。

刘小刚说，新宽带除了给农民带来新体验，更创新了销售模式，改变了坐等上门收购等传统做法，有效化解了市场风险。

发展当家产业

为鼓励村民自我“造血”和自主脱贫积极性，工作队在全村实行鸡苗、鸭苗、猪崽儿、稻花苗家家送。保靖县副县长葛晓红介绍，仅 2016 年，工作队就免费为全村村民发放猪崽儿 400 余头、鸡苗 7000 余羽、鸭苗 2000 余羽、稻花苗 4000 余尾，基本实现了全村户户有产业，人人有增收。

据初步统计，2016 年该村传统产业产值即达 160 万元左右，户均增收 4000 元。100% 家庭参与了至少一项产业扶贫项目，80% 以上村民参加了至少一项脱贫技能培训。

2015 年以来，该村先后新扩村集体黄金茶茶园 40 亩，新建标准化黄金茶产业示范园区 200 余亩，成为水田河镇最大的黄金茶主产区。全村农业专业合作社从 1 家发展到 7 家，并构建了产销一体化平台。在合作社带动下，2016 年，全村生猪养殖户发展到 400 余户，全村存栏生猪从 2014

年的100头增加到600余头。黄牛养殖户16户，山羊养殖大户9户，竹鼠养殖17户，野猪养殖户1户。

“竹鼠、黑猪不仅经济价值较高，而且市场需求大，现在成了中心村的特色产业。”水田河镇副镇长田景成介绍，2016年，中心村产业收入达到350余万元，同比增长30%以上。

同时，大力扶持致富能手。养鸡好手谭碧卫去年领取的1000多羽鸡苗中，如今有800多只母鸡开始产蛋。他掰着手指算了一笔账：“一天产300多个蛋，每个1元，刨去成本，平均月纯收入4000多元。”

向元焦，曾经是贫困户，如今已是中心村“小洞冲竹鼠养殖产业合作社”的向老板。1500多只肥头大耳的竹鼠在他的养殖栏舍里活蹦乱跳。他的合作社今年预计纯收入可达到20万元。

向元焦回忆，2015年，工作队组织村民到花垣县“长乐竹鼠养殖场”参观，现场学习经验，回村后就给他免费提供了40对竹鼠进行养殖。由于技术不过关，没多久竹鼠就死了一半。

但是工作队没有放弃他，也没有放弃村里任何一个敢闯敢做的人，而是多次举办技术培训，筑牢夯实大家的致富技术。先后举办竹鼠技能培训班8期、外出参观学习3次、专家现场指导60余次；黄金茶技术培训班3期、专家现场指导12次；山羊、生猪养殖培训班2期、专家现场指导8次；稻花鱼养殖培训班2期、专家现场指导4次；农民创业技能培训班1期……一系列培训向元焦一次都没落下。如今，他的竹鼠养殖成活率从原来不足20%提高到了90%。

在工作队的大力扶持下，向元焦成了“向老板”，村民向洪军成立了“湘之岩黄牛养殖专业合作社”、徐相珍成立了“老苗茶叶产销专业合作社”、向岸林在网上自发学起了养蛇……一大波致富能手激起了该村村民的脱贫信心，激荡了村民致富的一池春水。

壮大集体经济

“平均海拔500米、人均耕地不足5分，空心村趋势越来越严峻……”这是工作队进驻该村之初面对的脱贫重任。这样一个村寨，到底能靠什么脱贫？这是工作队一直在思考的问题。

“唯有壮大村集体经济，才能把村民致富覆盖率撒得更广。”在工作队的努力下，中心村集体经济迅速发展壮大。2016 年，门面和养殖栏舍租金、专业合作社利润留成、40 亩茶园基地经营收益，这三大块收入让中心村村集体经济达到了 4.65 万元，成功达到了村级集体经济收入省定目标。

“中心村集体经济为零局面的破解也就是精准扶贫这两年的事。”田景成介绍，目前，向元焦的 3 栋 20 间竹鼠养殖栏舍租金、40 亩茶园基地经营收益、竹鼠及黄牛养殖等合作社的 30% 利润留成都属于村集体所有；而光伏发电、同心乡村建设和电商开发三个项目已于 2017 年规划实施，项目落成后，中心村集体经济总收入可望达到 10 万元。

在工作队的帮扶下，中心村 2015 年人均可支配收入达到 4230 元，建档立卡户脱贫 146 人，脱贫率 21%；2016 年人均可支配收入超过 7430 元，该村也成为该县 2016 年 29 个贫困退出村之一，贫困户实现了应脱全脱、稳定脱贫。

如今，每到农闲时候，村里组建的文化表演队、苗鼓队、器乐队就会开展巡演，大家穿着民族服装载歌载舞，好热闹。此外，篮球赛、苗歌会、传统挑葱会及驻村单位与村民同台联欢等活动也次第登场，村民精神状态变了，脱贫志气强了。

执笔人：张小兵　彭　磊　田景成

种下“甜蜜果”　筑起“幸福巢”

——民盟株洲市委会助力脱贫攻坚纪实

7月下旬，位于湖南东南部的炎陵县便开始车水马龙，城乡处处涌动黄桃销售的热潮。天不亮，下村乡农户黎华林，便在自家桃园里，将箩筐一字排开，把一颗颗黄桃从树上新鲜摘下，然后，一车车果品销往全国各地。

几年前，对眼下这般幸福光景，黎华林想都不敢想。“这五六年，如果没有民盟株洲市委会的帮扶，我不会从‘贫困户’‘上访户’变成人们口中的致富‘带头人’！”黎华林激动地说。

脱贫攻坚是中国共产党带领人民群众向深度贫困地区发起的攻坚战。民主党派如何做好扶贫大文章助力脱贫攻坚？民盟株洲市委会交出的答卷是：充分发挥自身优势，将脱贫攻坚与履行参政党职能相结合，盟员与干部群众同甘苦、共奋斗，在助力脱贫攻坚的生动实践中彰显新作为，为全面建成小康社会、建设富饶美丽幸福新湖南助力添彩。

一幅宜居幸福的乡村图景

每个季节都有自己独特的味道。对于如今的黎华林来说，夏末的味道肯定是“甜”。

多年前一场意外，黎华林的妻子和大儿子不幸离世。此后，他成为出了名的“上访户”。四处上访，不干活挣钱，家里一贫如洗。2014年，黎华林成了民盟株洲市委帮扶对象。

怎么帮？炎陵县是华南地区最大的黄桃产区，种植黄桃似乎是黎华林脱贫致富的最佳选择。于是，村里细心人会发现，与民盟株洲市委“结对”后，有农业专家主动上门，悉心教黎华林多种种植技术。果熟时，还有人开来货车，帮他销售黄桃……随着种植技术的提高，产量高了，味道好了，黎华林的果子也受到更多人的喜爱。

黎华林还有一个小儿子，经民盟株洲市委多方协调，让其去长沙学习做电商微商。如今，黎华林小儿子也回到家乡，从打工仔变成电商小老板，孙女也不再是留守儿童。黎华林说，除了传统“线下”销售，他们还在积极拓宽“线上”销售渠道，接到订单，再去采摘，确保将最新鲜的黄桃送到顾客手中，“订单稳定，销路不愁”。

扶贫先扶志，志智要双扶。

在给予困难帮扶时，民盟株洲市委会十分注重心理帮扶。盟员心理咨询师经常电话、微信，面对面给予黎华林全家人心理疏导，抚慰他失去亲人的伤痛，助小儿子找回安全感和树立自信心，鼓励他们去寻找自己的价值，追求自己的理想。

是啊！帮扶者和贫困户结成帮扶对子，就在他们拉手的一刻，两者便融合成一个动词：脱贫。

黎华林所在的下乡村，原来叫坪坑村，是全国的贫困村。通过民盟株洲市委多方努力及后盾单位的支持，仅两年时间，就为该村争取到账扶贫资金200余万元。

实施公路路面硬化工程7.3公里，完成道路扩建2.6公里，改善了该村850人饮水条件，安装太阳能路灯55盏，建立垃圾池207个，帮助扶持高山蔬菜、高山水果种植基地各一个，修建停车场一个，结对帮扶10户产业示范户和贫困户，成立了爱心超市，捐赠衣物3000余件，走访慰问困难家庭120户，送去慰问品及资金15万余元……这一串串数字，凝结了民盟株洲市委会和干部群众的奋斗，也让一张张幸福的笑脸洋溢在贫困户脸上。

一盏烛光守护的阳光成长

让贫困地区的孩子们接受良好教育，是扶贫开发的重要任务，也是阻断贫困代际传递的重要途径。民盟株洲市委就把目光瞄向了精准扶贫中不可或缺的重要一环：留守儿童心理健康教育。

2016年11月24日至27日，民盟株洲市委会“盟心”心理志愿服务团队驱车250多公里，赶到炎陵水口镇中心学校开展首场“知心屋”公益心理健康进校园活动。一晃6年，无论严寒酷暑，心理志愿服务团队每个月都会往返炎陵开展“烛光行动”。这些年来，20多名心理咨询师以炎陵县水口镇中心小学为重点，对学生尤其是留守儿童进行心理健康辅导；对全县的心理健康教师采取团体辅导、个体咨询、讲座和磨课等方式进行培训。该项目也评为湖南省农村留守儿童心理健康中心项目先进单位。

花草随风摇曳，茂密的树林顺着山势蜿蜒。10月21日，“盟心”心理志愿服务团队再次来到炎陵霞阳中学、炎陵中学和水口中学，开展为期三天的心理健康辅导培训活动。特别的是，随心理志愿服务团队来到炎陵的，还有从省内各地赶来的16名爱心企业家。在学校老师的带领下，大家走访了留守儿童、离异家庭儿童、父母双亡儿童或被领养儿童，给孩子们带去了衣服、鞋子、文具等用品，鼓励他们克服眼前暂时的困难，努力学习。

民盟株洲市委会社会服务科负责人说，在每学期开学、寒暑假、“六一”儿童节时，“盟心”心理志愿服务团队都会给参加团辅的每位同学带去礼物。这些年，共资助贫困留守儿童65人次，每年1000元。

“农村教师队伍中急需专业的心理咨询师。”“盟心”心理志愿服务团队负责人说，由于教育资源失衡，农村教师中具备心理咨询资质的人很少，如果在学生有心理问题时，学校有心理咨询老师及时疏导，对于留守儿童是受益匪浅的，甚至影响到他们的一生。如今，在“盟心”心理志愿服务团队帮助下，炎陵水口镇学校开设了心理健康教学课程，定制了“青春期”“关爱留守”等主题教育活动月，培训的老师也发展到54人。

当我们用自己的爱心去温暖另一个生命，不让暂时处于困境的生命在无助中消沉，而能让即将枯萎的花朵绽放。

以心理咨询为切入点，以树立正确人生观为落脚点，以困难帮扶为辅助点，多年来，“盟心”心理志愿服务团队还深入株洲市强制隔离戒毒所、网岭农场、农村等组织开展了近100次“黄丝带”帮教活动。走访特困学员家庭后，心理志愿服务团队以“一对一”帮扶方式资助了22位强戒学员小孩上学。

一次全员参与的齐心会战

“江山就是人民，人民就是江山”，对人民“牵挂”是攻克贫困堡垒的动力保障。

在民盟湖南省委会的示范带动下，民盟株洲市委会不断更新工作理念，创新工作思路，呈现精准扶贫新亮点，做好脱贫攻坚与社会服务相结合的文章。

株洲民盟爱心助考活动坚持12年了，屡获株洲市“爱心助考先进单位”称号。从最初单一的开车接送，已发展为爱心接送、交通让行、考前减压、心理健康讲座、个案咨询、网络平台推送《助力中高考》等多项服务于一体的综合性的公益行动。今年高考期间，就有45位爱心盟员司机以不同的方式参与到爱心助考活动中。

2021年2月4日，“大爱株洲・为特困群众送年货”大型公益活动启动仪式举行。2021年是民盟市委会参与送年货的第9年，这次为51户特困户送去了米、面和油等礼品和300元现金，在春节前夕，送上了民盟市委会的问候和温暖。87岁的老人胡齐春开心地说：“你们能来看望我们这些老年人，关心我们的生活，非常让人感动”。

抗疫脱贫一起上。新冠肺炎疫情暴发后，盟市委会第一时间号召盟员捐款、捐物15万余元，将防护服、口罩、酒精等抗疫期间缺少的物资送到渌口区第一人民医院、区卫计局、社区、乡村等单位。同时，开设抗疫心理援助热线，为处于疫情不同层面的大众提供心理服务，包括提供心理支持、情绪疏导、情感支持、危机干预，促进求助者情绪稳定，维护心理健康。热线共服务近万人次。

玉树地震、雅安地震、茶陵水灾、凤凰水灾等自然灾害频频发生，民盟株洲市委会总会在第一时间组织盟员投身到抗震救灾行列，共计募集善款30余万元，棉被等床上用品300套，衣物5000余件。

民盟株洲市委会聚集盟内全力，精准发力，由点到面取得扶贫工作的最佳效果。

一场开拓创新的探索实践

惟其艰难，更显勇毅；惟其磨砺，始得玉成。

2014 年，一个偶然机会，盟员市政协委员齐晓武与保护、养殖中华蜂的石翔宇相遇，得知中华蜂种群已极为稀少后，他们决定共同养殖中华蜂。随后，齐晓武等人向民盟湖南省委会提交了《中华蜂生存现状及湖南驯化情况的调研》课题申请，该课题得到了高度重视并同意立项。

近 7 年的养殖保护，让中华蜂种群得以大量恢复，养殖人也从中获得了经济收益。目前，蜂蜜产量达到 21.34 吨，经济总产值 225.7 万元；养殖户每户增收 2 万至 10 万余元，帮助 38 个贫困户脱贫，2 户残疾人家庭获得稳定收入来源。在民盟株洲市委的推动下，成功经验被移植到株洲市石峰区九塘村，使这一处于长株潭绿心之中的乡村，找到了美丽乡村建设的新模式。

今年以来，民盟株洲市委会主委柳怀德先后五次组织盟内专家赴醴陵市明月镇和石峰区九塘村实地考察，召开座谈会，集合盟内智慧，将民盟株市委会长期关注的中华蜂保护与绿心地带生态保护及其经济发展相结合，为九塘村集体经济发展“把脉问诊”。从环境勘察、蜂源引进、技术保障、人员培训，到产业规划，提供全方位的指导建议。

10 月 13 日上午，一场“助力乡村振兴、共筑同心家园”民盟助力乡村振兴实践基地授牌、中华蜂捐赠暨蜂蜜直播带货活动，在株洲市石峰区清水塘街道九塘村隆重举行。现场，民盟株洲市委会向九塘村赠送了 50 箱价值 6 万元的中华峰源，“民盟助力乡村振兴实践基地”在石峰区清水塘街道办事处成功挂牌。

“小蜜蜂、大产业，利用九塘村的青山绿水，发展蜜蜂产业，是发展‘绿心’经济的有益尝试。”柳怀德说，会引进湖南花海农业科技公司提供蜜蜂养殖技术支持，并帮助销售，为助推长株潭之间绿心地带经济发展和乡村振兴，科学保护中华蜂做出民盟贡献。

应势而动，顺势而为，乘势而上。如今，我们正意气风发向着全面建成社会主义现代化强国的第二个百年奋斗目标迈进。在新的征程上，我们当进一步弘扬脱贫攻坚精神，创造出更多的人间奇迹。

执笔人：谢嘉

倾情帮扶　同心攻坚

——民盟益阳市委会助力脱贫攻坚纪实

2021 年 9 月 15 日，民盟益阳市委会到原驻村帮扶点南县华阁镇新河口村开展回访，刚一进村，就看到村支书刘洪军等村干部满面笑容地迎了出来，旁边的村民也一下子围了上来，大家的嘴里都说着感谢民盟之类的话语。这样的场景在民盟益阳市委会助力脱贫攻坚的征程中经常出现。

一直以来，民盟益阳市委会在邓曙光主委的带领下，组织全市广大盟员，积极参与到脱贫攻坚的各项工作中。自 2016 年开始，民盟益阳市委会协助民盟湖南省委会做好安化县冷市镇陶竹村的对口帮扶工作。时任民盟益阳市委会专职副主委李孟平与民盟湖南省委会的领导同志一起，多次到陶竹村开展对口帮扶工作，或是为建设太阳能光伏发电站场地选址，或是到村里开展社会服务活动，或是看望慰问当地的困难群众……为改善当地村民的生产生活条件不懈努力。2017 年到 2018 年，市政协副主席、民盟益阳市委会主委邓曙光作为沅江市阳罗洲镇大中村脱贫攻坚的牵头领导，带领五家单位负责村里的脱贫攻坚工作，多措并举，齐心协力，圆满完成脱贫任务。2017 年 5 月 14 日，邓曙光到大中村贫困户朱某家中问需解难，与同行的同志及村干部集思广益，为她量身制订了脱贫方案。除了日常的走访慰问和帮扶外，他还自筹资金 2 万多元，帮助其完成房屋改造，朱某对此十分感激。

2018 年，是全面贯彻中共中央十九大精神开局之年，也是全面打赢脱贫攻坚战三年行动的第一年。2018 年 3 月至 2021 年 5 月，邓曙光作为挂帅领导，民盟益阳市委会作为后盾单位对口帮扶南县华阁镇新河口村，倾尽全力支持打赢脱贫攻坚战。

实地调研“问诊” 多方研讨制策

自对口帮扶以来，邓曙光经常走进新河口村，在田间地头和群众家中，实地查看、走访慰问，广泛听取群众意见，全面了解村情民意，掌握基本情况。他多次组织市规划局、民盟市委会、武警益阳支队三家帮扶单位召开新河口村的脱贫攻坚联系会，2018 年 5 月 17 日还请来了南县人民政府及各行业主管部门的主要负责同志在村里召开县长现场办公会，协调、调度、指导新河口村的脱贫攻坚工作，研究脱贫难题，拓宽脱贫道路，克服脱贫困难，加快脱贫脚步。民盟益阳市委会成立了民盟市委扶贫工作领导小组，由邓曙光担任组长，李孟平、徐小林、曾朝晖、谢淑莲、罗小军担任副组长，加强对扶贫工作的指导和扶贫行动的实施。根据驻村帮扶和结对帮扶工作的要求，民盟益阳市委会坚决贯彻落实中共益阳市委、市政府有关脱贫攻坚工作的决策部署，派出了机关夏琼波同志到新河口村担任驻村扶贫干部，机关其他干部结对帮扶，为脱贫攻坚工作提供人力、物力、财力的全面保障。同时，邓曙光多次主持召开主委会、市委会等会议，强调脱贫攻坚工作的重要性和紧迫性，学习市委市政府关于脱贫攻坚工作的指示和精神，研究如何落实脱贫攻坚工作的各项要求，制订详细的工作计划，扎实推进脱贫攻坚工作。

邓曙光在新河口村组织召开脱贫攻坚推进会

基础设施“先行”　旧貌已换新颜

新河口村位于南县华阁镇南边，由原新鱼和老河两村合并而来，全村人口 3190 人，765 户，分为 22 个村民小组，全村占地 6100 多亩，其中耕地 5800 多亩，水面 300 多亩，地势较低，基础设施差，一直是制约新河口村发展的主要原因。在走访 11 组的群众时，该组的贫困户和非贫困户都没有反映自家的困难，而是不约而同地强调该组生产道路一直没有硬化，严重影响了近 30 户家庭的生活和近 400 亩水田的生产。邓曙光将这一情况记在心里，多次出面协调，不到半年时间，这条群众关心的生产道路已经变成了水泥硬化路。这只是新河口村基础设施不断改善的一个缩影。在邓曙光的带领下，民盟益阳市委会和其他帮扶单位一起，采取各种方式，通过多种途径，争取项目，筹集资金，用于村里的各项基础设施建设。到 2020 年年底，村里全部机埠和泵站的更新和改造维修已完成，所有渠道的清理和疏浚已完成，1500 米长的主渠道完成硬化，可保证未来 10 年的用水排渍顺畅。完成村内三条主要公路的拓宽改造，长度达 4800 多米，重建新鱼中心路 1000 余米，硬化 9 条生产道路 2500 多米，其他生产道路铺碎石 5500 米，全村主要生产生活道路全部完成硬化和拓宽。全村完成土地整理面积 2000 余亩，新建桥梁 3 座，安装 200 盏太阳能路灯，极大地方便了群众的出行。特别是这座长 15 米宽 5 米的单拱水泥桥，横跨德新渠，在村民的建议下，取名为连心桥，不仅连接上了原新鱼和老河，拉近了两边群众心里的距离，更是邓曙光牵头的各帮扶单位和村里群众心连心最好的写照。

如今的新河口村渠道通了水畅人欢，路面硬化拓宽畅行无阻，连心桥更是暖了村民心，基础设施大为改善，全村旧貌换新颜。

如今的新河口村美景

落实“志智双扶”　阻断贫困传递

扶贫先扶志，扶贫必扶智。民盟益阳市委会充分发挥民盟教育资源优势，做到扶志扶智并举，突出学校学生为重点。三年来，筹措资金 10 多万元改善村小学和幼儿园基础设施，为村小学配备空调、电脑和打印机，为每个教室安装风扇，为幼儿园改造漏雨的屋顶和重新装饰墙壁，竭尽所能为孩子创造良好的学习环境。民盟益阳市委会的机关干部夏琼波驻村期间，吃住都在学校，日子久了和学校的师生都熟悉了，偶尔也客串下体育老师，带领孩子们开展户外运动，进行体育锻炼，孩子们都亲切地喊他夏老师。发动民盟爱心企业家连续为该村小学和幼儿园捐赠校服、园服、图书、学习用品和体育器材；邀请盟内外优秀老师每年开展送教下乡活动，为孩子们送上专业的美术课、音乐课、幼儿活动课和法律知识讲座，丰富孩子们的课堂，开阔孩子们的视野，帮助培养村里学生遵纪守法、刻苦耐劳、好学上进的良好习惯，激发他们立志成才、勤劳奋进、脱贫致富的进取精神。同时，民盟益阳市委会还发动社会力量，多方筹措资金，为新河口村的贫困学子累计发放教育助学金 10 万余元，多渠道资助贫困学生书包、衣服、鞋子、书籍等用品，确保贫困学生安心学习，健康成长，顺利完成学业。

盟员叶海霞老师正在为村里的孩子上美术课

2018 年 10 月 19 日，民盟益阳市委会带领律师支部的成员到村里开展法制宣传和法律服务。盟员梁跃平律师为村里的学生进行了一场法律知识讲座，梁律师以一个小测试开头，一下子就抓住了学生们的注意力和吸引力，梁律师用其精心准备的 PPT，以鲜明生动的事例结合各项法律法规，给学生们认真普及了法律基础知识，让学生们从小养成遵纪守法的好习惯。讲座结束后，律师支部的广大律师在村部设立法律咨询和宣传台，为村民免费提供法律咨询和法律援助，共发放法律书籍 100 余本，法制宣传资料 500 余份，提升了群众知法、懂法、守法的能力和水平。

盟员梁跃平律师为村里学生进行法律知识讲座

真心“结对帮扶”　倾真情暖民心

三年多来，民盟的驻村干部夏琼波严格遵守工作纪律，每月驻村 20 天以上，且吃住在村里，把群众的需求记在心里，把群众的困难放在心里。民盟的各结对帮扶责任人用真心倾真情，听民意暖民心，认真开展结对帮扶工作，真正做到了和群众亲如一家。

2018 年 11 月 16 日，一名贫困学生身患 I 型糖尿病，而父母又都是残疾人，平日购药的地方近期缺货，急需用药却又买不到药，得知这一情况，邓曙光专程从益阳购买其急需的药品，驱车两个多小时送到该贫困户手中，村民对此纷纷点赞。村里有位独居老人胡嗲，只有一个远嫁外地的女儿，有次不慎摔伤住院，夏琼波知道后立即赶到南县人民医院看望，咨询医生后得知老人伤情较重，便嘱咐老人只管安心住院，其他一切都交给他。后来夏琼波专门开车接老人出院回家，还帮其办好出院相关手续，并到医院和保险公司办理好报销的所有事宜。胡嗲逢人就说，“小夏真是太好了，啥都不要我操心，什么事都办好了”。

民盟驻村干部夏琼波在为群众讲解扶贫政策

民盟益阳市委会以群众是否满意为标准，在走访交流中与群众建立起了真感情，每次到村里走访慰问就像是走亲戚，串门子，和群众拉家常，嘘寒问暖，今天帮着收稻谷，明天帮着卖土鸡，后天带着看医生……这一桩桩、一件件，群众看在眼里，记在心上。急群众之所急，想群众之所想，忧群众之所忧，乐群众之所乐，民盟益阳市委会付出了真心，收获了真情，和村民心连心，更赢得了群众的认可和支持。

2021 年 6 月，民盟市委会委员、市工商联副主席徐静被民盟中央评为“民盟脱贫攻坚民主监督工作先进个人”，民盟市委会秘书长夏琼波被评为“民盟脱贫攻坚先进个人”，这不正是对民盟益阳市委会脱贫攻坚工作最好的肯定吗?

2021 年 2 月 25 日，习近平总书记在全国脱贫攻坚总结表彰大会上庄严宣告：我国脱贫攻坚战取得了全面胜利！经过全党全国各族人民的共同努力，完成了消除绝对贫困的艰巨任务，创造了彪炳史册的人间奇迹。作为中国共产党的好参谋、好帮手、好同事，民盟与中国共产党想在一起、站在一起、干在一起，始终奔走在脱贫攻坚的最前线，民盟益阳市委会以实际行动为打赢脱贫攻坚战贡献自己的力量。脱贫已成过去，小康已经来临，民盟益阳市委会将赓续伟大脱贫攻坚精神，积极投身乡村振兴工作，为建设现代化新益阳做出新的更大的贡献！

民盟益阳市委会　供稿

聚力脱贫攻坚民主监督　提升履职水平

脱贫攻坚民主监督是民主党派深度参与脱贫攻坚的新平台，是拓宽民主监督渠道、彰显我国多党合作制度优势的新实践。根据民盟湖南省委会的相关部署，结合中共湘潭市委统战部和湘潭市扶贫开发工作领导小组办公室联合下发的《关于支持各民主党派市委开展脱贫攻坚民主监督工作的通知》要求，民盟湘潭市委会于2017年—2020年相继对湘乡市棋梓镇连云村、湘潭县中路铺镇碧云村、湘潭县乌石镇天龙村、湘潭县乌石镇乌石峰村、湘潭县乌石镇众兴村、湘潭县花石镇龙潭村等13个对口村开展了脱贫攻坚民主监督工作，并重点对湘潭市“住房安全有保障”进行了持续调研。

一、主要做法

（一）思想高度重视，加强组织领导

民盟湘潭市委会高度重视脱贫攻坚民主监督工作，成立由主委傅军任组长、专职副主委胡运坤任副组长、机关各科室负责人及部分支部主委为成员的民主监督领导小组，制订工作计划，定期组织开展相关活动。建立盟内联动工作机制，鼓励和引导各基层组织和广大盟员积极参与脱贫攻坚民主监督。

（二）完善工作机制，形成监督合力

（1）坚持将脱贫攻坚专项民主监督工作作为履职尽责的重要内容。民盟市委会落实开展“不忘合作初心，继续携手前进”主题教育活动基本要求和重点措施，切实在履职尽责上下功夫，将开展脱贫攻坚民主监督与主

2017 年 6 月，民盟市委会赴龙潭村开展脱贫攻坚民主监督并慰问困难群众

题教育活动相结合，坚持问题导向，监督与帮扶并举，进村入户，走访慰问困难群众，通过座谈、访谈等方式聚焦脱贫攻坚中难点和热点问题。

（2）建立联络员、信息员制度。聘请各支部盟员骨干和脱贫攻坚一线骨干盟员，担任脱贫攻坚民主监督联络员、信息员，定期向民盟市委会上报相关对口村的脱贫攻坚工作动态及信息。

（3）建立专项宣传机制。利用民盟湘潭市委会的微信工作群，对脱贫攻坚民主监督的工作动态、成果及脱贫攻坚一线盟员先进事迹进行宣传报道。

（三）认真组织调研，深入了解实情

民盟湘潭市委会就脱贫攻坚民主监督工作专门召开 5 次主委会议，民盟市委会脱贫攻坚民主监督工作小组负责人先后 18 次带队赴对口村，深入贫困户家中，开展调查研究，及时发现问题，提出意见和建议。2017 年 11 月，时任专职副主委胡运坤一行来到龙潭村，代表民盟市委会慰问 10 余户困难群众，并向村委会捐资 1 万元用于村卫生室的建设。

2018 年 9 月，民盟市委会赴连云村开展脱贫攻坚民主监督

（四）助力脱贫攻坚，成效逐步显现

民盟市委会始终坚持把脱贫攻坚民主监督与各项盟务工作结合起来，协调盟内外的资源，在教育、医疗、文化等方面助力对口村的脱贫攻坚，取得了良好的社会效益。2017 年—2020 年，民盟市委会每年定期组织易俗河支部盟员赴对口村所在中学开展送教下乡活动；发动法商、农林等支部，深入对口村开展“助力脱贫攻坚，科教帮扶下乡”农村实用技术培训和法律咨询；先后 6 次组织盟员骨干深入对口村贫困户家中，开展“一家一”同心助学活动，捐资 2 万多元。

二、对口村脱贫攻坚工作情况

民盟湘潭市委会对口的 13 个贫困村由于地理位置偏僻，大多交通不便，无支柱产业，脱贫攻坚任务相对比较重。中共湘潭市委、市政府坚持以脱贫攻坚统揽社会经济发展全局，认真贯彻落实中共中央、省委和省政府脱贫攻坚决策部署和系列政策，统筹各类资源，聚集脱贫，合力攻坚，脱贫攻坚工作取得了阶段性的成果。

（一）各项扶贫政策落实良好

贫困户住房安全和安全饮水得到基本保障，除对建档立卡贫困户进行

“因户施策”的方式进行结对帮扶，大部分村还因地制宜引进开发了养殖、种养、光伏发电等产业项目。在项目实施中，通过成立合作社、惠农有限公司等方式，贫困户参与后能得到技术培训、就业机会和分红等，如棋梓镇连云村打造水果基地，由湘潭市农村农业局在水果栽培方面进行技术培训和帮扶，借力电商平台销售水蜜桃等，有贫困户每年光水蜜桃收入就有两万多元，成为该村脱贫明星。

（二）村级水、电、路等相关基础设施建设得到改善和提升

如乌石镇众兴村筹资筹劳新硬化主村道4公里，新增变压器3台，换新2台，修建水塘56张，修复河渠、堤干400多米，新建村部及文化活动广场；乌石峰村为畅通道路对进入村部的6处瓶颈进行了弯道改造，新修停车场一个并配备旅游厕所4个，村部广场里设置了研学旅游背景墙；天龙村加强农村环境整治工作，规范村组垃圾清运，美化生活环境，对社员反映强烈的塘基除险加固，新建村级公路1980米，为村民解决了实际困难。

三、对脱贫攻坚工作难点的分析

民盟湘潭市委会在开展脱贫攻坚民主监督和社会服务过程中，对13个对口村脱贫攻坚工作中存在的难点进行了概括总结，为更好地开展脱贫攻坚工作把脉问诊。

（一）帮扶政策需要进一步完善

比如有的对口村不是省级贫困村，如湘潭县乌石镇天龙村和众兴村，这两个村未脱贫前，其贫困人口占到了全村人口总数的20.3%，脱贫任务非常艰巨，但上级的脱贫重点聚集在贫困村上，政策上专项扶贫项目只针对贫困村实施，对他们这些非贫困村支持的力度不够。不少基础设施项目只有贫困村能够落地，致使非贫困村脱贫政策支持力度小、脱贫进度慢。

（二）村级集体经济基础较薄弱，内生动力不足

从调研总体情况来看，村级集体经济基础较为薄弱仍是制约发展的瓶颈。有的产业项目对上级政策及资金依赖性较大，产业规模小，受市场波动影响大，抗风险能力小，发展规划及前景不明晰，村民增收难。项目实

施过程中，项目资金无法到位的情况时有发生，如棋梓镇连云村反映，规划建设饮用水工程、油茶林基地等 7 个项目，项目资金 200 多万元，现已完成 6 个项目，但之前预计投入的 100 多万元资金无法到位，将给村级集体经济造成很大的负担。同时，薄弱的村级集体经济也制约着基础设施建设与提质，村组道路硬化与水利设施需持续投入加以维修养护，往往由于资金短缺难以保障。

（三）帮扶资源分配存在矛盾，贫困户思想急需引导

部分贫困户在获得一定帮扶资源后，还面临着一些新的生产生活矛盾，并且短时间内缺乏针对这些新矛盾的有效解决机制，进而导致现有帮扶资源分配与贫困人口的现实需求未能完全匹配，如不少贫困户只顾眼前利益转手将扶贫小牛卖出。部分贫困户因身体原因（病、残等），少数贫困户自立意识不强，把帮扶政策当作民生福利，等、靠、要思想仍然不同程度地存在；极少数贫困户思想上存在指望政府及扶贫干部、责任人大包大揽，事无巨细全部兜底的想法；此外，帮扶资源惠及面仍然留有盲点，存在一些需要关注的地方。比如，易地搬迁和旧房改造确实为贫困人口带来了生活质量的提高，但也造成对那些自力更生、辛苦打拼的农户不公平现象。

（四）脱贫可持续性有待增强，返贫压力上升

虽然现在对口村的贫困人口已经如期脱贫，但是，一旦他们的收入下降，或因自然灾害、意外、大病等支出骤增，很快就会再次陷入贫困。根据调研，有一些贫困户被发放了种子、鸡苗、猪崽儿等生产资料作为一种脱贫条件，但是经过一段时间后，部分贫困户还是由于技术、管理、销售等原因重新又陷入了发展的困境。如何继续帮扶这些“返贫户”，是乡村振兴战略中我们应该认真思考的一个细节问题。只有扎扎实实做好每个细节，才能真正地提高老、少、边、穷地区贫困人口的收入。

四、关于巩固脱贫攻坚成果的建议

（一）鼓励土地流转，促进农业规模经营

新一代农村人，大部分都已不愿种田，也不会种田。农业效益已经不

再是农户的主要收入来源，一家一户小农经济，已不愿在农业上精耕细作、技术创新。土地撂荒、农产品存在安全隐患、农业效率低下、农村生态环境污染，追根溯源是一家一户小农经济的局限。要加快推进农村土地制度改革，引导和鼓励农户在自愿的前提下，采取租赁、入股等多种形式，将分散的闲置土地、小规模土地向种田能手、专业大户、农民合作社等新型农业经营主体集中，同时要加大对种粮大户的扶持力度，促进农业规模化、产业化、集约化经营，提高效率，提升粮食品质，确保粮食安全。

（二）循序渐进，推进农村地区合村并校

随着我国经济的快速发展，城市化进程加快推进，农村空心、农户空巢、农村小学萎缩，已是历史趋势。在这个历史进程中，党委、政府应该主动作为，循序渐进，稳步推进合村并校，加强规划，积极引导，重点推进特色小镇、重点乡村建设，汇集各方资源，整合各种力量，进一步完善基础设施建设，为广大农民提供较高水平的公共服务，扶持各类涉农行业的发展，推进乡村百业振兴。

（三）加强培训，鼓励农民务工就业

当前，外出务工仍然是农民脱贫致富的主要手段。建议基层党委、政府着力加强农民工技能培训。同时，建立农民工就业创业服务平台，鼓励和支持外出务工人员返乡创业、发展产业、带动就业。

（四）强基固本，建立稳定的乡村干部队伍

建议为村委会配备专职干部，选派优秀干部到村担任第一书记和工作人员。同时，吸纳返乡群众中的能人、乡贤、退休干部充实到村委会班子，为乡村振兴提供强大的人才支撑。

民盟湘潭市委会　供稿

用“心”助力脱贫攻坚

——民盟衡阳市委会助力脱贫攻坚纪实

中共十八大以来，以习近平同志为核心的党中央，以不获全胜决不收兵的韧劲和前所未有的磅礴之力，坚决打响脱贫攻坚战。2021 年 2 月，习近平总书记庄严宣告，经过全党全国各族人民共同努力，在迎来中国共产党成立 100 周年的重要时刻，我国脱贫攻坚战取得了全面胜利，现行标准下 9899 万农村贫困人口全部脱贫，832 个贫困县全部摘帽，12.8 万个贫困村全部出列，区域性整体贫困得到解决！中国共产党人发起的这场向贫困告别的大战，是彪炳史册的人间奇迹，衡阳民盟也当仁不让地为打赢脱贫攻坚战贡献力量。

始于忠心　联村帮扶与民主监督双向发力

“真的要感谢民盟衡阳市委会的各位领导和盟员，这几年无论是帮村里搞基础设施建设，还是义诊送药；无论是产业扶贫，还是点对点的结对帮扶等，这一件件、一桩桩，我们村老百姓看在眼里，记在心里……”渣石村党总支书记、主任张兴云如是说。

按照市委市政府的部署，民盟衡阳市委会从 2015 年开始对口常宁市胜桥镇渣石村开展联村帮扶。几年来，为加快渣石村整体脱贫步伐，民盟衡阳市委会每年年初都将精准帮扶渣石村的事项列入全年工作重点，先后进村入户走访近百次，筹措资金 100 余万元用于渣石村的基础设施建设和产业帮扶，推动井水养鱼、榨油厂、沃柑等产业发展，使渣石村村集体经济收入由帮扶前的零增长到每年 30 余万元；2020 年，全村建档立卡贫困户全部实现脱贫。

“要想富先修路”，围绕打通渣石村的最后“一公里”、村民家门口的“最后一米”，还有一段故事。由于种种原因，渣石村村干道有几段共计1300米的“断头路”未硬化，让200多名村民出行十分不便。按惯例，这些“断头路”的硬化需受益村民自己筹集资金，但村民比较困难，筹资问题就一直被搁置着。这几条“断头路”也成了村干部和驻村、联村单位心中的一道“坎”。衡阳市政协副主席、民盟衡阳市委会主委谢宏获悉这一情况后，积极协调民盟衡阳市委会、驻村后盾单位衡阳市园林绿化服务中心、常宁市市场监督管理局等单位群策群力，筹集资金60多万元，2020年年底，几条“断头路”全部完成硬化并通车，村民们欢欣鼓舞。

2017年6月，中共衡阳市委交给了民盟衡阳市委会一项新的任务——对口常宁市脱贫攻坚工作开展民主监督。脱贫攻坚民主监督无经验可循，无先例可仿，面对这项史无前例的工作，能否如期完全工作任务，起初大家心里没有一点底，但困难没有办法多。盟员们本职工作繁忙，加上久居城市，对农村工作知之甚少，对扶贫政策了解不深，那就以会代训，积极组织和参加扶贫政策解读培训会，将扶贫政策当做日常交流话题熟读熟记、深入讨论，组建一支不说外行话的监督队伍。监督工作千头万绪，那就创建民盟市委会、支部和监督小组分别对口县、乡、村的三级工作体系，对乡镇实现全覆盖，对贫困村和贫困户进行随机抽样，由主委谢宏挂帅，颜娟华、廖可兵、马汉钦、陆秀艳等副主委带队，进村入户，走上田间地头，俯下身子，多听多看多问。农村现在留下的多是老人，大多无法用普通话沟通，那就为每个小组安排一位能听懂当地方言的成员，克服方言沟通不畅的问题，真正把一线情况摸清楚。

面对这场大考，民盟衡阳市委会交出了怎样的答卷？请看下面这组数据：走访20个乡镇40余个村；调研贫困户与非贫困户800余户；提交问题100余个；反映扶贫相关社情民意信息30余条；形成脱贫攻坚民主监督报告4篇、乡村相关调研报告5篇……数字是简单的，更是沉甸甸的；成效是卓越的，也是有目共睹的！这份答卷不断被党委、政府看好。颜娟华、何智明反映的《贫困地区人口出生缺陷高发应引起重视》得到全国政协采用，并报党中央和国务院；主委谢宏反映的《农民工回流潮亟待重视》被综合到《以“六保”促“六稳”，彰显就业“最大民生”》一文中被中央统战部《零讯》采用；2017 年的民主监督报告获时任市委书记周农批示，2018 年的民主监督报告和《推进农村生活污水治理，助力衡阳建设最美地级市》调研报告获时任中共衡阳市委副书记、市委统战部部长廖健批示，《防范化解村级债务风险，助力乡村振兴》的政协大会发言获市长朱健等领导批示。

得于真心　“海星行动”与服务民生主动作为

民盟衡阳市委会助力脱贫攻坚不是冷眼旁观，也不局限于完成规定动作，而是饱含着悲天悯人的情怀和舍我其谁的责任感，瞄准脱贫攻坚关键之处和薄弱环节，主动作为，帮助啃下难啃的硬骨头。针对联村帮扶和民主监督中发现的特殊困难群体——事实孤儿，民盟市委会与大湘公益联合发起实施“海星行动”，动员全市盟员筹款 30 多万元，资助 40 名事实孤儿，为他们提供每月 200 元的生活补助，并坚持每季度走访一次，赠送生活学习物资，开展成长夏令营、心理咨询、健康讲座、音乐课堂等活动，丰富孩子们的生活，帮助孩子们走出阴霾。

小爱红就是其中一个“海星宝宝”。2017 年，民盟衡阳市委会民主监督小组首次来到了小爱红的家中，这个当时年仅 10 岁的女孩已有着父亲去世、母亲外嫁后失联、自己患有听力障碍的惨痛经历，稚嫩的脸上写满了与年龄不符的萎靡情绪。在走访中，民主监督小组成员细心地发现，小爱红 2016 年办理了残疾证，但是残疾证上写的是“智力”残疾人，与事实不符，于是迅速向村支两委进行了反馈，并协助联系残联重新评残，帮助小爱红办下了听力残疾证。为了更好地帮助小爱红，盟员们不仅坚持为她提供“海星行动”每月 200 元的资助，还多方联系耳科专家为她诊断并配置了价值近 2 万元的耳道式助听器，让小爱红终于听清了世界的声音；盟内心理咨询师屡次上门走访，帮助她打开心扉。小爱红逐渐走出阴霾，脸上开始有了同龄人的灿烂笑容。

“张书记，最近下大雨，村里老乡有没有困难啊?”2017 年 7 月，受连日暴雨影响，本市部分山区出现山体滑坡等地质灾害，民盟衡阳市委会专职副主委颜娟华第一时间拨通了张兴云的电话。当得知部分贫困户受灾后，民盟衡阳市委会面向全市盟员发起了救灾捐款倡议，得到了138名盟员的积极响应，一天之内筹集20422元送到了灾民手中。

2020年年初，新冠肺炎疫情暴发，盟员谢晖主动请缨，为渣石村配送口罩、酒精、消毒液等防疫物资，助力基层抗疫，保障群众的生命健康。3月，受疫情影响，学校未能如期开学，为兼顾疫情防控和教学秩序，各地纷纷开始上网课，然而，由于事发突然，一部分贫困学生因缺乏设备无法正常听课，盟员邱毅了解到这一情况后，主动与民盟衡阳市委会联系，表示想为贫困学子捐赠电脑。在多方沟通以后，邱毅给渣石村捐赠了四台电脑，在村部搭建起电脑学习室，为村里贫困学生上网课、贫困群众紧跟信息化发展步伐提供了必要的硬件设施。

为推进健康中国建设，缓解渣石村患病群众缺医少药的状况，民盟衡阳市委会还多次组织盟内医护人员前往渣石村送医送药。2020年6月，民盟南华附一支部组织节骨科、感染科、小儿科、风湿免疫科、血液科、健康管理中心、护理部等部门共24名医护人员前往渣石村开展义诊活动。关节骨科的专家为帮助村民防范解决足部问题，在问诊、赠药的同时还展开了关节健康知识宣传。健康管理中心医护人员为村民免费开展碳14呼气检测，有效预防和治疗幽门螺杆菌，实现胃癌的一级预防。82岁的退休医生邹文华在看病的同时现身说法、循循善诱，劝说村里血压偏高的老年患者要注意控制情绪……活动现场，护理人员还为村民提供监测血压、一对一健康咨询，免费发放钙片、眼药水、感冒药、胃药、速效救心丸等常用药品，民盟衡阳市委员会机关干部协助现场引导，大家密切配合，为近200名村民缓解了病痛。

村民们纷纷表示，“在家门口就能找专家看病、拿药，不用花钱、不用排队，真是碰到了活菩萨了！”

成于恒心　巩固脱贫成果与乡村振兴无缝衔接

2021年是巩固拓展脱贫成果同乡村振兴有效衔接的起步之年，民盟衡阳市委会也在实现民主党派的更大作为。中共衡阳市委安排的联村帮扶工作虽然已经收尾，但是民盟衡阳市委会的扶贫帮困并没有结束，仍然持续关注有返贫风险的重点人群。

“之前，对国家的政策不了解，每次颜主委到我家时，我总是发牢骚。后来，经过她耐心细致地给我讲国家扶贫政策、乡村振兴战略，还帮我家儿子解决了工作问题，让我觉得自己遇到的这些困难都是暂时的，往后还有大好的机会，我们一家对生活也有了盼头……”今年 70 多岁的村民黎才志曾是颜娟华在渣石村的帮扶对象，提起民盟衡阳市委会对他一家的帮助，满是感激之情。黎才志两夫妻都已年迈，儿子黎小毛因为车祸致使脑部受伤，干不了重活，儿媳离婚走了，孙子还在上学，这些困难让老俩口觉得生活没有方向。一对一帮扶期间，颜娟华帮助他家落实了各项扶贫政策，并时常给其孙子送去衣服、鞋子和学习用品，还通过“海星行动”为他提供每年 2400 元的资助。联村帮扶工作结束后，颜娟华又通过残疾人就业帮扶相关政策帮助黎小毛找到了工作，让他有了稳定收入，有效降低了黎才志家的返贫风险。

“多亏了你们，爱红现在听得清了!”“现在讲话讲得好嘞!”“老跟我提起民盟的阿姨和爷爷!”……2021 年 10 月 29 日，年已七旬的老盟员邹少民和民盟衡阳市委会机关干部邹嘉琳再次来到了“海星宝宝”小爱红家，这天是周五，小爱红在校上课，她年迈的奶奶紧紧握着两位访客的手，一如既往地说着感激的话，激动地描述着小爱红近来的表现。这样的走访从未停止，扶助事实孤儿的“海星行动”仍在继续，除部分孩子因年满 18 周岁、家庭经济困难解除等因素退出帮扶对象范围外，衡阳盟员们一如既往地为“海星宝宝”们提供经济和精神上的支持。

随着国家工作重心转移，民盟衡阳市委会也将服务乡村振兴战略作为重要着力点，积极开展乡村振兴调研，拓展工作内容，探索服务模式。

按照民盟湖南省委会部署，2021 年，民盟衡阳市委会对蒸湘区雨母山镇幸福村，衡阳县岣嵝乡白石峰村、凤山村，耒阳市淝田镇黄草洲村、红旗村，珠晖区东阳渡街道新龙村 6 个村庄开展“十四五”时期百村千户乡村振兴调研。每到一地，调研组均召开座谈会，了解各村基本情况、经济发展状况、基础设施建设情况、公共服务情况、村组织建设情况等，听取农业龙头企业代表、村民代表对乡村振兴战略实施的需求和建议。调研组还实地以调查问卷的形式，考察了各村的代表性产业，对121户农户进行了入户走访，详细了解他们的家庭人员基本情况、财产与生活质量情况、生产经营情况、收入与支出情况、参与村庄治理等情况。

接下来，民盟衡阳市委会还要对这6个村庄进行连续五年的跟踪调查，了解乡村振兴战略实施的具体成效，并及时发现问题、反映问题、协助解决问题。在调研过程中，也将邀请盟内农业、科技、医疗等领域的专业人士参与，帮忙解决各村面临的实际困难，弘扬民盟“出主意、想办法，做好事、做实事”的优良传统，助力乡村振兴战略实施。

征程正未有穷期，不待扬鞭自奋蹄。从聚力脱贫攻坚到推进乡村振兴，工作对象更广、地域范围更大，民盟衡阳市委会将继续坚持拥护中国共产党领导的初心不改，与中共衡阳市委想在一起、站在一起、干在一起的决心不减，为落实“三高四新”战略、推进“三强一化”建设，整合资源力量，发挥特色优势，在巩固拓展脱贫攻坚成果基础上，同心续写乡村振兴的美丽篇章。

执笔人：胡建军　肖坤南

同心共建美丽乡村

2003年，浏阳市龙伏镇石江村（后改为龙伏村）作为省级贫困村被确立为省市民盟乡村扶贫帮困定点单位，从此，长沙民盟与龙伏村结下了深厚的情谊。

村民们至今还记得，18年前的一个秋天，龙伏村喜报频传，六名学生高考金榜题名。然而，面对不菲的学费，中榜学生喜忧参半，学生家长黯然抹泪。闻此消息后，民盟长沙市委会急学生之所急，立即发动盟内企业家捐资助学多年，此后，孩子们再也没有为学费发过愁。

也是从那时起，为了让龙伏村村民脱贫致富，省市民盟多次组织盟员专家、教授开展智力帮扶，向村民们开展了养猪新技术、烟叶种植技术等培训。其中，仅烟叶种植一项就让村民们一年增收近200万元，甚至还编制了龙伏村《村庄建设性规划（2007—2020)》，让该村的健康发展有了远景目标，为后来脱贫攻坚打下了坚实的基础。

2018年，为打通龙伏村脱贫攻坚的“最后一公里”，民盟湖南省委会副主委何寄华率省市民盟专家及政府有关部门组成的调研组，赴龙伏村调研。先后走访了该村精准扶贫产业基地、繁育基地、乡村振兴经济点、移民小区，并召开座谈会，为乡村致富把脉。调研组从加强龙伏村发展的顶层设计、夯实发展基础、实现共同致富，以及确保持续长效发展，将龙伏村建设成为落实乡村振兴和精准扶贫战略、保护生态环境的样板村为目标，做出一个详细的规划建议。

在省市民盟的大力推动下，建议引起了长沙市有关部门的高度重视，得到了市发改委、市交通运输局等部门的大力支持。其中，仅村污水治理项目、乡村公路建设就获得政府补助资金累计达200万元，打通了龙伏村脱贫攻坚“最后一公里”。据统计，在省市民盟坚持不懈的努力下，十年间，累计为龙伏镇龙伏村争取基础设施建设资金500多万元，村里实现了组组都通水泥路。

贫困的“病根”斩断了，提质改造后的龙伏村环境更优美，生态更宜人，崭新的柏油马路四通八达，被中共湖南省委统战部授予“省级同心美丽乡村”荣誉称号。

有了梧桐树，引来金凤凰。在此基础上，省市民盟先后又帮助龙伏村引资近50万元，使400多亩农田得到灌溉保障；引资1250多万元完成1800亩田土整理项目，使该村一举实现农业机械化；引资60余万元，帮助中心小学全部拆除危房，使学校面貌焕然一新。

有了美丽的外形，更要有美好的内涵。对于龙伏村未来的发展，民盟长沙市委会并不满足，又提出了新目标、新任务，那就是积极发挥民盟文化、教育、科技界的资源优势，在提升村民素质、加强文化建设等方面进行进一步帮扶。让乡村更加幸福、美丽、富饶，把新农村建设推向更高的境界。

从最初发动盟内企业家为贫困学生家庭捐资助学，到提升村民文化道德素质，设立农村文化墙。十年来，民盟长沙市委会将龙伏村作为民主党派关注农村的试点之时，就已经点点滴滴、持之以恒地在科技文化传播、思想政治建设等方面做了大量工作。

每年只要条件允许，民盟长沙市委会都会组织或联合民盟省委会、市文广新局、市群艺馆以及盟员医院、企业和社会力量，发动盟内外专家、艺术家、盟员骨干赴龙伏村举办“文化、教育、法律、医卫”四下乡活动。

斗转星移，年老的村民已经记不清民盟长沙市委会组织了多少次为龙伏村开展的义诊活动。2019年7月12日，民盟长沙市委会组织湖南护理学校8名医务工作者来到龙伏村，耐心细致地为老年人免费义诊，讲解预防高血压、糖尿病的医学常识，赠送药物122人次、发放预防手册100余份。

2020年1月，省市民盟联合长沙市文化旅游广电局举办“我们的中国梦·文化进万家”长沙群众文艺轻骑队走基层活动，首站就是龙伏村。同时，借举办送文化下乡活动，进行帮扶调研。

2020年新春前夕，省市民盟联合长沙市文化旅游广电局组织市群艺馆演员和盟员书法艺术家赴龙伏村开展送文化下乡活动。

春寒料峭的日子里，盟员们跋山涉水来到昔日贫困的山村，在溪水旁、农舍前，盟员书法艺术家张志、周群艺、罗光磊、谢兆岗、刘国芳等人现场挥毫泼墨，给农民朋友写春联，送祝福。在田间地头，来自长沙市群众艺术馆的盟员艺术家为闻讯赶来的不同村组的村民们送上了花鼓戏《我们村里喜事多》、川剧《变脸》、舞蹈《我和我的祖国》等耳熟能详的文艺节目。村民们看得兴高采烈，赞不绝口，纷纷拿出手机记录下精彩瞬间。

与此同时，盟员们助力龙伏村推行“孝亲文化”，促进乡村和谐邻里关系；能歌善舞的盟员骨干为丰富龙伏村村民的业余文化生活、提升文化艺术素养，还协助村民们组建了村秧歌腰鼓队，并解决村民的演出装备困难；九九重阳，省市民盟的领导班子成员只要有时间，都会参加龙伏村举办的老年节活动。

如今的龙伏村，在省市民盟和社会各界的大力扶持下，已然由原省级贫困村一跃成为“社会主义新农村建设示范村”湖南模式。但凡进入龙伏村的人，在村口就可以看到一块巨石上镌刻着由时任民盟中央主席蒋树声亲笔题词的“湖南民盟新农村建设联系点”，十几个鲜红大字在阳光下熠熠生辉，成为激励民盟帮扶龙伏实施乡村振兴战略的指路明灯。

2013 年 12 月 10 日，民盟中央副主席龙庄伟出席“湖南民盟帮扶石江十年研讨会”，在蒋树声主席亲笔题词的石碑下与省市民盟机关干部合影。

2021 年 5 月，为助力“乡村振兴”，民盟湖南省委会、长沙民盟市委会组织盟内十余位专家教授和企业家开展调研活动，首站又是龙伏村。

以前龙伏村里没有产业，现在有产业基础了，省市民盟的领导班子牵挂村里的产业能不能持续，只有持续发展的产业才是好产业。民盟专家教授和企业家来到村里招商引资创办的“绿叶飘香生态农场”项目，仔细了解农场运转情况及发展需求。最后，与项目企业确立了“党盟共建、乡村振兴”的发展目标。鼓励企业扎根龙伏，服务农业、服务农村，带领周边农业升级，为龙伏经济发展做出新贡献。

几个月以后，民盟长沙市委会就“如何提高农村土地利用率”“如何壮大村集体经济”“村级集体经济在乡村振兴中扮演什么角色”再次下沉一线来到龙伏村。在村委会的会议室里，他们以“情系乡村发展、助力乡村振兴”为主题，邀请村民、乡贤开展座谈调研，大家一起找准不足，补齐短板，共谋乡村振兴发展大计。

此情绵绵无尽期，可以预见在不久的将来，有省市民盟的关心助力，彻底摆脱贫困的龙伏村在新时代实施“乡村振兴”战略的康庄大道上一定会越走越好！

执笔人：廖红波

民盟长沙市岳麓区综合支部

倾力援建帮扶——先进人物篇

张国友：企业家精神是取之于民　用之于民

在婉拒了两次之后，民盟常德市委会委员、常德市福建商会会长、常德市工商联总商会副会长张国友终于答应与笔者见面。

张国友出身于农村，自称“普通的农民”。在他的记忆里，童年和少年时代的日子过得很艰苦。“上初中以前，我没有穿过一件新衣服，没有穿过一双新鞋子。”他记得，有一段时间家里没米，一家八口只能靠吃地瓜干度日。虽然家境穷困，但父母勤劳肯干，兄弟姊妹间也互帮互助。这样的环境下，张国友从小养成了吃苦耐劳的性格。

“吃亏是福”是父亲常对张国友说的一句话，也是他言传身教给子女的价值观。正是在这种朴素信念的支撑下，16 岁就辍学的张国友用了十几年时间，从一个路边摊贩转变为公司老总。其间经历的挫折、起伏、得意、失意，恐怕只有他自己才懂其中味。

2001 年来到常德后，张国友注意到，常德在民营医院这一块市场潜力较大。2002 年，他正式投资入股了“常武医院”（现更名为常德烧伤整形医院）。直到 2009 年，医院的运营状况才稳中有升。这时，事业有成的张国友，把目光从自己那一亩三分投向了广袤的社会。

2010 年，他与湖南大学 MBA 总裁班的同学一起自驾游，经过湘西自治州永顺县的一个村子时，他目睹了当地贫困户的生活状况：房子破破烂烂，屋内光线昏暗，头发蓬乱的小孩坐在门口，拌着不知什么酱扒饭吃……那一刻，他心里非常难受，“我们这一代，很多人都走出了贫困；但有的地方，还有不少孩子在忍受贫困”。由此，张国友萌发了投身公益事业的想法。

常德烧伤整形医院接收的烧烫伤病人中，超过一半是留守儿童或留守老人。“病人来了，先抢救，先治疗。”这是张国友在医院定下的规矩。他不希望因为费用的原因而延误生命的挽救，但烧烫伤的治疗成本确实高。

他从医院着手，积极带领医护人员开展医疗援助活动，2010 年至今，先后为家庭困难的病人减免及捐赠医药费 70 余万元。从 2015 年到 2017 年，他在常德烧伤整形医院设立的 500 万元爱心基金，全部用在了困难家庭的烧烫伤儿童、老人身上。2018 年 6 月，他在常德烧伤整形医院、常德骨科医院成立义诊组，先后在汉寿县、石门县、桃源县、鼎城区、武陵区等区县的 80 多个乡镇开展了 100 多场义诊活动，发放药品物资 10 万多元，仅当年受益人群就达 3000 多人。

2012 年他经常以盟员身份主导各类公益扶贫活动。20 年来，他累计为灾区、贫困地区、家庭困难群众、贫困学子、公益培训、爱心教室等捐款捐物 900 多万元。2017 年，他被评为常德市“最美扶贫人物”；2019 年，又被评为湖南省“最美扶贫人物”。

最近几年，张国友从医疗扶贫转向教育扶贫。为什么？因为“人性的矛盾”。

有一次在医院电梯里，他撞见一个 50 多岁的中年男人在数钱，从衣服口袋里掏出的都是十块、二十块……“我看着他一张张数着，当时眼眶都红了……心里非常矛盾！”一方面，他希望医院运营好，让医生们在这里安身立命，还能开展临床科研；另一方面，他又怕来治病的人多，因为严重的烧烫伤不仅对一个病人，甚至对一个家庭都是暴击……

张国友又尝试其他形式的帮扶。扶贫先扶志，他相信，“体育运动对青少年有很强的激励作用，它能带给人向上的力量。”

2018 年，张国友为全国《龙鼓宝贝》“爱心节奏教室”公益捐赠行动“龙腾计划”捐赠物资及经费共计 222 万元。2018 年至今，张国友主动对接市文旅广体局，在常德市各个区县（市）招募有意愿的 6 岁至 18 岁的学生，免费提供暑期篮球培训，每期 700 人至 1000 人，并特意预留 250 个名额给农村地区的孩子。每年赞助和培训费用 120 万至 300 万元。

在张国友的引领下，常德市福建商会的会员们也陆续参与社会公益事业：出资修建桃源县木塘垸乡敬老院，资助汉寿县株木山乡中学、唐家桥村贫困学子完成学业等慈善公益活动50余次，累计捐款捐物近千万元。

“您觉得企业家精神是什么？”笔者最后问。

“我所理解的企业家精神是，取之于民，用之于民，一个人财富的获得离不开社会，拥有了一定的财富后，去回报社会，这是应该去做，也是必须做的。”张国友回答道。

执笔人：陈薇
民盟常德市委会机关

舒丽：我的定位是新型职业农民

“我们的蔬菜头天采摘，第二天中午，就能在深圳、广州、香港、澳门的餐桌上看到。”38 岁的舒丽站在基地的大棚里，自豪地对笔者说。她的身后，成片的蔬菜青翠欲滴，生机盎然，有人在弯腰摘菜，有人在细心育苗。

常德市汉寿县龙阳镇辰阳街道的华诚蔬菜专业合作社是该县第一个国家农业农村部蔬菜标准示范园。舒丽担任合作社的副理事长。2020 年，她获评湖南省“百名最美扶贫人物”。

从深圳打工妹到最美扶贫人，12 年时间，舒丽在泥土里捯饬出一个蔬菜王国，也诠释了一位新型职业农民在广阔农村大有作为。

返乡创业　十余年建起万亩蔬菜基地

二十岁出头时，和很多出身农村的“80 后”一样，舒丽离家远赴沿海务工。2008 年 4 月，她辞去经理的职务，和丈夫带着积蓄回到他的老家常德汉寿县创业。“公公婆婆年纪大了，自己又生了二胎，回来可以照顾一家老小。”她说，“不管怎么样，民以食为天，桌上的饭菜总不能少的。”她瞄准了蔬菜产业。

“现在种蔬菜，必须引入新技术、新肥料、新方法，改变过去那种大量使用农药化肥的短视行为。”她找来志同道合的合伙人，带领一班人开始了创新创业，示范推广了穴盘基质育苗、无土立体栽培、病虫害绿色防控等技术运用 20 余项；引入蔬菜新品种 300 余种，示范推广新品种近 90 种，培育了“甜心菜”“五号白苔”两个市场“新宠”；与行业主管部门共同开展高质、高效农业创建等多个项目攻关，“早春辣椒的假植方法”

“芥蓝无土栽培方法”两项科研成果荣获国家发明专利，“一种农业灌溉装置”等6项成果被授予“实用新型专利证书”。

她还牵头制订了菜心等生产技术规程10余项，为菜农提供生产蓝本；率先建立了环境监测、农产品溯源及检测系统。客户通过溯源系统，24小时都能用手机实时、同步看到蔬菜种植、田间管理、采收、加工、包装、贮藏、运输、销售等全过程的视频。

如今的华诚蔬菜专业合作社，共有无公害种植基地1万多亩，产品畅销到长沙、香港等地，还有新加坡、韩国等地。年销售额12万吨左右，销售收入近1.5亿元。

舒丽说，“每次在外面的餐桌上吃到自己基地的蔬菜，会感到非常骄傲”。

产业扶贫　带领菜农奔向美好生活

“我通过流转土地，一年能拿到三四千元，加上分红等，一年有近万元收入。”曾经的贫困户蒋汉广在舒丽创业之初，就把自家的7亩地流转给了她，同时自己到仓库当搬运工，月薪3500元，他妻子在基地做事一天可挣到百来元。

被合作社改变生活状况的不止蒋汉广一家。

如今，当地有82户菜农以土地2158亩入股，由华诚蔬菜自主经营，实行利益分红，年亩平保底收益900元以上；13个贫困户就近务工，户平均增收2万余元。

2018年，舒丽加入民盟汉寿活动小组。“小组这个平台和各类学习活动，不仅拓宽了我的视野和朋友圈，为基地发展提供了很多帮助，也潜移默化地提升了我的政治认识和责任意识。”她说。

国家级贫困村小河村离华诚蔬菜专业合作社的蔬菜基地不远，村民以前主要靠种植水稻和棉花为生，但因为产品没有特色和创新，市场日渐萎缩。舒丽响应扶贫号召，开始与小河村村支两委，以及扶贫工作队协商，想通过蔬菜产业来扶贫。

小河村贫困户李兴宏（化名）夫妻原本种了10亩棉花，却经营惨淡。

他性格倔强，说就算不种棉花了，也不愿把土地流转给外人。舒丽用自己蔬菜基地里的打工人勤劳致富、买小汽车的故事以及蔬菜产业的前景说服了李兴宏……当年，他就赚了4.7万元，尝到甜头。

“第一年和第二年，我们都会给一些订单，并把经销商介绍给他们。”舒丽说。第三年，小河村就脱贫了。

现在，李兴宏自己单干，种起了西红柿，但舒丽依然为他提供技术支持。

4年来，舒丽先后结对帮扶了85个贫困户，发展蔬菜基地348亩，实现人均增收2700余元。此外，她还与沧浪等3个乡镇93户278人签订委托帮扶协议。

“我对自己的定位就是一个新型职业农民。”舒丽说，在她心里，用智慧和勤劳的汗水浇灌出丰硕又健康的果实，这样的农民最美。

作者：陈薇

民盟常德市委会机关

夏琼波：精准扶贫追梦人　砥砺前行赤子心

根据益阳市委市政府的部署和单位的安排，2018 年 3 月，笔者来到南县华阁镇新河口村，担任驻村帮扶工作队的一名队员。新河口村位于南县东南部，紧邻光复湖，典型的湖区地形，全村耕地面积 5800 亩，共有 22 个村民组，836 户，总人口 3178 人，其中建档立卡贫困户 68 户 213 人。在各级党委政府的坚强领导下，在各帮扶单位和全体村民的共同努力下，新河口村于 2018 年年底圆满实现"户脱贫、村摘帽"的目标。到 2021 年 5 月笔者离开新河口村时，村里水泥路四通八达，道路两边路灯矗立、花木繁茂，房前屋后整洁卫生，水田里虾肥稻绿……无不展现着社会主义现代化新农村的全新风貌。

摸村情、晓民意　谋篇布局共话脱贫大计

驻村伊始，工作队只有笔者和队长两人，队长姓夏，戴眼镜，人称老夏，笔者也姓夏，也戴眼镜，人称小夏。村部场地和条件有限，我们便租住在村部旁边的小学，跟着学校师生一起吃食堂。笔者在学校旁的农户家找到了一辆满身灰尘的摩托车，送去修理厂一番加工后，它摇身一变就成了我们出行的交通工具。

正所谓磨刀不误砍柴工，要想做好扶贫工作，首先要摸清底子，找准问题。刚开始一个多月的时间里，笔者都是在入户走访调查，不仅要深入贫困户家里掌握详细情况，还要到老村干部、党员、组长家中了解情况，小夏骑着摩托车带着老夏到处"溜达"成了村里一道独特的风景线。白天村民下地劳作或是外出干活了，就晚上去；工作日的时间不够用，那就周末都加上。刚开始有的村民还不太相信，甚至部分村民还有抵触情绪，笔

者总是耐心地和他们沟通，不厌其烦地宣传政策，对他们反映的问题和提出的要求，笔者都详细地做好记录并给予答复。时间久了，终于打动了村民的心，大家不仅知道村里来了个戴眼镜的小夏干部，而且还会主动找笔者交流情况，反映问题。在一次又一次的入户走访中，笔者的肤色变黑了，口音带地方特色了，用同事的话来说就是“已经很村里了”，最重要的是摸清了村民和贫困户缺什么、想什么、要什么，知晓了制约村里发展的关键因素，更明白了我们能做什么、我们要做什么。

掌握了情况，才好对症下药。接下来，笔者便和队长及村支两委一起，起草并制订了《新河口村2018—2020年脱贫攻坚工作计划》，从道路、桥梁、机埠、泵站、沟渠等基础设施建设的各个方面，从各个贫困户需求的不同方面，按照轻重缓急和实际情况，分阶段、按步骤来实施，绘制出新河口村未来几年发展的美好蓝图。这个计划描绘了未来生活的全新画面，得到了村民的一致认可，并在各帮扶单位和有关部门的大力支持下开始有条不紊地施行起来，这对笔者这个当初的扶贫新兵来说无疑是最好的鼓励了。

筹资金、跑项目　千方百计改善基础设施

计划制订好了，关键在执行。因此，筹集资金、争取项目便成了笔者工作中的一件大事。只要是对村里的发展有帮助的，只要是能为村里的建设起作用的，只要是能让村里的群众获益的，笔者都去努力争取。市里的有关部门，县里的相关单位，还有社会上的成功人士，笔者都和队长一道联系拜访，尽管跑了不少空头路，吃过不少闭门羹，但只要一想到是对村里有利的，这些实在都算不了什么，我们想尽办法也要为村里的发展做贡献。记得有一笔5万多元的扶贫捐赠资金，笔者曾先后到镇财政所开具了17张收据并送到捐资者手中，最终资金全部到账。就这样，一次次登门拜访，一个个电话联系，在我们的不断奔走和呼喊下，资金、项目都陆续到了村里，为改善基础设施打下了坚实的基础。

脱贫攻坚，基础设施建设永远是重头戏，而对于新河口村来说，水利设施建设更是重中之重。三年多来，全村完成各项基础设施建设投入累计

达1800多万元。我们驻村后，对全村所有机埠、泵站完成维修改造和重建，对全村破败损坏的涵闸和抗旱渠道进行更换或维修，对大部分沟渠进行了疏洗，疏通渠道长度达到4600多米，可保证未来10年的排水排渍顺畅，完成新鱼抗旱渠道及道路硬化1300米，完成生产和居民线道路硬化长度达2800多米，完成三条主干道和一条生产道路拓宽长度达6700多米，全长840米的新鱼中心路完成重建，生产道路路铺碎石长度达5500米。在德新渠上新建连接原新鱼与老河的大型桥梁——连心桥，完成村部前主干道路危险桥梁重建，完成20组生产生活桥梁建设。在村里安装了200盏太阳能路灯，保障村民夜间出行安全；在村里修建了两处文化广场，添置了一定的体育器材，丰富村民的文化生活。

基础设施不断完善，产业发展更有保障，村里的家庭农场和合作社日益壮大，稻虾养殖规模不断扩大，效益也越来越好，村民的日子也越过越红火。我们很开心，村民更高兴；我们很中意，村民更满意；我们很有成就感，村民更有获得感。

用真心、倾真情　尽心尽力为民排忧解难

驻村不久，工作队印制了一批脱贫攻坚联系卡，发放到村里每户村民家中，正面印着所有工作队员的单位职务和联系方式，背面则印着三句话——您的需求就是我们努力的方向，您的满意就是我们奋斗的目标，您的肯定就是我们前进的动力。三年来，笔者把这三句话作为开展驻村帮扶工作的座右铭，并不断付诸实践。

扶贫先扶智，学校是重点，学生是关键。我吃住都在学校，日子久了和学校的师生都熟悉了，偶尔也客串下体育老师，孩子们都亲切地喊笔者夏老师。笔者多次联系民盟的优秀老师来村里的小学和幼儿园开展送教下乡活动，给孩子们送来各种学习用品，还发动民盟的爱心企业家为小学和幼儿园的师生都捐赠了2套校服和一批图书。同时，笔者又多方筹措资金，为小学购置了2台空调、1台电脑、1台打印机，在每个教室安装了2台风扇，为幼儿园完成场地改造，重盖屋顶，添置设备。这些事，不仅老师学生看在眼里，村民更是记在心上。

笔者始终记着驻村时单位领导的嘱托，“要把群众放在心里，要满怀感情做好驻村帮扶工作”。一直以来，笔者时刻把贫困户各项扶贫政策的落实情况放在心中，只要是能享受的，绝不落下一丝一毫；注重倾听群众呼声，把贫困群众的需求和困难记在心里，着力解决群众关心关注的民生问题。村里有的家庭劳动力少，收获时节笔者便帮着一起收稻谷，将晒干的谷子装袋并搬到室内，有时忙完已晚上八九点。有的家庭青壮年常年在外务工，老人不懂网络操作，笔者便经常上门教他们使用，到后来大家下载广场舞都找笔者，村民笑称小夏干部都成了广场舞专业户了。村里有位独居老人胡嗲，只有一个远嫁外地的女儿，有次不慎摔伤住院，我知道后立即赶到县人民医院看望，咨询医生后得知老人伤情较重，可能要住院治疗半个月以上，而胡嗲又搞不清相关事情，笔者便跟他耐心沟通，要他只管安心住院，其他一切别担心。后来笔者又专门开车接他出院，送他回家，还帮他办好出院相关手续，并到医院和保险公司办理好报销的所有事宜。胡嗲逢人就说，“小夏真是太好了，啥都不要我操心，什么事都办好了”。

三年来，笔者始终坚持急群众之所急、想群众之所想。开展人居环境整治，我们为村里的每户家庭配置一个带盖的垃圾桶；村里病号较多，有些病报销有限，我们募集并发放救助资金 5 万多元；为鼓励学生发奋读书，我们为贫困学子发放助学金 6 万多元；为解决残疾人的实际困难，我们共发放残疾人辅助器具60 套……这一件件、一桩桩，笔者付出的是百分之百的真心和真情，收获的不仅是村民竖起的大拇指，更是一张张热情的笑脸，一声声深情的问候，一份份沉甸甸的感情。

舍小家、为大家　全心全意投身脱贫攻坚

三年多时间，虽然妻子生产笔者只在医院陪了四天，小女儿的成长笔者经常缺席，大女儿从幼儿园到小学笔者很少出现，老家的父亲更是极少回去看望，岳母住院治疗笔者也没有前去探望……但是笔者不遗憾，更不后悔。在新河口村，防汛驻守的大堤上有笔者，排渍抢险的沟渠旁有笔者，疫情防控的特殊时期有笔者，项目建设的工地上有笔者，走村入户的

路途中有笔者，新河口村的每寸土地上都有笔者的足迹，每个角落都有笔者的身影，脱贫攻坚的道路上一直有笔者。

在这里，笔者从山区出来的夏伢子，变成了湖区成长的波妹子（村里都喊男的为妹子）；在这里，笔者知道了土地原来可以如此肥沃，知道了莲蓬是如何开花结果的，知道了小龙虾是怎样从虾苗走上餐桌的，知道了菱角是从哪里长出来的，知道了骑单车也可以不费力，知道了原来早晨七点太阳就已经白晃晃的了，更知晓了“粒粒皆辛苦”的由来……这里已经成为笔者的第二故乡，一个让笔者牵肠挂肚、令我魂牵梦萦的家园。

脱贫攻坚已大获全胜，小康社会已全面建成。在脱贫攻坚的道路上，笔者深深感受到了中国共产党强大的领导力和凝聚力，更为人民群众昂扬向上的斗志和干劲所感染、所激励。作为民主党派市委会机关干部，能参与到脱贫攻坚这一伟大的历史进程中，笔者深感荣幸和自豪，笔者将怀揣初心继续前行，为乡村振兴贡献力量。

根据口述整理

口述者：夏琼波

民盟益阳市委会秘书长

李明：用心用情用力　决胜脱贫攻坚

为了落后山村的蜕变，他躬身入局，精准施策，攻坚克难，铺筑脱贫致富路；

为了困境群体的难处，他克己奉献，胸怀大爱，倾囊相助，俯身结下鱼水情；

为了贫困乡亲们增收，他主动担当，连接市场，打通销路，甘作赔本小“微商”。

他就是邵阳市民主党派行政办主任李明，一名扎根一线4年之久的驻村扶贫干部，曾先后奋战在城步汀坪乡小阳坪村（后并入金童山村）和新宁县清江桥乡清江村。

用心铺筑致富路

2015年5月，民盟邵阳市委机关干部李明乘车近4个小时、240多公里，来到位于湖南、广西两省边陲的城步苗族自治县汀坪乡小阳坪村，开启为期3年的驻村扶贫工作。穿行在峡谷、九曲十八弯的崎岖山路，让城里长大的李明体验到这个贫困村的偏远和闭塞，沿途稀疏分散的村民院落、老旧的木板房，紧接着与村干部、党员的连夜座谈，大家都直观地感觉到了，小阳坪村脱贫任务十分艰巨，他们面临的是一块“硬骨头”。

当时的小阳坪村（现已合并为金童山村）距离县城47公里，平均海拔800米，共有76户333人，苗、瑶、回等少数民族人口占比94%。全村人均年纯收入不足2500元，建档立卡贫困户14户71人，贫困发生率高达24%，是个典型的少数民族聚居贫困村。

要拔穷根，如何发力？驻村工作队首先展开精准识别，逐户上门，把脉问诊，做好民情笔记，建立了民情台账。一个多月的摸底过程中，李明也迅速克服了上农村旱厕的心理阻碍，习惯了蚊虫叮咬、爬坡过坎，晴天一身汗、雨天一身泥。

为了找准脱贫良策，李明跟工作队的其他同志一起，白天与村支两委讨论，晚上分组召集村民开院落会，问计于民、问需于民，同时，密切关注外地先进经验。在此基础上，李明加班加点，集思广益汇众智，拟定了《2015—2017年小阳坪村扶贫开发整村推进规划》，经多次讨论、统一思想，确定了未来三年脱贫攻坚的总目标和路线图。规划主要包括加强基础设施建设以改善村民生产生活条件，发展扶贫产业以增加村民收入，用足扶贫政策、用活社会力量进行扶贫济困。

此后的1000多个日日夜夜，李明和他的“扶友们”成为村里的一员。他们写报告、跑项目、筹资金，想尽千方百计，改善基础设施；他们启民智、强技能、育产业，历尽千辛万苦，壮大扶贫产业；他们建设施、立规矩、搞评比，厘清千丝万缕，整治乡村环境。

3年间，穷乡僻壤发生了翻天覆地的变化。工作队先后筹措资金400多万元，新建村组水泥路500米、机耕道600米，修复垮方公路50多米，修筑平板桥2座；新建河堤300米、水渠6000米，清理河道5000多米；安全饮水入户率100%；危房改造15户；新建高山蓄水池2个，垃圾池2个，引导60户村民改厨改厕。

3年间，贫困乡村兴起了来势喜人的产业。利用村集体荒山、荒坡建成60KW光伏电站，光伏发电收益75%按比例分配给贫困户，25%作为村集体提留，每年可为村集体创收5万元以上。通过“以奖代补”，产业种植补助每亩700元，以“公司＋合作社＋农户”的模式，发展蓝莓种植100多亩，苗乡梨、西红柿、百合等特色蔬果种植100多亩。

对于李明来说，三年攻坚不畏难，因为此前，他已经扛过许多的艰难，2010—2011年到绥宁县瓦屋塘乡下基层锻炼，2013年到城步苗族自治县西岩镇参加抗旱救灾……从湖南农业大学生物专业毕业的他，早就与农业结缘，与农村相熟，与农民“相亲”。

用情温暖贫病幼

精准扶贫工作开展以来，千百万领导、干部前赴后继奔赴贫困一线“看真贫、扶真贫、真扶贫”，进驻城步汀坪金童山村和新宁县清江桥乡清江村的驻村扶贫的“战友”们纷纷这样评价李明同志：“他不单是真扶贫，他是真的带着感情在扶贫，真心关心老百姓，对群众有感情。”

驻城步汀坪乡金童山村扶贫工作队队长颜翩翩清晰地记得，2016 年 11 月，已过小雪，天气寒冷，李明与村民闲聊时无意中了解到，60 多岁的老人姚元梅突发疾病、卧床不起，只有 2 个年幼的孙子在家，无人照料。了解这一情况后，李明当即第一时间赶到老人家中，帮老人做饭、烧水、打扫卫生，就像是自己的亲人一样，悉心照顾。

“老吾老以及人之老”，也有“幼吾幼以及人之幼”。李明从 2015 年进驻小阳坪村开始，就开启了捐资助学的序幕。同年 5 月，在村里走访的时候，李明了解到一名 10 岁的小女孩因为家庭困难，面临着失学的风险。小女孩名叫易俊敏，当时正上小学三年级，其父亲和爷爷患有智力障碍，母亲得了怪病，体重达 200 多斤，瘫痪在床，全家靠年迈的奶奶艰难支撑。得知这一情况后，李明辗转难眠，“看到别人难过，心里过不得”。接下来，李明特意抽出时间、跑上跑下，帮易同学的家人申请了低保，并从自己微薄的薪水中，挤出省吃俭用存下的应急钱，每年捐出 1000 元作为易俊敏同学的学费。此后，这样的捐助连续发生，3 年间，他个人已捐出 5000 多元……

村里因病、因残失去劳动能力致贫的现象不在少数，可是自家也不宽裕，怎么办？除市商务局、民盟邵阳市委结对帮扶外，李明经常厚着脸皮四处化缘，动员社会力量进村帮扶。他甚至把在美国定居的姨妈请了回来，带到村里访贫问苦，姨妈被李明的情怀所感动，当场捐助 2 万元作为村里的特困帮扶和助学资金。

李明的古道热肠在当地传为佳话，村民们争相称颂，而李明却轻描淡写：“老人和小孩都需要关心，因为我自己家里也有儿子，也有爷爷、奶奶。”只是，当他提到自己家人的时候，眼里总会不经意间流露出几分掩藏不住的愧疚。

2015 年 5 月，李明进山驻村的时候，他的妻子已经怀孕 7 个多月，两个月之后，儿子呱呱坠地，他却连续几个星期待在小阳坪村，没有时间回去照顾。2018 年 6 月，妻子怀上二胎，他又常年驻守新宁清江村，直到二宝出生的前一个月，才匆匆赶回去陪伴生产。而且，90 多岁的奶奶失明 20 年，瘫痪在床，父母年事已高，都希望李明常回家搭把手。可惜李明总是在亲人们最需要的时候，一直缺席。

对此，当时的民盟邵阳市委专职副主委何忠感慨地评价说："驻村扶贫以来，李明对妻儿有愧、对父母有愧，但得到小阳坪村老百姓的认可，是称职的扶贫攻坚的战士。"

用力破解销售难

硕果累累满枝头，禽畜养肥满栏舍，给人丰收的喜悦，可是有些人也会烦恼。

2015 年 7 月，小阳坪村的贫困户在驻村扶贫工作队的帮助下，种植茄子 30 亩、西红柿 50 亩，眼看茄子、西红柿挂满枝头，预计亩产量 2000 多斤，可是他家没有车辆，外面的商贩因为总量太少也不愿意来收，这么多蔬果怎么办？

李明看在眼里，急在心里，这些种植蔬果的贫困户，如果不及时解决销路问题，一方面会影响贫困户生计、收不回成本，无疑会让贫困户雪上加霜；另一方面对整个村扶贫产业的发展信心也将是一个不小的打击。

天天用手机、用微信，李明带着试一试的心理在微信朋友圈和微信群发布了贫困户的销售问题，寻求微友帮助。万能的朋友圈很快就有了回应，不少朋友纷纷找李明带货，贫困户家的蔬果很快陆续找到了买家。

经此一役，每当种植户、养殖户碰到销售困难，他总是第一时间在朋友圈和民盟系统微信工作群进行推销，亲自上门收货，利用周末的时间自己开车送货上门，俨然成了职业"微商"。不过，他这个"微商"，不但不赚钱，还要倒贴汽油费、过路费，此外，分拣、包装、送货也要耗费他大量的时间和精力。

记得 2021 年 1 月，临近年关，新宁全县脐橙滞销，李明驻村的清江村很多贫困户家里成堆的脐橙找不到销路。李明轻车熟路，通过网络推广找好了卖家。当月 16 日至 18 日，李明包了一辆农用车，装上村民的脐橙，带领同事谢亮亮、王富华等人，挨家挨户在邵阳市区上门送货，3 天时间卖了上万公斤，乡亲们落袋为安，过了一个丰收年。

2015 年以来，李明坚持义务带货，累计帮助村民销售农副产品价值 10 万多元，品类包括茄子、西红柿、辣椒、脐橙等蔬果，也有乌骨鸡、鲜鱼、鸡蛋等禽畜产品。

四年决战脱贫攻坚，李明始终全力以赴，好在一分耕耘一分收获，他驻村帮扶的城步苗族自治县汀坪乡金童山村和新宁县清江桥乡清江村已全部脱贫出列，全部贫困户已顺利脱贫摘帽，在全面小康的征程中，他交上了一份人民满意的答卷，他本人也连续四年被评为驻村帮扶先进个人，荣立个人三等功一次。

2021 年 5 月，不忘初心的李明再次进驻北塔区陈家桥镇李子塘村，为乡村振兴接续奋斗。

民盟邵阳市委会　供稿

姚和平：不忘初心惠三农
用电商反哺家乡农民

姚和平，湖南淘农村农业科技有限公司董事长。曾荣获怀化市青年创新创业大赛特等奖、最美扶贫人物，湖南省十大农产品网络销售达人、江西省农村双创大赛第一名、全国首届农村双创大赛优胜奖，民盟中央脱贫攻坚先进个人等多个荣誉，受到国家领导人汪洋的接见和鼓励。

1980 年 1 月，姚和平出生在湖南怀化洪江市岩垅乡一个边远山村的残疾人家庭（父母均是残疾人），从小陪着父亲钻煤窑，在马路边苦等客商上门收购冰糖橙长大。对家乡冰糖橙丰年不丰收，量大不值钱，产多卖不出的现象，农民守着优质冰糖橙过穷日子的艰难有着刻骨铭心的记忆。

2001 年 7 月，姚和平从湘潭大学计算机科学与技术专业毕业后，进入福建省泉州五矿外贸 2 部工作，负责跨境电商。2002 年 12 月，姚和平进入泰国荣泰国际贸易有限公司任设计师兼翻译，成为人人羡慕的白领。2010 年 1 月，他却毅然辞去公司优厚的待遇，带着多年互联网国内外电商操盘经验回到家乡怀化，成立怀化环球电子商务科技有限公司。2015 年 10 月，怀化冰糖橙严重滞销，姚和平将公司更名为湖南淘农村农业科技有限公司（以下简称淘农村），成立淘农村助农平台，在网上帮助家乡推销冰糖橙，让家乡黔阳冰糖橙的名号走出了怀化，走出湖南，走向全国，让过去不值钱、卖不出的山果，变成了各地商家争相收购的金果。姚和平也开始了扎根基层服务三农的征程。

2016 年 10 月，为了更好地助力脱贫攻坚，推动家乡农业产业化发展，淘农村筹资 300 多万元，将因撤区并乡闲置的洪江市原红岩乡政府机关进行改造利用，修建了1500平方米的电商仓储中心；成立集冰糖橙种植技能培训，品种改良推广，产品收购仓储、包装、销售为一体的淘农村助农服务中心，安排和带动100人就业；并建立起以洪江市岩垅乡青松村为主要定点帮扶的冰糖橙示范基地。同时以高于市场价5分至1角的价格与青松村160户农民（其中贫困户30户）签订冰糖橙收购合同。这一举措，当年就帮助该村农民销售冰糖橙近1000万斤，实现人均年收入20000元，极大地鼓舞了农民种植冰糖橙的信心。

多年来，姚和平坚持不忘初心惠三农，扎根怀化洪江市农村，每年不论等级、卖相，均以高于市场5分至1角的价格签约收购的农民冰糖橙超1000万斤（其中贫困户约500万斤），让农民吃下定心丸。从而带动岩垅乡13个行政村17600多人，以及周边红岩乡、黔城镇等10余个乡镇发展柑橘产业。目前，冰糖橙已成为岩垅乡的拳头产品和支柱产业，全乡有柑橘面积24500亩，年产柑橘8400吨。2019年9月，农业农村部认定岩垅乡为第九批全国一村一品示范村镇（柑橘）；2021年4月，岩垅乡入选2021年国家农业强镇创建名单。2018年，洪江市实现整体脱贫摘帽。到2020年底，洪江市发展冰糖橙30万亩，年产量超过30万吨。

姚和平与家乡贫困户签订冰糖橙销售合同

姚和平在积极参与家乡扶贫助农的同时，坚持用互联网电商的力量帮助全国多地的老百姓解决农产品销售问题。

大凉山盐源县苹果通过淘农村平台销往全国各地

2015 年 12 月，四川大凉山盐源县苹果滞销，淘农村帮助当地老百姓销售 200 万斤，让大凉山盐源县苹果首次通过电商走出了大山。2016 年 5 月，广东湛江市徐闻县菠萝滞销，淘农村帮助当地老百姓销售 200 万斤。2017 年 6 月，怀化会同县数十贫困户种的红米滞销，淘农村用 8 小时全部解决。2017 年 6 月，江西瑞昌贫困户有数十万斤桃子急等出售，受瑞昌市农业局邀请，淘农村用 3 小时全部卖出。2017 年 9 月，怀化中方县 300 万斤刺葡萄滞销，淘农村在一周内全部卖完。2018 年 2 月，湖南永兴县 3000 万斤冰糖橙严重滞销，受永兴县人民政府邀请，淘农村在 10 天内全部售完。2018 年 5 月，四川大凉山 1 亿斤洋葱严重滞销，受西昌市蔬菜局邀请，淘农村帮助销售 5000 万斤。2020 年年初，受新冠肺炎疫情影响，快递业务一度暂停，客户网上订购的冰糖橙发不出去，农民送来的几十万斤冰糖橙眼看就要烂掉，淘农村想办法将冰糖橙全部拉到福建漳州做成了橙汁，再做成了固体功能型饮料。2020 年 11 月，由于管理不善，洪江部分乡镇冰糖橙出现严重沙皮问题，卖相极差，传统渠道没有人愿意收购，为了减少农民损失，淘农村通过平台的力量，收购有沙皮问题的冰糖橙超

300 万斤。

如今，在姚和平的推动下，他的家乡农业完成了以提升农产品产出能力为主要特征的 1.0 时代向以农村产业化发展为主要特征的 2.0 时代的转变，正向着观光旅游休闲农业、“互联网＋”等现代化农业的 3.0 时代迈进。淘农村也成为怀化市电子商务龙头企业、湖南省电子商务重点培育项目、湖南省电子商务示范企业、国家高新技术企业，但他没有停止脚步。

在乡村振兴的道路上，他正尝试通过解决农产品销售的问题，增强农民对农业的信心，用销量倒逼农民标准化生产；通过“互联网＋”推动农业与加工业、农业与流通业、农业观光旅游休闲业的有机融合，为现代化的新农村建设贡献民盟力量，作出更大的贡献。

执笔人：黄升

民盟怀化市委会秘书长

刘佳琪：倾情帮扶暖民心　无私大爱助脱贫

刘佳琪，湖南滨水置业有限公司董事长，岳阳市房地产业协会理事长。2020年，获评民盟中央“社会服务先进个人”荣誉称号。

用炙热情怀回馈社会

企业越做越大，财富也随之而来，但出身教育世家刘佳琪始终没有忘记自己的初心。他说，企业发展到一定的规模，就应该怀有感恩的心，回馈社会是一家有责任感的企业的应有之义。

刘佳琪是这么说的，也是这么做的。

参加工作后，他多次为岳阳市房产局的扶贫点捐款捐物。1996年及1998年，岳阳发生了两次历史上罕见的洪涝灾害，他带头捐款，一捐就是一个月的工资。

2002年，刘佳琪参与发起成立了岳阳市山水有爱志愿者协会，这是岳阳市第一家民间爱心志愿者团队。

2008年5月，四川发生历史上罕见的“5.12”汶川大地震，刘佳琪顾不上项目正是急需资金之时，果断决定向灾区捐款22万元，并且在岳阳市步行街广场举行捐款仪式，号召公司全体员工及广大市民为灾区捐款，奉献爱心。在他的感召下，岳阳一批房地产企业及众多市民踊跃捐款。

2010年4月14日，青海省玉树县发生强烈地震，他又发起募捐，为玉树灾区捐款17万元。

2011年6月，临湘发生特大泥石流灾害，又是他迅速组织献爱心活动，共捐款13.5万元。

为关爱贫困学子，他还为团市委“爱心屋工程”捐款1万元。2014年为岳阳经开区教育事业捐款 10 万元。2015 年为岳阳南湖新区教育事业捐款 10 万元。2016 年为革命老区平江发展扶贫捐款 20 万元，为岳阳经开区教育事业发展捐款 10 万元。2017 年岳阳遭遇特大暴雨捐款救灾 20 万元，为岳阳市慈善总会捐款 10 万元，为“春风行动”助学捐款 5 万元。2018 年为改善家乡环境捐款 30 万元。2019 年为岳阳县教育事业捐款 10 万元。另外，他每年还积极捐资助学，多次看望慰问困难群众，为贫困乡村修桥修路积极捐款……

20 多年来，刘佳琪累计捐款达 600 余万元。

这些爱心义举，完全是刘佳琪内心深处的情怀使然。他说，帮助他人所获得的成就感，绝非金钱和功名可比拟。要将扶贫帮困作为一项长期的事业，一直坚持下去，让更多的人得到温暖。

聚焦群众“急难愁盼”

为了更好的为百姓代言，刘佳琪多次深入街头巷尾、厂矿学校、乡镇村委开展社会调研，为弱势群体鼓与呼，针对关系民生和社会发展的突出问题积极建言献策，他撰写提交《关于减免五保户、孤寡老人等社会弱势群体丧葬火化费的议案》《关于扶持农村电商，助力“精准扶贫”的建议》。

在市政府推动“最多跑一次”改革中，刘佳琪深入调研后，提出《关于我市不动产登记工作的几点建议》《关于依法明晰住宅小区车位权属并办理不动产证的建议》得到了政府的高度重视，这些建议逐一落实、改进，既有力助推了政府工作，又为百姓办事打开了方便之门。

倾力帮扶就业

刘佳琪办企业的一个初衷就是要为政府分担就业压力，为稳定社会作出贡献。

刘佳琪的企业开辟了绿色就业通道，专门为贫困户家庭劳动力提供便捷就业渠道。他的公司长期安置下岗再就业人员 90 多人，每年为 1000 多外来务工人员提供了就业机会。

在平江县梅仙镇柘庄村的湛明春家，刘佳琪仔细与他拉家常，特别是听到他计划种植150亩生态林时，马上帮他联系农业大学的专家，给予其技术帮扶，并在直接承诺采购其种植的林木，解决了销路，让他家捉襟见肘的生活真正“转起来”，如今他们的生活一天比一天好。

民盟岳阳市委会　供稿

潘三军：扎根湘西种药材　发展产业富苗乡

潘三军，民盟湖南省委会直属法律支部盟员，1968 年出生，湖南浏阳人，现任湖南天香生态兰花有限公司董事长、湖南兰花小屋健康文化传播有限公司董事长、湖南凤凰兰科中药材股份有限公司董事长。2015 年，作为“精准扶贫”首倡地的湘西州，在全州范围内全面推进驻村扶贫工作，省委省政府也将湘西州作为全省脱贫攻坚主战场，举全省之力对口帮扶湘西州打赢打好脱贫攻坚战。当时年近知天命之年的潘三军，主动响应国家号召，来到湘西州凤凰、花垣等县投资建设重点扶贫项目“铁皮石斛 +”森林立体栽培高科技产业示范园，为绿水青山变金山银山打开了一条通道，为帮扶苗乡脱贫致富树立了一个标杆。

初到苗乡遇困境　巧施妙招解危机

2015 年，潘三军和同样有心到湘西州投资扶贫的部分有志企业家一起，组成一个 16 人的团队从长沙前往湘西。面对这广袤的武陵山区，他们心情振奋，觉得可以抓住国家实施精准扶贫大开发的机会，大力施展拳脚，努力有所作为。潘三军等人考察了湘西州所有县市，最后看中凤凰县千工坪镇木里村的优良地理环境，经过相关检测，确定这里十分适合种植铁皮石斛，于是最终决定把投资放在木里村，在村里挂牌成立湖南凤凰兰科中药材股份有限公司，建设一个千亩“铁皮石斛 +”森林立体栽培高科技产业示范园。

按照潘三军的设想，他们的到来给木里村带来大额投资，可以有效改善当地村民生活条件，并且铁皮石斛种植不挖山、不毁林、不破坏原有生态，老百姓肯定会拍手欢迎。所以他成立公司时都是与驻村扶贫工作队联系，没有深入了解当地村民的想法。结果公司挂牌成立后，立即遭到了村民的普遍抵制。对公司的土地承包、前期建设等工程不仅不配合，还处处制造障碍，故意为难，摆明了要将潘三军等人赶出木里村。同来的企业家们都无法忍受这种环境，纷纷撤离回了长沙。

面对艰难困境，潘三军不轻言认输，他深入村民中，耐心了解老百姓对他们的敌视原因。经过一番查访，潘三军才了解到，原来在他们投资之前，先后有几拨人在木里村投资种植田叶菊、牡丹等，因为不善处理与苗族群众的关系，最后都告以失败，欠了村民们大笔土地租赁金和工钱没有支付就跑了，村民们从此视外来投资者为骗子。明白原因后，潘三军不再急着开工，而是想方设法先赢取村民的信任。他在公司里制定了一条规定，并把这条规定打印出来张贴在墙上：我们大家都是汉族，木里是苗族，我们来到了木里，我们是木里的少数民族，我们要主动融入木里，学苗语、唱苗歌、跳苗舞、循苗俗、尊苗礼，成为苗族村一员。

潘三军不仅这样说，更处处身体力行。很快，他和木里村的苗族群众打成一片，大家都不再反对他在村里的投资。然而，在劝说村民跟他一起发展铁皮石斛种植时，潘三军又遭遇了困境，没有一位村民肯加入他的团队，大家被之前的经历搞怕了，害怕再失败亏损。这时，潘三军展现了他的魄力，带领木里村所有村干部到他位于安徽霍山的种植基地参观，全程费用都由他个人出资。这次出行，许多村干部是第一次走出大山，第一次坐上高铁，第一次了解到铁皮石斛种植有广阔发展前景。他们心动了，纷纷表示说同样是山区的霍山都能搞得好，那木里也不会差，由此激发了内生动发展力。回到村里后，村干部们主动现身说法，引得村民积极参与，潘三军的事业终于在苗乡落地生根，迎来良好发展。

因地制宜兴产业　发展壮大助脱贫

有了强大的群众基础和先进的种植技术支撑，潘三军在木里村的“铁皮石斛+”森林立体栽培高科技产业示范园很快走上了一日千里的高质量发展道路。他因地制宜，探索出了符合当地实情的森林农业产业模式，采取树上挂种铁皮石斛、金钗石斛、鼓槌石斛、珍虫石斛等珍贵兰科植物石斛，树下林地进行耕地翻整，种植白芨、金线莲、天麻等药用兰科植物，羊肚菌等珍贵菌菇，传统中草药、药食两用的苗药及土家族药材等高附加值作物。这种模式既不与农业争农田，也不与林业争林地，充分遵循自然，既保护了生态环境，有利于提高土地综合生产力，又实现了良好的经济效益，是一种高产、优质、安全的绿色产业模式，得到推广应用后将极大改善湘西乃至湖南山区生态环境和维系生态安全、促进贫困山区经济社会发展、助推当地脱贫致富。潘三军通过在木里村投资发展取得的经验，接着又在花垣县双龙镇岩罗、让烈等苗族村寨投资兴建新的种植基地和示范园，大力推广这种产业模式，并取得了良好成效。

从2016年至今，潘三军先后在木里村投入9000多万元，在岩罗、让烈两村投入2000多万元，带动了周边11个村702户2957名贫困户脱贫，6年来人均增加收入3500元，直接帮助木里村318个贫困家庭每年增加年收入3500元。潘三军还通过自己的种植基地和示范园，带领当地农民成立了6个合作社，共有1600多名农户加入了合作社。经不完全统计，6年来，潘三军共计支付老百姓山地租金近200万元，支付老百姓工资270余万元，给当地老百姓和贫困户分红390余万元，并花费490余万元培养当地农民学习技术与管理知识，帮助农户就业。潘三军还提出并积极推广家庭手工业扶贫模式，他第一个推广的项目是中药材枫斗加工，先后拿出330多万元用来给当地村民购买加工设备、培训材料和支付工资，专门从浙江聘请专家来木里村、竹山村给当地苗族群众讲课，已成功培训了300多名妇女成为枫斗加工工人，并计划到2023年年底培训出1000名妇女成为枫斗加工工人，整个项目争取培训出10000名妇女成为枫斗加工工人，预计年枫斗加工量可达到300万斤，年产值可以达到30亿元，每年发放加工费2.25亿元，不仅解决10000名留守妇女的就业问题，还可以带动10000个家庭脱贫致富。

帮助了苗乡群众脱贫致富的潘三军时时不忘感恩，积极回报社会。凤凰县千工坪镇木里村4组村民张佳如，家中有5口人，其中三个孩子残疾，不能走路，妻子吴吉聪只能在家里照顾孩子，不能外出务工，全家的经济收入只能靠张佳如一人做农活来维持，是村里的深度贫困户，潘三军了解情况后，多次到张佳如家里慰问探望，并聘请张佳如和吴吉聪两夫妻到公司上班，支付其夫妻工资每月5000元，有效帮助张佳如一家解决了实际困难。每年年底还组织公司同事向村里80岁的老人拜年，几年来共发放拜年红包5万余元。村里每年举办苗族赶秋节，潘三军都给予10000元赞助，他还支持村里民族非遗文化传承，帮助开办苗族武术培训班，组建武术表演队到外面参加比赛和表演，每次外出时公司都给表演队补助服装费、车费。另外给村里捐建图书室和直播器材，培养村民当主播。2020 年新冠肺炎疫情暴发时，他主动给凤凰县、千工坪镇和木里村捐献了 5 万元，支持当地疫情防控工作。

扎根苗乡寄深情　实干奋进助振兴

潘三军的事业越做越大，他的铁皮石斛基地在木里村已扩大到 1500 亩，在岩罗村已扩大到 1200 亩，被评为湖南省国家高新技术企业、湖南省农业产业化龙头企业、省级林业特色产业示范园区、武陵山片区最具价值道地药材基地等称号。2020 年，基地产值达 4000 多万元，当年在铁皮石斛、枫斗等中药材加工上的科研投入达 500 多万元，并在国内北京、上海、广州等各大城市建立了 26 个办事处，专门负责公司中药材产品推销工作。2021 年，潘三军继续发力，在木里村投入 150 多万元建设铁皮石斛种苗基地，未来计划投资 4500 万元，建设武陵山区民族药材种子资源基地和全智能化玻璃温室种苗大棚。争取到湖南中药材大学、湖南农业大学、湖南林业科技大学、湘西州农科院等高等院校和科技团队的支持，计划未来五年内，将铁皮石斛等中药材种植面积扩大到 50000 亩。

潘三军不仅自己扎根苗乡，还把毕业于北京外国语大学的儿子潘浩东也带动了过来。从小过惯了大都市生活的潘浩东一开始来到湘西苗乡时，非常不习惯这里相对落后的乡村生活，每次呆上两天就闹着要回长沙。后来慢慢融入其中并爱上了中药材种植事业，现在经常连续数月不回城一次，还认了村里一位苗族老人做亲戚。

随着国家加快推进农业农村现代化、全面乡村振兴战略的实施，潘三军坚信，苗乡的发展将更加势不可当。他将继续为湘西州乡村振兴出力，与苗乡人民一起奋力开创美好幸福的明天。

执笔人：龙骏峰
民盟湘西州委会机关

杨仕军：精准扶贫　哺农辟新径

2018 年 6 月 16 日，第九届中国时代风采颁奖盛典暨 CCTV 电视人物访谈在首都北京举行。

湘西蓝飞乡村旅游综合开发服务有限公司董事长、民盟湘西州委 2017 年度优秀盟员杨仕军怀着无比激动的心情走进庄严肃穆的北京国家会议中心，从全国人大常委员会原副委员长周铁农手中接过“中国‘三农’模范人物”醒目字样的金鼎奖杯。当面对摄影机此起彼伏的闪光灯，听到与会者雷鸣般掌声时，他灿烂的笑容如同满山野鲜花盛开似的。在这闪耀的光环背后，饱含的是他那颗投身新农村精准扶贫建设火热的心和为此付出的千百倍努力。

白手起家勤打拼

杨仕军，1966 年 10 月出生在吉首市寨阳乡曙光村一个贫困农民的家庭。这里虽然离吉首市城区不远，却是湘西山村典型的“九山半水半分田，半分山村和庄园”的山区。在乡村他兄弟姐妹 4 人，全靠母亲日出而作，日落而息勤奋的双手劳作养活着。“穷则思变，变则通”。为了减轻母亲负担，他高中毕业后便成了赶集摆地摊的小货郎。

开弓没有回头箭，只要是认准的事，哪怕再辛苦，也要坚持走下去。为了节约几块钱车费，他经常半夜启程，实在挑不起了，就在路边打一个盹。凭着常人无法做到的坚强意志和艰苦拼搏的精神，别的货郎是勉强度日，他的生意却越干越大。从一条扁担到农用机，很快成为令人羡慕的“万元户”。

1993 年，敏锐的市场嗅觉让杨仕军看到二手车的市场前景，他来了一次华丽转身，从地摊小货郎到经营二手车车行的老板。他常告诫他的员工说，赚钱要赚在明处，更要赚得心安理得。因此，由于他良好的信誉，加上优雅风趣的谈吐、敏锐的商业嗅觉让顾客们一见如故，顾客们认为小伙子谈吐不俗，做人又讲诚信，都愿意跟他做生意。自然他的生意异常红火，几年下来他成为二手车市场名副其实的大享。

敢叫荒山堆金来

树高万丈不忘根，杨仕军富了，可父老乡亲日子仍然过得清苦。万紫千红才是春，杨仕军毫不犹豫地决定回乡村发展。话语刚落，很多好友劝他莫冲动，好不容易在城里立稳脚跟，弄不好会前功尽弃。然而，杨仕军铁了心，他的主张与《礼运·大同篇》所云异曲同工。他说："世间许多有意义的事情没有去做是自己的耻辱，做了没有人理解则是另外一回事。"

2012 年春天，杨仕军携着几千万元回到乡村承包几座荒山，注册成立湖南湘西蓝飞乡村旅游综合开发有限公司。为了更好地带动父老乡亲脱贫致富，他同时注册成立湖南吉首市蓝飞农业专业合作社。修路架水通电开荒，几年下来他已经相继流转了 258 亩荒山闲置土地。

《诗经·小雅·鹤鸣》中写道"他山之石，可以攻玉"。杨仕军先后参加了吉首市农业局"新型职业农民培育工程"新型农业经营主体带头人培训学习、湖南省"贫困村经营管理型创业致富带头人"培训班学习、湘西经济开发区企业首期总裁研修班、农业部组织的农村实用人才带头人培训班学习等培训学习。他通过培训学习摸索出一条以开发生态休闲农业为基础，以乡村风情、民族文化、茶文化为特色，以团队聚会、农活体验、花果采摘、茶文化交流为主体，以公司 + 合作社 + 精准扶贫建档立卡户的融合性开发的乡村发展模式。为了更好地打造"一村一品，宜居宜游"的美丽乡村品牌，已建成农活体验园、休闲农业观光采摘园、茶旅文化特色园。

杨仕军用自己智慧与诚信对事业一片眷恋之情，在人生的琴弦上，弹奏出了一曲曲清扬激越的新农村建设的歌谣，在天地之间飘荡。2016 年度，他的公司在吉首市人民政府"优秀企业及合作社金融扶贫产业项目"

综合评审中第 4 名，并获得“创新创业 310 工程项目”奖。同时，他的合作社被湘西自治州人力资源和社会保障局、湘西自治州财政局授予“创新创业带动就业示范合作社”荣誉称号。他的公司获得了湘西州武陵山片区创新办“最具创新力”企业荣誉称号，并列为湘西自治州创业者协会理事单位和民盟湘西州委“盟员企业精准扶贫优秀单位”。2017 年，被吉首市旅游和文化广电新闻出版局授予“吉首市乡村旅游发展示范户”荣誉称号。同时，被湖南省人民政府授予“湖南省创新创业带动就业示范社”荣誉称号。2018 年 6 月 16 日，他被授予“中国‘三农’模范人物”荣誉称号，在北京国家会议中心接受国家领导表彰。

精准扶贫暖人心

杨仕军自公司成立以来，就以带动大家共同致富为理念，积极投身于精准扶贫大业中，主动承担社会责任。目前，据统计已带动精准扶贫建档立卡户 40 户，共计 158 人。

扶贫先扶志。除一些丧失劳动力者直接给予经济援助外，其他根据不同贫困农户状况，运用科学有效的程序对扶贫对象实施“有氧造血式”的扶贫。例如，杨仕军了解到阿平有点小残疾比一般人劳作稍差一些，他就掏钱送他去农业技术培训学烤全羊，学成归来又安排他到公司餐饮部上班。他又了解到阿洪学历不高但心却比天高，因此，窝在家里又不愿意干农活，整天做不劳而获的美梦。经过促膝谈心，他发现阿洪对果园管理感兴趣，立马送他去学习，现在阿洪是公司果园管理负责人。村里有一个叫阿兵的人，特喜欢画画也有这方面的天赋，可却被村人列为“异类”。四十来岁了，连个女朋友都找不到。杨仕军获悉后立马把他列入帮困户，不仅在经济上给予支助，还为他引见湘西美术界的林时九、石长青、杨幼民等名流，使他心身欢畅，画技突飞猛进，现时常有人上门求画，还获得了女子的垂青。

杨仕军还通过茶文化论坛让优秀的都市化走进乡村，启迪山民的智，以至于达到先富民，接着教化，不至于重财轻义，使整个社会呈现“爱人者恒爱之，敬人者人恒敬之”。

讲不完杨仕军精准扶贫准感人的故事，如滔滔不绝的峒河奔腾不息。

“为什么我的眼睛里常含泪水，因为我对这片土地爱得深沉！”一位诗人这么写道。

杨仕军，用他的行动，诠释着对这片土地的款款深情。

执笔人：符元江
民盟湘西州委会机关

帅银花：留守儿童的“知心妈妈”

帅银花，民盟株洲市委会社会服务科科长，中级社会工作师，国家二级心理咨询师，2004年年底调入盟市委会一直从事社会服务工作。2016年开始，她牵头组建“盟心·心理”咨询师团队，服务留守儿童，通过有效疏导，志智双扶，成为许多留守儿童的“知心妈妈”。

组建团队　开启心理扶贫之路

2014年开始，帅银花跟随时任民盟株洲市委主委、市人大副主任鲁立彬在炎陵下村乡平坑村（现在的鄢峰村）扶贫。

在平坑村的扶贫工作中，帅银花发现，很多留守儿童因成长过程中长期缺失父母的陪伴和爱，导致大多存在人际关系不良、认知偏差、性格孤僻、行为怪异等问题。

帅银花看到那些孩子，觉得很心疼。“心理扶贫比生活扶贫更重要，只有让他们心理健康、心灵强大，才能从根本上脱贫”。于是，她将留守儿童的心理健康教育作为扶贫工作的主线，牵头22名心理咨询师、2位精神科医生组建了“盟心·心理”咨询师团队，服务留守儿童这个特殊群体。

数年坚持　成为孩子们的知心人

2016年10月，帅银花带领“盟心·心理”咨询师团队联合督导马丽华教授，参与省妇联、省教育厅联合举办的“知心屋”公益心理健康进校园活动。

风雨无阻，步履不停。帅银花亲自带领团队成员对炎陵县水口中学的留守儿童开展讲座、团体辅导、个体心理咨询、班主任培训等形式多样的心理健康辅导；并利用寒暑假对全县54名心理健康教师采取团体辅导、讲座和磨课等方式进行4期培训。为炎陵县打造出了一支以专兼结合的心理健康辅导教师为骨干的心理健康教师队伍。

真心的付出，收获了孩子们满满的信任，每次一到学校，孩子们就会把她围得水泄不通，女孩子们更是抱着她，一个劲地说：“我们好想你啊！”

让爱延伸 温暖更多留守儿童

2019 年，“知心屋”项目结束了。但是，帅银花牵挂留守儿童的心却深深扎根在炎陵了。随后的几年里，帅银花坚持每月 1 次，到炎陵水口学校、炎陵中学和霞阳中学三所学校，为留守儿童开展团体辅导、个体心理咨询和心理健康老师培训。

在服务炎陵留守儿童的同时，帅银花让爱的触角延伸得更多更远……

深入泰山小学、大京学校、龙头铺中学、侨心小学等城市四区 14 所学校，为进城务工子弟和城市留守儿童开展心理健康服务。

2016 年和 2017 年，“盟心 · 心理”咨询师团队两次来到张家界黄家铺九校，与特困学生开展有趣的互动游戏，给孩子们提供心理和物质的帮助。

2018 年和 2019 年，“盟心 · 心理”咨询师团队和督导马丽华教授，不远千里两次前往云南昭通市鲁甸县乐红中心学校，为经历过地震的师生开展心理健康辅导和送课活动。

“在云南鲁甸，我们对贫困学生做家访，最远的家庭离学校 40 多公里，山路崎岖险峻，许多地方临着 2000 多米深的悬崖峭壁，连简单的护栏都没有……我们没有一个人退缩，完成了终生难忘的家访任务，给孩子们送去温暖和鼓励。”回忆当时的情景，帅银花很感动，分别时孩子们与团队成员们紧紧拥抱在一起，久久不愿分开，“一个拥抱，对我们来说就是最好最美的回馈。”

在留守儿童心理健康的道路上，帅银花一直坚持身体力行，她希望能以自己的微薄之力，带动更多的人对留守儿童倾注更多的爱心，让需要帮助的孩子们多一份关爱、少一份孤独，多一份希望、少一份失落，让他们拥有阳光的心灵，健康快乐的成长！

民盟株洲市委会 供稿

江平福："这些孩子，最让我牵挂"

2019年，民盟湖南省委会"讲好中国故事"宣讲台上，民盟长沙市委会社会服务工作委员会副主任、湖南省大爱无疆青少年公益发展中心副理事长江平福深情讲述着她和团队志愿者们十余年如一日帮扶事实孤儿的公益故事，时而欣慰时而哽咽，令人动容。

结　缘

"关注到事实孤儿这个特殊群体，源自一次偶然的爱心扶贫助学送书。"江平福回忆起初次接触公益事业，"看到了这些无人关注的孩子，结识了一群志同道合的朋友，从此与公益事业结下了不解之缘。"2008年，江平福在偶然的契机下，第一次接触了解到事实孤儿这一特殊群体。事实孤儿是指父母一方死亡，另一方失踪、弃养、服刑、重残和重疾，或者父母双方均含有失踪、弃养、服刑、重残和重疾，导致事实上无人抚养的未成年人。这个群体之所以特殊，其原因在于他们并不是真正意义或标准意义上的孤儿，未被纳入孤儿福利与救助体系中，他们缺乏关注、处于边缘地带，承受着经济和精神的双重压力，更容易误入歧途，甚至走上犯罪道路。经过直观的接触和深入的了解后，江平福对这些孩子的生存境况非常担忧，萌生了尽一份力量帮助他们摆脱困境的想法，随即联合一帮热心公益的朋友，共同发起了"逆风飞翔·事实孤儿同行计划"，并后续成立了大爱无疆公益文化促进会。

发　展

截至2021年，逆风飞翔项目规模化推广至51个县市区、2000余万元助学款、帮扶 2500 名事实孤儿、200000 余名爱心人士……这些震憾人心的数字，是她对“爱”最美的诠释。

“2021 年 22 名资助的孩子考上大学，目前 74 人考上大学，现在大学毕业走上工作岗位 38 人，通过职业技能培训就业 55 人，这个项目最大的意义不是我们资助了多少孩子，多少孩子上了大学，而是我们所资助的孩子不但无一位走上歧途，而且大多数孩子回到机构并成为志愿者、成为爱心人士回报社会。”江平福谈起这些资助的孩子，一脸欣慰和自豪。今年是大爱无疆公益文化促进会成立的第十二个年头，在江平福和团队的努力下，“逆风飞翔 · 事实孤儿同行计划”已经小有规模，为受助孩子们提供了物质和精神等多层面的关怀，并通过开展宝贝小屋、麓山少年成长营、宝贝礼包等项目，让缺乏陪伴的孩子与完整家庭之间建立情感链接，避免爱的缺位，帮助孩子塑造独立人格，正常地融入社会。大爱无疆公益文化促进会也因此得到了全社会的认可，相继获得中国扶贫基金会、中国好公益平台壹基金、腾讯基金以及 27 个伙伴机构的支持。随着“逆风飞翔 · 事实孤儿同行计划”的规模化推广，江平福看到事实孤儿数量非常庞大，仅靠一已之力或一个社会机构的力量来救助远远不够，只有通过完善的政策制度才能从根本上解决问题。

鉴于此，江平福借助自己民盟盟员的身份，依靠民盟长沙市委会这一发声平台，积极奔走于政府相关部门，以期将“逆风飞翔 · 事实孤儿同行计划”转换为建议提案，让更高层面的领导、部门关注事实孤儿生存困境，推动形成事实孤儿救助合力。经过多年奔走呼吁，大爱无疆公益文化促进会“逆风飞翔 · 事实孤儿同行计划”和相关提案引起了国家高度重视，2019 年，国务院副总理孙春兰听取了大爱无疆秘书长康雄关于“逆风飞翔 · 事实孤儿同行计划”的汇报；民政部等多个部门联合发布《关于进一步加强事实无人抚养儿童保障工作的意见》，该意见于 2020 年 1 月 1 日起正式实施，惠及全国 42 万事实孤儿。

感　召

由于人员、物资和资金短缺，江平福的团队曾多次面临解散危机。

"但做公益并不是办企业，企业可以申请破产结算，而我们的团队如果解散，受助孩子的希望就被破灭了，可能再次面临失学，心灵再次受到创伤。"大爱无疆公益机构珍藏着一张照片：一名五岁的事实孤儿像依恋母亲似的依偎在她的臂弯里，眼神里透出希望的亮光。"每次回想起这个画面我都很触动，这些孩子真的太需要爱和温暖了，正是这份责任、信念和对事实孤儿的怜惜，据了解，江平福个人资助的大学生在能够自食其力后，已经开始通过大爱无疆公益文化促进会反哺社会。2021 年 8 月，在讲述起大爱无疆如何通过做实事帮扶事实孤儿群体，一位"95 后"企业家聆听后深有感触，99 公益日，该企业家拿出饭店当天营业额的 30% 捐助到事实孤儿帮扶基金中，成立了事实孤儿志愿服务队，承接了开福区事实孤儿服务工作，开展事实孤儿帮扶成了该企业践行社会责任的一部分。一家环保公司董事长深受感触，成为民盟首个事实孤儿公益基金和志愿服务队的企业，在江平福的影响下这样的故事还有很多很多。这份爱心接力，让江平福看到了坚守公益事业的意义不仅在于对一个孩子、一个家庭的帮助，更在于能够影响和带动更多人共同参与、共同努力建设和谐美好幸福的社会大家庭。现如今机构联动湖南省各地州市 50 多个优秀志愿服务团体，为他们提供技术服务和专业培训，"逆风飞翔 · 事实孤儿同行计划"由省团委、省教育厅、省文明办牵头，在民盟市委会战略支持下全省启动，并实施全国规模化推广，让更多事实孤儿得到关注和帮扶。

疆有域，爱无垠

十三年的公益路，十三年的志愿之路，在十三年里她从未在机构领取任何报酬与工资，却总在服务的一线看到她的身影，事实孤儿宝贝激励金发放、走访评估、成长陪伴，她用无私的爱为事实孤儿筑起暖暖的高墙，江平福带领的大爱无疆公益文化促进会筚路蓝缕坚守十三载，不仅在救助事实孤儿事业上尽心尽力，在汶川、雅安、舟曲和长沙突发大型自然灾害的时候，也始终义无反顾地冲在一线，将公益爱心播撒到全国各地。江平福用她的初心、决心坚守，她说未来十三年我还会继续在第一线，让更多人关注事实孤儿群体，一起守护这群逆风宝贝，共同助力他们逆风飞翔。

江平福将无私奉献、不计得失的高尚情操都灌注到其所开拓和坚守的这份公益事业上，为事实孤儿身心成长提供爱心资助，为完善事实孤儿帮扶政策体系奔走呼吁，这份大爱无疆的善心，是大家的榜样。

民盟长沙市委会　供稿

周永亮：践行教育报国初心
勇挑青年英才使命

周永亮，长沙经贸职业中专学校董事长，同时兼任民盟湖南省委社会服务工作委员会副主任、湖南省政协委员、湖南省青联委员、湖南省教育国际交流协会副会长、湖南省民办教育协会常务理事、长沙市社会组织促进会副会长、长沙师范学院校友会副秘书长、长沙师范学院长沙校友会副会长、长沙县政协常委等职。

作为一名民办职业教育工作者，周永亮时刻牢记使命，勇担社会责任，用实际行动体现着自己的人生价值。先后获评2019年湖南“一家一”助学就业·同心温暖工程推荐“爱心使者”“社会公益服务贡献奖”“长沙好人”“湖南青年五四奖章”，多次获评民盟湖南省委、长沙市委“社会服务工作先进个人”等荣誉称号。

投身教育事业　践行教育报国

在农村土生土长的周永亮，对教育的重要性有着深切的体会。大学毕业后，他一直在教育培训领域创业，至今已拥有10余年的教育办学经验。2015年一个偶然的机会，周永亮加入了中国民主同盟，受到盟内教育专家和盟员们的影响，立志投身教育事业，希望通过教育创业之路来改变更多人的命运，让更多的人享受公平优质教育，从而也实现自己教育报国的梦想。为此，他于2015年12月倾注多年创业的资金注入，正式接手长沙经贸职业中专学校，从此走上了独立办学的教育创业道路。

办学的道路并非一帆风顺，周永亮以“荜路蓝缕，以启山林”的精神，克服常人难以想象的困难，将长沙经贸职业中专从 2015 年的仅有 100 多名非全日制学生，发展到在校各类学生 3000 余人，每年解决就业岗位 200 个以上，年产值 6000 万元以上。在周永亮的管理下，近年来，长沙经贸职业中专先后获得了湖南省示范性中等职业学校、湖南省中职学校德育先进单位、长沙市大中专院校就业工作先进单位、长沙市安全文明单位等各类荣誉称号。还荣获了中共湖南省委统战部、湖南省教育厅、湖南省扶贫开发办公室、湖南中华职业教育社联合授予的湖南“一家一”助学就业·同心温暖工程实施学校。

发挥职教优势　助力精准扶贫

职业教育是精准阻断贫困代际传递的有效途径。周永亮充分依托长沙经贸职业中专学校的资源优势，全力服务脱贫攻坚大局，助力全面建成小康社会。学校实行校企合作、订单培养、就业直通，严格按照企业对员工的标准培养学生，打造高端就业渠道，每年为社会输送 1000 余工业机器人、新能源汽车维修、幼教等各方面的人才。毕业生中事业有成的学子不胜枚举，他们有的成为行业精英，有的成为企业高管，其中有的资产过亿，有的资产过千万。其中的代表有中贸国际融资租赁（深圳）有限公司董事长刘坤，新源社区公共服务中心党委书记李金刚，长沙恒实文化传媒有限公司方伍恒等。

“绝不让一名学生因贫困而失学”是学校办学的目标之一。自 2017 年 8 月 31 日起，周永亮带领学校每年筹资 20 万元，捐助 50 名贫困地区学生就读“精准扶贫·同心班”，通过职业教育精准扶贫，让一人就业，带动全家脱贫，获得社会广泛好评。疫情期间，部分家庭有困难的学生想就此退学。学校一方面鼓励他们不要失学，另一方面想方设法为这些困难学生创造继续学习的条件。除对贫困学生减免学费外，近几年学校还发动爱心企业和个人捐助金额 10 万余元，资助贫困学生 60 余人；每年提供勤工助学岗位 40 余个，为 40 余名贫困生资助生活费等。作为省政协委员，周永亮对口帮扶娄底涟源古塘乡古仙界村几户贫困家庭，每年不仅送上慰问金，带去慰问品，还根据帮扶对象的不同需求“出谋划策、献计出力”。

勇担社会责任　竭力奉献社会

“饮水思源，感恩戴德，传递价值，成就你我。”这是周永亮的座右铭，工作中兢兢业业，生活中乐于助人，一个内心充满阳光，始终感恩生活、播撒大爱的人。大学期间，作为学校创业协会的会长，周永亮带头为身患白血病的同学捐款，并在全校发起募捐，筹得善款15万元，帮助患病的同学重返校园学习。2015年接手学校起，他带领学校全体教职工参加慈善活动和赈灾活动，行在前线，不断将爱心传递至最需要帮助的人手中。黄天宝的爱人曾得病瘫痪在床上，周永亮知道后主动联系他，并根据他的情况聘请他来学校保安部工作专值夜班。黄天宝白天在家照顾妻子，晚上在学校值班有了一份稳定的收入。2017年面对特大洪灾，带领学校部分中层以上干部组成赈灾慰问队，一方面帮助村民救护和开展自救，另一方面把带去的救援物资捐赠发放给村民们；定期组织学生前往敬老院进行义演慰问。

“只要有时间，我就会去做志愿服务，能尽自己的努力帮助那些需要帮助的人，这是一件让人感到幸福的事情。”2016年7月12日，周永亮参加共青团湖南省委组织的“缤纷夏日·快乐童年”暑期关爱留守儿童公益活动，与其他志愿者一起对近100名留守儿童以及进城务工子女进行结对帮扶，获得社会广泛好评。2020年年初疫情牵动全国人民的心，周永亮向武汉地区和长沙地区捐赠防疫物资，共捐出84消毒液、医用酒精和10000个口罩等物资，价值10万元。从接触公益事业以来，周永亮积极参加助困、助老、环保、关爱青少年成长等各类公益活动，多年来，周永亮的爱心捐助已经达到数百万元，帮扶数千人。

瞄定发展方向　打造职教品牌

习近平总书记强调指出，在全面建设社会主义现代化国家新征程中，职业教育前途广阔、大有可为。周永亮坚定地认为，我国职业教育发展迎来了又一个春天，他将带领长沙经贸职业中专学校开启二次创业，学校将秉承“勤奋、求实、敬业、创新”的校训，按照“一体两翼”办学模式和

“六位一体”的专业架构，创设“升就双轨”的培养机制，实施“五才一体”的培养模式，坚持以服务需求为导向，以提高质量为核心，以产教融合为动力，优化结构、调整布局、规范管理、强化特色，努力将其打造成服务“三高四新”战略，湖湘一流的素质教育职教品牌。

为进一步提升学校整体办学品位，提高人才培养工作质量，周永亮已向长沙县委县政府、长沙市教育局申请在长沙县县域内选址新建一个全新智慧校园，目前已得到有关部门批复同意新校区建设项，并按高职院校规划建设新校区。展望未来，周永亮将按“两步走”推动长沙经贸职业中专实现凤凰涅槃。长沙经贸职业中专学校新校区一期规划建设 300 亩，计划 3 至 5 年内升格为高等职业院校；二期规划 300 亩，计划 5 至 8 年内升格为应用型本科院校，项目总投资约 15 亿元，学校建成后可容纳学生 3 万人。项目还将引进优质资源，建设配套附属幼儿园、附属医院。项目建成后，可直接解决就业 1000 人以上，间接带动就业上万人。

民盟长沙市委会　供稿

吴承志：助教助学续春秋

吴承志，民盟湖南省委会社会服务工作委员会主任、雨花区教育基金会理事长。曾任民盟湖南省委会常委、长沙市政协常委、民盟长沙市委会副主委和长沙市雨花区副区长、调研员。先后获得“全国教育‘两基’先进个人”“全国婚育新风进万家先进个人”“湖南省抗击非典先进个人”“湖南省教育功臣”“长沙市勤政廉洁优秀领导干部”“民盟中央社会服务工作先进个人”“民盟湖南省委会社会服务工作先进个人”等荣誉称号，三次荣立二等功。

吴承志，连续多年专注湖南“一家一”助学就业·同心温暖工程“民盟·同心班”创建工作。担任民盟湖南省委会社会服务工作委员会主任和长沙市雨花区教育基金会理事长，2019 年，他安排 30 万元专项助学金，与民盟湖南省委会和湖南商务职业技术学院合作，专门用于大湘西地区的教育扶贫，以茶叶专业作为定向培养方向，先在学院学习两年，然后安排团队因地制宜、因人而异具体帮扶，第三年实习可以获得工资收入，毕业后再重点推荐就业，从而实现贫困生一人就业，带动全家脱贫。

这种“造血”帮扶远比单纯“输血”好得多。他管理的教育基金会的资金投入也因此实现了经济效益与社会效益的完美结合，真正体现了为群众做好事、做实事。

在“民盟·同心班”开班仪式上，他现场分享曾经 10 年作为知识青年和机械工人，不忘学习知识、提升技能，并抓住 1978 年全国恢复高考的历史机遇，考上大学改变命运的人生历程，激励眼前这些家庭贫困的学生充满信心，树立“天生我材必有用”的人生观、价值观，用知识改变自己和家庭的命运。

2020 年和 2021 年，他持续安排专项助学金，与民盟湖南省委会、湖南商务职业技术学院举办“一家一”项目班。正值新冠肺炎疫情期间，在“民盟·同心班”开班仪式上，他还为全体受助学生分发了口罩和崭新的冬衣。

作为一名老教育工作者，无论是在职，还是退休后，他一直关注教育事业发展和教育扶贫进展。曾首创砂子塘教育集团，获得“湖南省教育功臣”荣誉。

2009 年从雨花区政府调研员岗位上退休后，他创立雨花区教育基金会并担任理事长，呕心沥血将教育基金会做大做强。

从 2011 年起，每年从教育基金的投资收益中安排专项助学金，发放给家庭困难的大学新生和高中生，并将助学金标准由每年 4000 元、2000 元分别提高到 5000 元、2500 元，惠及上千名莘莘学子。

2017 年，他应邀去衡东县窑里小学扶贫，为当地小学配置了带空调的教室；安装了太阳能热水器，让学生用上热水；装上 6 根太阳能电杆，照亮学校；清理了水井，让学生喝上洁净的井水，并为优秀学生发放了奖学金。

2018 年，他与民盟云南省文山州委员会合作，联合民盟长沙市雨花区工委开展“烛光行动点亮边疆”——西畴曼竜暖冬行动，安排助学金 7 万元，资助老少边穷的民族山区西畴县曼竜民族小学等改善办学条件。

为了帮扶教育一线的贫困老师，他对接民盟湖南省委会和民盟长沙市委会，近几年安排 30 余万元专项资金，资助身患重大疾病的教育工作者。

自 2011 年起，他领导的雨花区教育基金会开展“爱烛行动”由面向教师扩展到学生，对不幸罹患 30 种重大疾病的教职员工和学生给予慰问，标准从每人 4000 元逐步提高到 10000 元、15000 元。经理事会讨论通过，从 2021 年起提高到 20000 元，覆盖对象由老师扩大到雨花区教育局管理的所有教职员工包括临聘老师和为学校服务的外来务工人员及其配偶和子女，并覆盖全区 11 万学生。理事会还对器官移植、骨髓移植的师生，给予最低 10 万元的医疗帮助。

年逾七旬的吴承志，已退休 10 余年，仍然胸怀扶危济困之志，在助教助学的道路上倾力倾情奔波。

民盟长沙市委会　供稿

丁志强：厚德健行　扶危济困育英才

有这样一组数据，让人动容：从 2012 年到 2018 年，湖南省农村贫困人口从 767 万人减少到 83 万人；贫困村由 6920 个减少到 718 个；贫困发生率由 13.43% 下降到 1.49%……这些辉煌成绩的取得，是无数人奉献青春、汗水，甚至生命换来的。在决胜全面建成小康社会的道路上，为了夺取这场伟大的脱贫攻坚战的最终胜利，有一大批人在坚毅前行。丁志强就是这批脱贫攻坚英雄群体中的一员。

丁志强是湖南护理学校校长。他从大学时起，就立志投身教育，教书育人。创办了湖南护理学校后，更是立下宏愿，要从教育入手，服务社会，回报家乡，肩负起社会责任，帮助更多的困难群体。

2017 年，湖南护理学校一名学生家中突传噩耗，该生父母因为意外双双离世。丁志强得知消息后，带领学校相关领导驱车数百公里，赶到学生郴州老家慰问。见到师长的到来，学生亲属十分感动，但又委婉地提出，希望学校能考虑学生的特殊情况，适当减免一部分学费。环顾低矮破旧的老屋，望着泪眼婆娑的学生，丁志强掷地有声："请你们放心，孩子今后无论是读书还是就业，校长我全包了，不收一分钱。"回校后，丁志强当即在全校学生中进行摸底，发现部分学生因家庭经济困难而面临辍学。于是，丁志强拍板决定设立学生助学金及奖学金，并在学校各部门设立勤工助学岗位，为家境贫寒的学生减免学费、生活费。如今，丁志强在减免学生学杂费上已投入资金约 30 万元。

学校的贫困学生毕竟是少数，丁志强来自农村，对贫困地区的贫穷落后、缺医少药感触颇深，贫困地区人民因病致贫、因病返贫的痛苦感同身受。作为湖南护理学校校长的他，常常在思考：如何利用医卫类学校的专业和平台优势为贫困地区的家乡父老服务，助力社会主义新农村建设，为打好打赢脱贫攻坚战、决胜全面小康贡献出自己的力量。

经过深思熟虑和深入调研后，他决定聚焦深度贫困地区和特殊贫困群体，开展“造血”行动，即面向贫困地区定向培养一批具有专业水平、适应乡镇卫生院工作的护理专业人员，让这些孩子学成后回到家乡，成为守卫基层健康的使者和家庭脱贫致富的带头人。

想法成熟后，丁志强立即付诸实施。他在学校制订了详细的计划，出台了具体的帮扶措施，并把办学规划向民盟湖南省委、民盟长沙市委汇报，积极争取湖南省卫计委的支持。经过 3 年的努力，湖南省卫计委于 2018 年 5 月 7 日正式下发《关于开展护士本土化培养工作的通知》，充分肯定了他的设想和做法。当年 9 月，湖南护理学校“教育扶贫，健康扶贫”工程正式启航，面向龙山、保靖、泸溪、古丈、花垣、凤凰、永顺、桑植、通道、麻阳、城步等 17 个深度贫穷县定向招生，至今已开办了 2018 级、2019 级、2020 级、2021 级 4 个护士本土化班，共招收学生 215 名。这批学生入学后，每人 3 年合计 7 万元的学费、住宿费和书籍费等全部由学校承担，只要求学成后返回家乡，服务家乡人民。

丁志强作为民盟盟员，还十分关注省市民盟的社会服务工作，主动承担责任，处处彰显担当。从 2016 年开始，丁志强代表湖南护理学校与民盟长沙市委、湖南中华职教社签订《湖南“一家一”助学就业 · 同心温暖工程湖南护理学校“民盟 · 同心班”协议书》，先后开设了 4 个“民盟 · 同心班”，资助学生 200 余名，投入资金达 200 余万元。

除通过学校开展助学帮扶外，丁志强个人也长期坚持扶贫帮困，开展慈善活动。他担任政协委员期间，积极服务社会，倡议并组织政协委员和人大代表关心敬老院老人，每年以捐款捐物的形式慰问敬老院两次；他通过民盟长沙市委对口扶贫浏阳市龙伏中学，不论多忙，重要活动亲自参与，扶贫事项优先处理，从 2008 年至今一对一扶贫助学浏阳籍贫困学生 35 人；他每年资助学生 50 名，曾捐资 5 万元给荣和小学改建校园，还捐资 12 万元修路……类似的故事比比皆是。

伟大出自平凡，平凡造就伟大。作为扶贫路上的“赶路人”，丁志强的坚持付出，也被党委政府铭记在心。他先后获得了湖南“一家一”助学就业同心温暖工程“爱心使者”以及“湖南省百名最美扶贫人物”等称号，并入选2019年度“湖南脱贫攻坚群英谱”等。他表示，将不忘初心，脚踏实地，听党话、跟党走，继续弘扬新时期职业教育精神，继续做好教育扶贫健康扶贫的践行者、新时代的奋斗者、新目标的实干者、新风尚的引领者，带领全校师生埋头苦干，扎实作为，创办有品质有品位、适应未来发展需求、人民满意、社会点赞的职业教育，培养更多的优秀人才，画好小康路上的同心圆，为湖南职业教育发展和建成全面小康做出更大的贡献。

民盟湖南省委会直属卫生健康支部　供稿

效力全面小康——亲历感悟篇

到贵州干堰学民盟中央的教育帮扶

从贵州回到益阳已经3年了，参观毕节干堰的情景却记忆犹新。村庄里的每条道路、每处风景，小学里的每间教室、每本书卷，均历历在目。您或许会问，一个贫困村，一所普通小学，有那么让你难以忘怀吗？我想告诉您，真的是这样！在不算宽阔的校园里，处处写满了民盟故事，处处流淌着民盟情怀。作为一位盟员，曾经在教育岗位上工作了20多年的教师，连续担任三届益阳市政协委员，如今又亲历扶贫酸甜苦辣的干部，我对干堰的情感，应是胜过了不少同行的委员与盟友。

罗小军在干堰小学校园附近留影

正如尼采说的那样，在山脚下看世界，无法摆脱山脚的束缚；站到山巅，你会感受到时空的巍峨。前往民盟中央结对帮扶点学习的点点滴滴，都能让我感受到“时空的巍峨”。

弘扬民盟优势　助力教育事业“化茧成蝶”

民盟机关及民盟成员如何参与脱贫攻坚，是一个值得探索的话题。在帮扶时，贫困村关心得最多的往往是资金与建设，帮扶者考虑得最多的往往是就业与增收。民盟的特点，便是我们在教育资源上得天独厚的优势。干堰的教育帮扶，不是简单地送几本书、送几样文具、送几百元钱。各级盟组织凭借强大的教育资源，为师生提供了广阔的发展空间。有民盟中央牵线，老师们或北上江浙交流培训，或南下广州参观学习，视野连接天下，发展紧扣时代。阅读校史长廊里的一个个故事，我们沉醉于民盟组织及广大盟友对教育事业的美好情怀。

特别有意思的是，从贵州学习回来不到半月，偶然翻阅电子版《海峡时报》，第四版上的一篇小文章紧紧吸引了我的目光。在那篇题为《走出大山看大海》的文章里，我竟然看到了一个亲切的地方——长春堡镇干堰小学。新闻不长，内容却新鲜有趣，讲的是学校16名小学生在福建民盟的关爱下，走出大山，坐动车、住酒店、上舰船、看大海的故事。作为一名曾经的教育工作者，一位从民盟中央结对帮扶点学习归来的盟员，读到新闻时的那份欣喜与感动不是一般人所能理解的。那一瞬间我豁然明白，是民盟中央的教育帮扶，促成了干堰小学“化茧成蝶”的蜕变。

全盟上下参与　教育帮扶实现“滴水成河”

脱贫攻坚，堪称世界难题。唯有汇聚全民力量，才能收到“积土成山，风雨兴焉；积水成渊，蛟龙生焉”的帮扶效果。民盟中央之所以成功，正是在于充分发挥了各级盟组织及广大盟员的作用。滴水都可成河，贫困“堡垒”何愁不破？

在干堰小学正门的墙壁上，有块金色匾牌格外耀眼，上书“民盟参与七星关区建设项目”一行大字。起初我并没有太在意，以为只是挂了个牌子。进去一看，却是感叹连连。教学楼右侧，矗立着一个“与爱同行”宣传栏，这里详细记载了民盟帮扶干堰的一幅幅画卷：2015年11月12日，东部十省市民盟前往干堰村调研，民盟北京市委援建的干堰小学附属设施同时落成；2016年3月29日，民盟苏州市委及江苏凤凰传媒集团支部各捐赠爱心图书千册；2016年4月28日，民盟贵州省委资助13万元，建成了学校新食堂；2017年3月31日，民盟中央率民盟江苏省委送教下乡；

2017 年 5 月 25 日，民盟河南漯河市委捐赠电脑、电脑桌及打印设备……民盟上下，一颗同心，持续地支持着这所偏远山区的贫困小学。

虽是暑假，教室里依然一尘不染，课桌摆放得整整齐齐，课桌上赫然印着“民盟广东省委赠送”等字眼。谁又料到，仅仅在几年之前，这里还是一片泥泞之地，还是一所留不住老师的破烂学校。静静地伫立于讲台之上，我鼻子一酸，仿佛回到了 29 年前的情景。那时我所工作的学校，与几年前的干堰小学何其相似！说到这里，大家应该不难理解我对干堰小学的那份独特深情，也会懂得，一个盟员应该怎样在脱贫攻坚中展示自己的责任与担当。

振兴美丽乡村　让发展找到“活水源头”

教育要发展，离不开经济的腾飞。干堰小学能够实现华丽转身，说到底还是甩掉了贫困帽子，走上了致富的康庄大道。他们致富的引路者，就是民盟。

从毕节市七星关区出发，走毕节至威宁的 326 国道，不用半个小时便到达了长春堡镇。下了高速公路，一条洁净宽阔的水泥路把我们引向群山环抱的村庄。这里山高景美，环境几乎没有受到污染。从山脚通往村寨，一路上白云霞光时隐时现，独具民族特色的灰白墙与雕花窗，更让我们感觉是穿行在民族旅游圣地。在干堰小学周边，民盟中央建起了一个“同心公园”。公园不大，却异常精致，大理石的步行小道，红木雕刻的风雨走廊，人工栽培的奇花异草，无不美得让你惊叹。远远看上去，干堰小学就像镶嵌在花园里的一颗秀美明珠。同行的盟员纷纷感叹，这哪里是什么贫困村啊？分明是最美黔西好风光！我想，无论是在这里工作，还是在这里学习，都是一种幸福。正因为环境的巨大改变，老师们不愿留在干堰小学的局面彻底得到了改变。一起漫步校园，镇上领导介绍说，这一切，得益于民盟中央指导确定的“发展旅游、调整农业产业结构”的扶贫目标，得益于由“输血式”帮扶变为“造血式”帮扶的理念。他们还欣喜地讲，如今村里有上千亩的药材种植园，有大棚林立的食用菌基地，形成了“公司 + 合作社 + 农户”的养殖模式……在这里，人人有事做，家家有参与，全民走上了致富的康庄大路。

写到这里，我猛然有一种想法，特别想向干堰道一声“谢谢”。因为有你，我进一步看到了民盟的情怀，看到了民盟的力量；因为有你，我进一步感受到了新农村的巨大变化，看到了多党合作的美丽光芒。

执笔人：罗小军
民盟益阳市委会专职副主委

行是知之始　知是行之成

2018 年至 2020 年，我有幸参加了民盟中央在河南周口市、民盟省委会在湘西州的脱贫攻坚民主监督工作，重点对“两不愁三保障”落实、用水用电安全、村集体经济、产业帮扶、村级医疗卫生教育等情况进行了监督，我对于脱贫攻坚民主监督有了全新的认识和了解，也深刻感受到了民盟参与脱贫攻坚民主监督工作的意义之所在。

学习中调研，调研中学习，不断增强业务能力

脱贫攻坚民主监督能让盟员快捷高效地掌握扶贫领域方针、政策，老百姓的真实生活水平，从而进一步推动民主监督的实践探索和理论研究。脱贫攻坚民主监督是一项全新的工作任务，行动前的政策理论准备和涉及省、市（州）、县的基本情况及扶贫工作推动状况必须有个全面的了解，相应知识储备的迫切需求能促使我们积极主动地学习。除行动前的知识储备外，民主监督的过程中还会不断补充新的认知空白。我参加民盟中央在河南周口太康县时了解到当地土地流转费是 1000 元一亩，这个价格水平到底如何？心里没底，当查到益阳市的土地流转价格是每亩 300 元到 800 元时，才鲜明地感受到平原地区发展农业产业的独特优势。走访湘西州一贫困户时，发现他家两层楼房，装修精致，家电一应俱全。他和村干部都说是以前添置的，户主在 2018 年住了 8 次院，现在家里极度困难，但在看到他家门前台阶上新打的磨光地面后，我马上咨询亲戚，得知益阳农村的磨光地面造价七八十元每平方米，跟当地人一聊发现山区的造价更高，同时了解到该村在本县城医院住院的报销费用最高达到了 90%，对于户主的实际情况有了自己的判断。一些贫困户对扶贫政策有了依赖，刻意将自己经

济状况讲得很糟糕，一些村干部也担心上级对他们的精准识别不认可，极力粉饰，在走访中还是得全方位观察和了解。

脱贫攻坚民主监督是我们深入基层开展调研，了解社情民意和宣传推广民盟的重要机会。调研工作是参政议政工作的前提和基础，是连接理论和实践的桥梁，以往参政议政的调研大多是民盟自发组织，有其他部门的配合，调研听到的经验介绍多，动手查找和倾听问题的机会少。脱贫攻坚民主监督工作则是一开始就在党中央的安排下进行，基层党委政府大力支持，查阅政策、资料，听取老百姓、基层干部、各级党委政府的经验、办法、思考和总结，结合我们党派自身的优势开展调查研究，思考的是如何确保脱贫攻坚任务全面完成，看到的是第一手的信息资料，听到的是最基层干部和群众的诉求。脱贫攻坚民主监督每一站有一个重头戏：情况反馈会。调研组先召开碰头会，集中讨论了解到的情况，总结成绩指出问题。这是一个特别宝贵的环节，盟员们观点的碰撞最终形成统一的反馈意见。在盟省委会副主委规范和高水平的引领下，对于大部分初出茅庐的监督组盟员而言，是极宝贵的学习提升。在每个县形成调研反馈内容后，民盟湖南省委会形成系统调研报告向省委省政府递交，这是一次完整且涉及人员广、跨度长的实践探索和理论研究，带给盟组织和盟员的，是业务能力的全方位提升。

创新中思考，思考中创新，不断创新工作思路

脱贫攻坚民主监督工作能为民盟的其他工作提供新融合；为展示、提升参政议政能力提供有力平台；为深入推进社会服务工作提供有效途径；为捕捉社情民意信息提供有益思路。民盟的社会服务工作一直有品牌，民盟湖南省委会在连续两年的脱贫攻坚民主监督工作后，社会服务的广度、深度和方式都有相应的提高。各地州盟市委会也有了更多创新，如民盟湘西州委会将社会服务工作融入脱贫攻坚，加大帮扶村教育、医疗等方面深度关怀，产业扶贫、消费扶贫等全面开花。民盟益阳市委会在主委邓曙光的极力推动下，整合盟内和市政协提案委的力量，以扶贫村为主阵地，集中进行社会服务，组织送教下乡、送温暖入户、消费扶贫、专项教育帮扶

基金等活动。

民盟湖南省委会的脱贫攻坚民主监督工作，由 5 位副主委分别带队，每位副主委负责两个县，2—3 个工作日完成。每位副主委的风格和特色都能带给我们成员不同的思路和方法，有的副主委根据所见所闻，有意识地引导我们在脱贫攻坚民主监督工作中如何创新并形成理论成果，怎么捕捉社情民意信息，怎么采集问题并加以分析、解决，并具体落实到动笔人。刚接触社情民意工作的盟员一般会有这样的困惑：社情民意的捕捉仿佛狐狸捉刺猬无从下口，有些灵光一现的问题要么太高深要么太肤浅，要么太热门要么没代表性，各种培训年年参加，总把握不到点。在脱贫攻坚民主监督这项全新的工作中，大家都在尝试和探索，理论性文章极少，但在调研过程中，脱贫攻坚民主监督工作和社情民意信息终于有了由想法到行动的改变，副主委带队布置具体任务、提供方向、信息点及平时难以企及的思路和站位，成稿后帮助修改。比如我本人就通过连续两年的脱贫攻坚民主监督调研写了《对民主党派脱贫攻坚民主监督的几点思考——以湖南民盟为例》，获省盟二等奖（一等奖空缺），还被益阳市委统战部推荐到省委统战部参评。这是我入盟来第一次撰写统战理论文章，获得了不错的评价，这与参加脱贫攻坚民主监督实践是分不开的。

践行中领悟，领悟中践行，不断强化政治担当

脱贫攻坚民主监督工作能进一步强化政治意识，凝聚共识，主动担当。我们去凤凰调研时，带队副主委进行一次让人印象极其深刻的“不忘合作初心　继续携手前进”主题教育活动，他开门见山：作为一名盟员，最基本的要求是坚持和拥护中国共产党的领导，没有共产党就没有多党合作制度，没有安定团结的政治局面。在高校常年从事教学工作、行政工作的他对于党的领导有着深刻的理解，在接下来的行程中，他更是用自己的幽默睿智让我们深刻感受到盟组织的使命担当和凝聚力。

脱贫攻坚民主监督工作让我进一步认识到了民盟的政治担当：始终与中国共产党同心同德、同心同向、同心同行。高效务实的组织、积极参与的盟员、风格迥异各成一家的领导风格使工作井然有序。组织的吸引力跟

领导者的魅力是分不开的，有幸跟随四位省盟副主委同行，副主委们或运筹帷幄、敏锐善思，或知性优雅、务实严谨，或高屋建瓴、成竹在胸，或幽默睿智、学识渊博。让我们萌生敬仰和骄傲，他们的言传身教是最好的引领和凝聚力。脱贫攻坚民主监督工作是新的历史时期执政党赋予我们民主党派的一件大事，是多党合作事业的新发展和新创举，也成为民主党派成员锤炼品质、增长才干的大舞台，通过脱贫攻坚民主监督工作，我们盟员在进一步坚定四个自信，锻炼五种能力及凝聚政治共识，巩固共同思想基础都是极有益的实践。

“耳闻不如目见，千闻不如一见”，在不断走访中，眼见、耳听、用心、用情去感受，我对于脱贫攻坚战有了更深刻的认识。孙子兵法有云，上下同欲者胜！党和政府的坚强决心和保障，基层干部的韧劲和坚守，人民群众的勤劳和坚韧形成一个强大合力。政策落实过程中或许存在这样或那样的困难，但你无法否认从中央到地方的重视程度和实施力度；也无法否认广大党员干部为了打赢脱贫攻坚战常年坚守，流血流汗甚至付出生命；更不能否认绝大部分老百姓积极劳动，对美好生活充满着向往和信心。在湘西走访了 8 个县，遇到的群众都在积极劳作，家里收拾得干净整洁，门前屋后晒满农作物，没有田地抛荒，没有聚众打牌。这些所见所闻，是一种力量，更是对心灵的洗礼，生活在最好的时代，有什么理由不认真工作不做最好的自己？这难道不是最好的“不忘合作初心 继续携手前进”的主题实践活动？

执笔人：徐静

益阳市工商联副主席

我在这里读懂了最柔软的人心

我怎么也没有想到，作为一名教育工作者，竟然会在此生和邵阳县一个偏远的小村结下不解之缘。更为珍贵的是，我在这个村呆了整整5年，并且在这里读懂了最柔软的人心。

大塘，是邵阳县金称市镇的一个深度贫困村。2016年9月，她用晴天一身灰的“硬度”迎接了我。我们住的地方，是一个破旧的教学点，离镇上5公里。一到雨季，村里随处可见水淹田。一到冬天，因为电压不足，电烤箱无法取热，电饭煲不能煮饭。我这才发现，从学校来到这里，并不是来到了世外桃源。这里726户3016人，贫困人口竟然占比20%以上。无论城市如何日新月异，村民们滞留在岁月深处，对这里的一切习以为常。这一切，注定了大塘村扶贫是一块难啃的“硬骨头”。

大塘村的人们对艰苦的日子习以为常，但对我却是一种沉甸甸的责任。我一口新化口音，村民们很难听懂我说什么，我不得不说着塑料普通话，便于和村民沟通。当我读懂了村情，发现要打太多的硬仗，这些压力，如同刀刃一样扎向我的心口，千头万绪，难以拔出。

大塘村的扶贫故事没有武侠小说那般的刀光剑影，也没有探险小说那样的大风大浪，更没有推理小说那样的迂回曲折。有一点可以肯定的是，起初，村民对我是疏离的、不信任的。他们担心我在扶贫工作中厚此薄彼，他们以为扶贫工作只是蜻蜓点水，更觉得我和他们不是一类人。在那个时候，我懂得了，扶贫，不仅是一场工作的硬仗，更是一场人心的硬仗。

这让我意识到，脱贫攻坚并不能一下子就能轻松完成。摆在我面前的是时间紧、任务重、难度大、人心复杂。开弓没有回头箭，我只能逼着自己将普通话说得更标准些。从最初的翻山越岭进行贫困户摸排，到雨季排查险情，再到走村入户了解产业发展，直到后来实施一户一策，发展产业扶贫……我流汗的身影留在了大塘的山山水水，驻村扶贫的工作日记记录了我 1800 多个日夜的点点滴滴。

田间的紫薯鼓起了村民的腰包，整洁的道路方便了村民的出行，清澈的水渠映照着村民丰收的喜悦，明亮的电灯照亮了村民的前景，干净的院落折射出村民观念的转变；而我自己，也被村民们亲切地称为老谢，仿佛和村民就是一家人。

春天，我帮村民到房前屋后种树。夏天，我为行动不便的村民浇水。秋天，我到地头帮村民们挖紫薯，入田间为村民们收水稻。冬天，我为生活不便的村民买药，为行动不便的村民带农资。四季轮回，岁月更替，我通过自己的努力，赢得了大塘村民的认可和尊敬。

2021 年 5 月，5 年的驻村帮扶结束了，我将再次返回学校，从事教育工作。“这花生是我自家种的，请谢老师尝尝。”“今天我家里杀猪，请谢老师到我家吃个饭。什么，没有时间？那你就是太看不起我了！”“我走了好几公里路到这里找你，并不是要你为我办事，而是我家的水果熟了，请你和我们一起采摘，尝尝新鲜的味道。”老百姓的话语非常朴实，朴实得让你无法拒绝，也让我的眼眶发热。

在这 5 年中，我磨破了 3 双鞋，自己仿佛蜕了一层皮，但换来的，却是大塘村的脱胎换骨，全面脱贫。从村民们的笑脸中，我懂得了，村民们的心里藏着一片森林，或者是希望的种子。只要遇上合适的土壤和雨露，就会生根发芽，拔节生长。我用自己的实际行动，抵达了村民心灵的最深处，那里藏着柔软和理解。我也从村民的言行举止中，读懂了他们的坚韧和不屈。

5 年扶贫，我与大塘村的山山水水结下了不解之缘。只要用心用情，再难的硬仗都会打赢，再复杂的人心都会变得柔软。

执笔人：谢素林

民盟邵阳市委会委员、民盟邵阳工业学校教师

美丽的凤凰苗乡留下我的青春印记

2013 年 11 月，习近平总书记到湖南湘西考察时，首次作出了“实事求是、因地制宜、分类指导、精准扶贫”的重要指示。能到精准扶贫首倡地参与这场足以书写人类减贫史上的伟大战斗，是我一生的荣幸。从 2015 年起，省文旅厅开始了在凤凰脱贫攻坚的战斗。我作为一名文旅人，积极响应党的号召，主动请缨，加入省文旅厅驻凤凰县麻冲乡竹山村帮扶工作队，开始了这一段不负韶华的历程。

竹山村 310 户 1256 人，其中建档立卡户 65 户 274 人，他们是我的服务对象，让他们早日摆脱贫困则是我的工作目标。

从入村的那一刻起，我就明白了自己肩负的重任；从那一刻起，我就是脱贫攻坚战中的一名战士；从那一刻起，我将为实现全面建成小康社会而贡献自己的一份绵薄之力！

自然条件差　我没有畏缩

驻村的第一天，我与另一名队员一起住在了村部二楼的一个小房间，2 张小床拼在一起，队长睡在最里面，相隔一个木板墙；办公区在一楼，6 张桌子拼在一起，没有空调电扇，每天要走 400 米到小井边挑水回村部洗漱，时常还会遇到断水。

每天的工作，都是紧密围绕村里建档立卡户“一超过、二不愁、三保障”开展，没有上班下班，经常工作到晚上 1 点，队长经常和我们讲“既然我们选择了这里，就要为老百姓多想多做，条件艰苦不要紧，这是党交予我们的使命”。

夏天，山上可能离太阳更近一些，没过两天，我便晒得两臂通红。你可能见过五颜六色的蝴蝶，一到夜晚，村部的灯光下，你见到的是五颜六色的飞蛾，它们铺满了门窗和墙壁。

冬天，我们在大雪中推车，虽然寒风刺骨，但我们依然坚守阵地。

雨后，我们遇到山体滑坡，我们要第一时间赶到现场处理上报，确保每位村民的安全。

白天，村民们都要上山种地，我们忙完日常工作，晚上便要入户走访，了解村情。当时的亮化工程才刚刚起步，通组公路还没有硬化，我们只能拿着手电筒，走在崎岖的山路间，时而你会听到路旁的草丛间有“嘶嘶”的响动，我也时而把手电照向草丛看看，城市里长大的我心里还是有着几分的忐忑。渐渐地走多了，也就没有了这份担忧。

发挥行业优势　我勇当先锋

要扶贫先扶志，没有脱贫的信心，哪来前进的动力。我们发挥文旅行业优势，努力探索竹山村文旅扶贫之路。

我是湖南省湘剧院的一名国家二级演员，民盟盟员，在戏曲舞台上渡过了22个春秋。为扩大竹山村宣传力度，建立了“凤凰竹山”微信公众号，让更多的人了解竹山蜕变的历程。为丰富村民的文化生活，发挥了积累多年的文艺特长，在村里成立了一支文艺宣传志愿服务队，开展了一系列的文艺活动。“苗族食俗”厨艺大赛上，全村的“厨艺高手”各显神通，大家品尝苗家美味，苗家阿妹敲苗鼓、唱苗歌、跳苗舞；大端午文化节上，我们举办了“神龙取水”“打花边”“包粽子”比赛；重阳节“感恩有您”活动中，我们给60岁以上的村民送上礼物，与村民一起载歌载舞；国庆70周年，我们用汉苗双语演唱《我爱你中国》，向祖国献礼。

道德讲堂上，传递着“爱国爱党”“孝亲敬老”“自立自强”的正能量；“六一”节为孩子排练节目、开展游戏；过年为五保户送去过冬的衣物和过年的物资，帮他们收拾屋子、贴春联、挂灯笼，让他们充满着幸福和喜悦。

疫情期间，与战友坚守岗位，排查消毒、设卡布防，不让病毒进入这美丽的村庄。

工作队、村支两委紧密配合，大力发展农业产业和基础设施建设，并立下“脱贫攻坚齐亮剑、不获全胜终不还”的誓言。随着基础设施、亮化工程、旅游项目的完善；千云公路的拉通，文化底蕴的熏陶，2019 年 8 月 1 日，县凤凰旅投公司在竹山开始了旅游项目的开发建设。

“爱在竹山”沉浸式景区里，有着表演经验的村民当起了演员，易地扶贫闲置房屋开发成为湘西网红高档民宿——竹山乡居，苗岭“无边界泳池”成为打卡圣地，村民们不需要外出打工，在家门口拿起了工资。自家的房前屋后干净整洁，开起了“乡村客栈”，竹山土鸡蛋、银饰、黄酒摆进了竹山集市，五一黄金周游客在景区“打卡”，竹山乡居“一房难求”。文旅扶贫的春风吹进了深山苗寨。

2019 年竹山村脱贫出列，摘掉了贫困村的帽子。现在的竹山，有了游客服务中心、生态停车场、旅游厕所、文体设施等；三大旅游项目蓬勃发展。2020 年竹山村荣获湖南省文旅扶贫示范村，从脱贫迈向振兴的道路。

我为竹山今天的美丽感到高兴，为我们的努力感到自豪！我们将巩固好脱贫成果，我作为脱贫攻坚的一名热血青年，将不负重望，坚守基层，做新时代的奋斗者，用青春与热血，勾画出文旅融合助力扶贫的壮美诗篇。

美丽的凤凰苗乡已留下我的青春印记，我将铭刻一生！

执笔人：刘星

民盟湖南省委会直属湘剧院支部主委

一片丹心育桃李

我始终不忘习近平总书记“抓好教育是扶贫开发的根本大计”的重要指示，将“教育报国”的理想与情怀贯穿始终。1997年，我将所有积累资金在长沙办学，一路新征程，一路教育情，办学二十四载，栉风沐雨、呕心沥血。湖南信息学院从“专修”到“专科”，再到如今本科大学，共培养各类人才6万多名。这24年来，我始终坚守“不让一名贫困生因贫困而辍学”的承诺，筹集近1亿元资助了1万多名贫困生完成学业、走上工作岗位，为1万多个家庭注入“造血”新动能。我始终坚守“要让老师生活有保障、工作有尊严、困难有救助、职业有自豪感”的原则，2008年学校创办了全国第一所教职工子女免费就读幼儿园；2009年省教育基金会发起对全省2万多名癌症乡村教师的帮扶活动，先后捐款300多万元。2010年以来，我校已11年开办了11期“民盟·同心班”，精准资助1000多名贫困生完成学业、实现就业、完成脱贫。2020年突如其来的新冠肺炎疫情让贫困学生的家庭雪上加霜，学校迅速伸出援手，为150名贫困生发放困难补助金，确保了不让任何一名学生因疫情而失学。

我一直秉承公益性办学原则，将“终身不求回报”写入学校章程。虽然民办院校资金来源单一，但我节衣缩食、尽己所能为贫困地区薄弱学校建设贡献力量，积极履行社会责任。2015年以来，学校先后选派10余名优秀教师赴青海省黄南藏族自治州同仁县“黄南州职业技术学校”支教，援助藏区中等职业教育发展。2016年以来，先后为临澧县第二中学、第四中学、溆浦县教育局、长沙县毛塘小学、杨梓冲中心小学捐赠学习桌椅；2019年为澧县小渡口镇小学捐赠教学设备、为岳阳市任弼时红军小学捐款；2021年为澧县六中捐赠田径运动场……凭借学校人口基数大、各类物资需求量大的优势，2019 年我校与邵阳县保和村等贫困村建立定向帮扶关系，定期采购村民农副产品，助力攻克产业发展难关；为增强村民永久脱贫能力，鼓励贫困家庭孩子读大学，凡在我校就读的特别贫困学生，给予学杂费全免、每月发放生活费、毕业后推荐工作等方面的帮助。

由于我在教育扶贫工作中取得的成绩，我先后获得“全国社会服务先进个人”“全省百名最美扶贫人物”“全省政协扶贫行动先进个人”“湖南民盟社会服务工作先进个人”“湖南‘一家一’助学就业·同心温暖工程‘爱心使者’”等荣誉称号。

我始终认为“教育扶贫”是根本，是彻底摆脱贫困的源头活水，“教育扶贫”是我的初心使命，是我一直坚守的事业和笃定前行的动力之源。

执笔人：陈登斌

湖南信息学院董事长

当好“民主监督”的“笔杆子”

我连续两年参加民主监督调研，2018 年，参加民盟中央组织的河南省脱贫攻坚民主监督调研。2019 年，参加本省湘西州民主监督调研并负责起草《湘西州脱贫攻坚民主监督调研报告》，由此而被人戏称“笔杆子”，其实，我哪里是什么“笔杆子”，我只是把专家的意见认真整理而已。不过，民主监督调研工作让我受益匪浅，对如何当好“民主监督”的“笔杆子”，我认为要从以下方面做好。

一、虚心学习，争做合格专家

我深知，要真正能够担负起民主监督职责，就必须熟悉党的大政方针。我所参与的是脱贫攻坚民主监督调研，围绕这个主题，主动搜集有关脱贫攻坚的政策文件，并进行研学。在干中学，2018 年在河南省的民主监督调研中，边调研边学习。2019 年，和湘西调研组的同志们一起就本省有关政策相互交流学习。我们充分熟悉政策，在调研中，顺利帮助老百姓解开了心中的疑惑，也做到了客观评价脱贫攻坚取得的成效，准确把握脱贫攻坚工作存在的不足。

二、扎实调研，获取一手材料

围绕“两不愁、三保障”，我们设计了湘西调研调查问卷，走村入户进行调研。与户主进行深入交谈，仔细询问村民的诉求，认真填写调查问卷表。到村民家里仔细观察，打开冰箱看看，掀开床铺看看，打开衣柜瞧瞧，近距离感受村民的吃穿用度。为了了解村民的政策性补助资金是否发放到位，我们仔细核对银行存折、医疗报销凭证等。到卫生院、村小学，了解就医、就学条件。通过扎实调研，我们获得了大量的第一手材料，为写出调研报告打下了坚实的基础。

三、充分座谈，整合意见建议

每个村的调研搞完之后，调研组会有一个座谈会，在座谈会上大家充分交流，把所察、所想说出来，再由我整合大家意见建议。有时就某个问题我们会争得面红耳赤，即使这样也没伤和气，大家都是为了探讨如何搞好脱贫攻坚。有些村的调研，由于没有时间召开室内座谈会，就在返回路上，在车上召开移动座谈会。如今乡村道路交通设施完善，也没那么颠簸，移动座谈会得以顺利召开。通过座谈，集思广益，大家打开了写调研报告的思路。

四、深入思考，着眼乡村振兴

通过调研及座谈，我们发现，湘西州脱贫攻坚取得了很好的成效，这得益于党的好政策，得益于扶贫干部的努力。与此同时，我们深入思考一些问题，比如要看到扶贫机制问题，如何可持续脱贫，当前政策性资金注入比较多，因而要考虑如何培养内生动力。看到了贫困村与非贫困村之间形成的新差距，由此启发我们思考乡村振兴的问题。在写监督调研报告时，我们不仅总结当前取得的成绩，更加强调要全局、系统、长远的眼光去思考乡村发展的问题。

执笔人：周海燕
湖南省社科院研究员

精准扶贫是我永生难忘的珍贵记忆

2015年，民盟湘西州委会主动请缨牵头开展驻村扶贫工作。按照中共湘西州委统筹部署，将保靖县水田河镇中心村定为民盟湘西州委会的联点扶贫村，这里属吕洞山苗族聚居区，自然环境恶劣，生存条件极差，山高路陡、土地稀少，当地老百姓生活贫穷、思想落后，主要依靠传统耕种维持生计，没有其他收入，2014年全村人均可支配收入2150元。

我当时担任民盟湘西州委会专职副主委，第一次去中心村的情景至今历历在目。那天是送扶贫工作队员履职，我们从吉首市区出发，途中要经过苗族圣地吕洞山，一路上层峦叠嶂、云雾缭绕，风景秀丽。中心村在吕洞山北面，沟深谷狭，绕了一百多个弯，开了近2小时车才到目的地。进入村里，顿时有种从仙境跌落人间的巨大反差。只见街巷、村道垃圾成堆，村民家门前废旧物品乱摆乱放，村容村貌凌乱不堪。主要的饮用水井堆满了烂菜叶、烂树枝和塑料袋，排水沟堵满了淤泥和生活垃圾，散发出阵阵恶臭让人无法呼吸。

看着水井周围居住的村民，我问村主任："这里环境这么脏臭，他们怎么住得下？"村主任说："都住了几十年，习惯了。"我说："这样的环境身体怎么受得了。"村主任说："这水井边的村民经常生病，你看这一片房子基本上都破烂不堪，就是因为家里有病人把整个家庭都拖垮了。"

全村生活环境恶劣、基础设施破败给我们留下了深刻印象。当我们行走到一栋满目疮痍三层楼高的砖瓦房，问了才知道这是一栋老旧政府的办公大楼，因撤乡并镇后此楼就一直荒废着。楼的前面是一块坑坑洼洼的黄泥地，再往前走是一条河沙，虽然河床看起来很宽，但是河水量却只有一小股，河床完全被从山上冲下来的沙石铺满，村民想要在此河洗衣都很难，更别说游泳。

中心村属丘陵山区，该村四面环山，村中心沿着主干道居住有20余户人家，因为山下田土少，为了生存大多数农户都是居住在山顶或半山为主。给我印象极其深刻的是中心村的野猫寨组，从村中心到野猫寨没有公路，只有一条陡峭的山石路是该组的唯一通道。

民盟湘西州委会在中心村开展扶贫工作后，我和扶贫工作队员以及村干部，曾爬到野猫寨开展相关的扶贫工作，那可真是一个与世隔绝的地方，上山基本上靠爬，下山基本上靠滚，此山不仅山高路陡常遇蛇虫外，还杂草丛生让人无路可寻。当地的村干部告诉我们，在开展精准扶贫工作之前他们从来没到过此寨子，山下的村民也很少有人到过此寨。当我们连滚带爬的走了约3个小时的路程，爬到山顶映入眼帘的全是清一色木材所造的灰黑色平房，所有的房子基本建造了30余年，有些房子已经严重倾斜，还有些房子无人居住完全荒废。山上住着16户人家，寂静的村寨听不见任何人的劳作之声，偶尔传来狗吠和鸡鸣声，让你还能感受到这里还有那么一点生气，寨子周围种满了郁郁葱葱的稻谷和玉米，与破损的木房形成强烈的视觉反差。穿梭在高低不平的村间小道上，偶尔会遇见倚在房门边上晒太阳的老人，与他们打招呼他们就眯着眼睛看着我笑，嘴里说着我听不懂的苗语，手舞足蹈地向我诉说着什么。与我们一同上山的村主干部给我当翻译，说主要是问我们是谁，怎么上来的，到这里来干什么，吃饭了吗？他们对我们的到来感到很新奇，也很兴奋。有些农户更是热情地留我们吃饭，可是我们谁也没有食欲，因为这里每家房子的前面或侧面，都搭了一个稻草棚，清风吹过一阵恶臭传来，原来稻草棚是各家各户的厕所，因为水源和交通的原因，此寨子基本保留着几十年前的生活习惯。

因山路崎岖，山上的年轻人下了山后就很少回到山上，住在寨子的多为老人和妇女，主要以种稻谷和玉米为主，稍微有点劳动力的家里养一头猪或散养几只鸡，猪是用来过春节杀猪熏腊肉的，以确保来年一年的荤菜，他们一年之中很少吃到新鲜的猪肉，因为下山买一次肉来回需要6个小时的路程。那里住着一户人家，其中一位老人年岁很大了，因脚力不行，他说自己已经有近20年没有到山下赶集了，此山也已经很久没有外人上来了，老人家见到我们非常地兴奋，他把他的勋章全拿出来给我们看，目光望着前方，一一诉说着当年的辉煌，也抱着满满的遗憾问山下如今是什么模样，我们介绍了中心村的变化，他的眼睛闪过一丝光芒，然后黯然神伤地自言自语说，可能此生也见不到你们说的模样了，我问他为什么不下山去看看，他说因为腿受过伤现在没有力气爬下通往集市上的那条山路了。还有一户夫妻俩年岁已高，他们家有个儿子，但是儿子因嫌寨子又穷又落后，自己外出打工后就再也没有回去过。当他们知道我们是从集市上来的，就问我们看见他们儿子没有，她说他们已经5年多没有见到儿子了。他们说不怪儿子，因为以前这寨子太远太偏太落后，儿子从小没有上过学，没有什么文化，现在到外打工只能做些苦力活。儿子到现在还没有结婚，因为对他们怨气重，所以出去之后就很少回来，近几年更是不知道儿子的下落。老人家委托我们如果见到他们儿子，就给他带个信，让他放心，二老的身体都很好，还能干农活，只是没有能力下山去看他了。

2017年，借着精准扶贫的大好政策，中心村在刘小刚主委的带领下，在全州盟员的共同努力下，在各级各部门的大力支持和帮助下，全村共投入扶贫资金2600余万元。村容村貌发生了翻天覆地的变化。村主干道变整洁宽敞明亮了，每天都有卫生专员清扫街道。街道的蚊虫明显少了，从街头走到街尾不用再捂着鼻子了。家家户户装上了自来水，在家拧开水龙头就可以做饭、洗衣、洗澡、冲厕所。村里那口井水上面建了一个漂亮的亭子，亭子上红色的“同心泉”几个字显得格外温暖。饮用水池修整后明显高于洗衣池，雨水、污水再也不会流进井里了。水质也变的清澈甘甜了。排水的水沟重新修整了，周边住房不再因排水堵塞侵湿房基而吵闹了。每到夏天，亭子坐满了聊天的村民，欢声笑语久久不散。破败的村部楼如今成为该寨子的一道亮丽风景线，主楼青砖绿瓦雕梁画栋，再配上宽敞的文化广场以及环绕文化广场而建的文化长廊，村民们过上了迎朝霞而晨练，送晚霞而起舞的生活。一条清可见底的河流从文化长廊边上穿过，沿着河岸种满了绿茵茵的黄金茶，新修的河堤上一群光着屁股的小男孩，一个劲地从河堤跳下河中，又从河中冒出头来，惊得河底的鱼儿四处乱窜。

2018年，野猫寨的通组公路终于修通了。路一通，原来那些破旧不堪的旧房子，按照国家危房改造的扶贫政策，新修了平砖瓦房；家家户户的厕所改造了，站在院子里再也不怕风吹带来的恶臭感了；庭院修成了水泥地不再是黄泥土了；通户道路也硬化了；外出打工的孩子们回家看望父母的次数越来越多了；腿脚不便的老人终于可以坐着汽车下山去赶集了，在他有生之年，终于圆了近 20 年想去赶一回集的梦想。野猫寨养起了黑毛猪，种起了中药材。从此，再也不用担心种养之后的物品拖不出山了。山里的野果子也被村民采到集上卖了，山下的孩子们可以品尝到各种季节新鲜野果子了。

执笔人：杨艳妮
湘西州农机事务中心主任

扶贫路上的喜乐哀愁

2019 年 8 月，我调到民盟湘西州委会担任专职副主委。刚到新单位报到，单位就安排我到保靖县水田河镇排大方村和中心村驻村扶贫。

愁

坦白地说，我刚开始驻村扶贫，第一感觉就是愁。湘西州是精准扶贫的首倡地，脱贫攻坚战是党的十九大提出的三大攻坚战之一，这就意味着脱贫攻坚是当前湘西州最大的政治任务，不容有失。我来民盟湘西州委担任专职副主委，不但要分管脱贫攻坚工作，还要到基层一线直接参与，这就意味着我成为民盟湘西州委脱贫攻坚工作的直接责任人，责任十分重大。2019 年 8 月中旬，我才到排大方村和中心村报到，而 10 月就要完成户脱贫、村退出的一系列程序，年底还要迎接省检、国检、第三方评估，时间十分紧迫。当时排大方村还有 50 户 243 人未脱贫，脱贫率只有 40%；中心村还有 14 户 35 人未脱贫，而且都是以前的兜底户，脱贫难度极大，要确保排大方村顺利实现整村脱贫，并将中心村的贫困发生率压到 1% 以下，任务十分艰巨。之前我一直在永顺县工作，这次来到保靖县工作，而且是吕洞山区的苗族聚居地，对当地的风土人情完全不了解，环境非常陌生。中心村和排大方村都是苗区，村民们日常生活都是讲苗语，会说汉语的年轻人大多外出务工去了，留守的老年人基本听不懂汉语，没有村干部翻译，根本听不懂对方在说什么，交流非常困难。后盾单位是由 5 家单位组成的，除民盟外都是银行或企业，工作队员们都来自不同的单位，对村干部和驻村干部们也不熟悉，要在短时间内了解每个人的能力和个性，将他们凝聚成一个团队，管理非常麻烦。可以说，责任大、时间紧、任务重，而我在天时地利人和上都不占优势。这一切现实因素，都让我暗暗发愁。

喜

发完愁之后，该完成的任务还是要认真完成。有压力就有动力，我立刻将脱贫攻坚的巨大压力，转化为决战决胜的无穷动力，全身心地扑到工作上面。刚到民盟湘西州委报到，连自己的办公室和宿舍都还没安排好，我就赶到扶贫村里。在村里，我白天入户走访，与在家的建档立卡户攀谈，了解家庭的基本情况、人员构成、人员去向、致贫原因、帮扶措施、收入情况、享受政策、联系干部、意见建议等，并记录在笔记本上。晚上开会研究，与村干部和工作队员开会，一户一户研究，帮扶措施得当的，维持不变；帮扶措施有误的，及时调整。不到一个月时间，我就将排大方村的建档立卡户全部走完，将中心村的预脱贫户也全部走完。与此同时，我还要到州里、县里汇报工作、开会培训、争取资金、协调项目，在村里迎接检查、安排走访、宣讲政策、动员生产、监管项目、组织活动，整天忙得团团转。付出总有回报，在各级各部门的共同努力下，排大方村共脱贫 46 户 230 人，只剩 4 户 13 人兜底户还未脱贫，贫困发生率降至 1.2%，顺利实现了整村脱贫。中心村共脱贫 10 户 35 人，只剩 4 户 5 人兜底户还未脱贫，贫困发生率降至 0.2%。年底的第三方评估，排大方村又顺利通过了湖南大学检查组的“解剖式检查”。排大方村还被评为 2019 年度全州“文明村镇”，工作队被评为全州优秀工作队，我本人也被评为优秀个人，这样的结果让我喜出望外。

哀

如果要说有什么遗憾，那就是对家庭的亏欠。为抢抓时间搞好脱贫攻坚各项工作，我唯有牺牲周末和节假日，经常连续几周待在村里。我的妻子在长沙，既要忙她的工作，又要照顾两个女儿，十分辛苦；大女儿在读高中，学业繁重，学习压力极大；小女儿还小，正处于成长的关键时期。作为家庭的顶梁柱，在她们最需要我的时候，我却不能陪在她们的身边，这让我觉得十分愧疚。妻子和女儿开始还抱怨几句，后来也理解我、支持我。只有在夜深人静时，忙完了一天的工作后，我才能通过微信视频，看看女儿的笑脸，听听妻子的唠叨。看着妻子疲倦的面容，看着女儿们一天天长大，我的心里还是有一丝淡淡的哀伤；但一想到重任在肩，我就告诉自己要以大局为重，不负组织重托，待到决胜之日，我们全家再好好团聚。

乐

经过历届工作队的努力，排大方村已不再是以前的深度贫困村，而是一片欣欣向荣的景象。千亩黄金茶园已经建成，明年便可进行采摘；茶叶加工厂即将建成，很快便可投入生产。千亩油茶园也已建成，将与黄金茶形成两茶“长短结合，齐头并进”的产业格局。目前我们正在发动村民，准备发展生猪养殖业；在新栽种的稻田里，我们放入了稻花鱼苗。在村里，崭新的村部楼已经修好，村民们可以到全新的便民服务大厅办事；文化体育广场也已修好，村民们可以在全新的广场上休闲、娱乐；家家户户都进行了厕所改造和庭院硬化，今年还将进行厨房改造，人居环境得到大幅改善；村里的村组道路都已硬化完毕，并安装了太阳能路灯，一改以往出行不便的局面；村小学、村卫生室也进行了修缮，更加方便村民们的生活。当我走在村里，遇见的每个村民都会跟我热情地打招呼。一到晚饭时间，就会有村民来村部邀请我们去吃饭。聊起民盟湘西州委的扶贫工作，每个村民都会竖起大拇指。看着这一张张幸福的笑脸，就让我觉得心里乐开了花。

执笔人：张勇
民盟湘西州委会专职副主委

在精准扶贫首倡地感受“变化”

开展脱贫攻坚民主监督，是中共中央赋予各民主党派的一项重要政治任务。2019 年 2 月，我很荣幸地参加了民盟中央脱贫攻坚民主监督调研组在河南省新乡市原阳县、封丘县开展脱贫攻坚民主监督实地调研。并多次作为盟员专家代表，受邀参与了民盟省委会对口湘西州脱贫攻坚民主监督调研。湘西州是习近平总书记精准扶贫战略思想的首倡地。肩负责任感行走在湘西的土家苗寨，让我零距离的感受到了脱贫攻坚给贫困地区、贫困家庭带来的巨大变化。

一是党恩之深。在贫困山区调研走访中，看到一间间破烂不堪的房屋得以修缮，一条条狭窄的马路得以拓宽并硬化，一户户贫困家庭“两不愁三保障”得以解决，一件件民生大事得以落实，等等。老百姓无不内心深处感谢共产党的恩情。在调研中，湘西贫困地区老百姓对扶贫工作队及当地的干部评价满意度达到了百分之百。这不仅仅是脱贫的问题，更重要的是，在党的领导下，给贫困地区带来了文明、希望、动力、活力。在大山深处，到处洋溢着对党的感激之情。

二是民心之纯。湘西当地贫困的群众，在我的内心深处有种灵魂触动的同情感。看到很多的老百姓在那样的环境下生活；学生在那样的环境下学习；基层干部义不容辞加入脱贫攻坚战斗，无怨无悔扎根在农村工作；等等。这些更加增强我助力脱贫攻坚的使命感与责任感，这也是用心扶贫的必要条件。在一家一户的走访过程中，一些卧榻病床的老人、绝症的病人、太多渴望走出困境的村里人。当看到我们进入他们家时，老人们赶紧去搬那笨重的木凳椅，卧病在床的老人无法下床招呼我们，眼神中流露出那种愧疚感。尽管我们一再说不用喝水，老百姓还是不由自主地给我们递上一杯杯山泉水，等等。这些点滴，更加驱使我要用心去帮扶他们。让我感到高兴的是，这些贫困家庭生活水平、精神面貌每年都有新变化。小康路上他们一个都不少！

三是合作之力。实现贫困人口如期脱贫，是我们党向全世界做出的郑重承诺。为实现这一承诺，需要全社会共同付出、共同努力。贫困自古有之，要想根治，也不可能毕其功于一役，必须坚持发展理念，激发群众内生动力。以精准扶贫实现精准脱贫，让真正需要帮扶的群众享受到扶贫开发的阳光雨露。在这次脱贫攻坚战中，中共中央高度信任各民主党派，赋予各民主党派时代的使命，为民主党派提供了深入农村、了解农村、了解国情的难得机会。在开展脱贫攻坚民主监督工作中，我们对落实脱贫攻坚责任制、重大政策措施执行、扶贫资金项目管理使用等各项工作进行了细致的调研。我们还寓民主监督于脱贫攻坚实际工作中去，充分发挥党派的力量和优势，积极深入开展调查研究，既提出意见建议，又组织专家学者参加专项监督评估，并做好日常跟进监督。脱贫攻坚民主监督实践彰显了新型政党制度的独特优势和魅力，展现出蓬勃生机和前景。各民主党派、工商联和无党派人士在中国共产党的领导下，群策群力，为打赢脱贫攻坚战积极贡献，后续正在进一步谋划脱贫摘帽后可持续发展问题，将优质资源力量与贫困地区资源禀赋有效对接，因地制宜帮助群众巩固拓展脱贫成果，有效衔接乡村振兴。

执笔人：李宏

民盟湖南省委直属农林科技支部主委

为贫困群众的幸福而幸福

从2015年3月开始，民盟湘西州委牵头与4家州直单位对保靖县水田河镇中心村、排塘村开展了驻村精准扶贫。历经3年多的努力，不仅按期如数完成了脱贫目标，还夯实了整村迈向小康的坚实基础。现在的中心村可以用“三大变化”来概括，那就是变美了、变富了、变强了，一个山清水秀、民风淳朴、生机勃勃、越来越美的村落已然屹立在了湘西的大山深处，它连续3年被评为全州脱贫攻坚先进村，2017年还获得了“湖南省同心乡村示范村”称号，扶贫成效显著。作为民主党派基层组织，能够在精准扶贫的伟大事业中建功立业，能够为湘西州整体脱贫的宏伟工程添砖加瓦，是我们的荣幸，也是我们的幸福。

一、使命情怀和担当抱负是做好精准扶贫工作的重要前提

过去的精准扶贫工作，我们一直是作为统战系统驻村扶贫点的成员单位参与的，民盟湘西州委没有独立牵头承担驻村精准扶贫。精准扶贫工作责任重大、任务艰巨，在当时情况下，民盟湘西州委机关只有3个编制4个人，搭伙扶贫没有问题，牵头主导扶贫确实困难重重。面对这种情况，我思绪飞舞，思考良多。精准扶贫作为国家战略，整体脱贫作为湘西州核心工作，民盟湘西州委作为湘西州唯一的民主党派地方组织，怎能缺席？怎能不挑重担？因为责任重大，民主党派才更要作为；因为任务艰巨，民主党派才更要接受挑战；因为处于关键时期，民盟湘西州委更要与中共湘西州委保持高度一致。州委、州人大、州政府、州政协、吉首军分区主要领导为湘西州扶贫大业殚精竭虑，为湘西人民脱贫大计竭心尽力，我时常被他们的所作所为感动和鼓舞，被他们的创新举措和突出业绩心悦诚服。

在精准扶贫的广阔天地里，我应该向他们学习，向他们致敬，更要为领导们分忧，承担起民主党派地方组织应该担当的责任。于是，我主动请缨，主动提出民盟湘西州委牵头开展驻村扶贫，这才有了中心村驻村扶贫工作的壮丽篇章。说实话，回想当初的决定，我现都还心有余悸，因为压力太大，我深怕不能完成任务，拖了湘西州整体脱贫的后退，更怕辜负了中共湘西州委对地方民主党派的厚望，给湘西民盟这块招牌抹黑。因为担心，所以为做好驻村精准扶贫工作，我也真的是蛮拼的。3 年多来，我共到了中心村 47 次，这次是我第 48 次到中心村；3 年多来，我与驻村工作队员们给中心村争取到各种扶贫资金共计 2300 万元，可以说，为中心村早日脱贫致富，我与同伴们几乎是使尽了浑身解数。回想这段心路历程和实践作为，我深切感受到：要做好做实做优精准扶贫工作，不仅要有个人的能力、资源和魄力，更要有个人的情怀、担当和责任，两者缺一不可。使命情怀和担当抱负是做好驻村精准扶贫工作的重要前提，这是我的第一点感受。

二、对症下药和精准施策是做好精准扶贫工作的重要方略

精准扶贫是一项伟大事业，也是一项伟大工程。事业要情怀，工程需方法。工作队入村前，中心村的状况是糟糕的，不能说一穷二白，但可以说环境脏乱差、生活苦累穷，更可怕的是大多数村民还自得其乐。扶贫，就是要让改变发生。如何改变是工作队思考和规划的重要课题。经过周密调研和精心谋划，我们推出了中心村精准扶贫“九大工程”和“六项策略”。“九大工程”是对症下药，由表及里；“六项策略”是精准施策，治穷治根。总结驻村精准扶贫的实践和得失，我们感到精准扶贫应当坚持这样一个思路：要以习近平总书记精准扶贫思想为指引，以各级党委、政府脱贫攻坚规划为蓝图，按照州委精准扶贫“十项工程”，结合中心村实际，靶向导航，精准施策，改变穷样，拔出穷根，以产业脱贫为基础，以稳定脱贫为追求，以经济脱贫为目标，以思想脱贫为方向，实现中心村全面脱贫奔小康。为此，我们制定的整体扶贫推进策略是：从环境入手，让改变发生，通过看得见的改变，增强村民对工作队的信心；从产业着力，走进

市场，通过摸得着的改变，增强村民脱贫的自信心；从教育入心，让思想光明，通过想得到的改变，增强村民脱贫的决心；用兜底帮扶，一个不能少，通过体会到的改变，增强村民对党和国家的感恩之心。我们的“六项策略”就是对整体扶贫推进策略的诠释，环环相扣，步步为营，引领中心村不断变化，助力夺取了中心村脱贫攻坚战一个又一个的胜利。3 年来，我们做的是精准扶贫，也是创新扶贫，更是倾心扶贫。州委书记叶红专在我的扶贫调研报告和汇报材料上作了 3 次批示，给了我们莫大的鼓励和肯定。扶贫要见实效，施策就是关键，这是我的第二点感受。

三、夯实基础和健康脱贫是做好精准扶贫工作的重要方向

对精准扶贫工作，习近平总书记一再强调要“真扶贫，扶真贫”。我对此的理解是：这是习近平精准扶贫思想的具体化，就是要求大家不仅要有扶贫思想，还要有扶贫方法；不仅要扶到点上，更要扶到根上；不仅要帮助老百姓现实脱贫，更要帮扶老百姓永久脱贫，否则，就不是“真扶贫”，也不是“扶真贫”。真扶贫，就是要扶上马还要送一程，就是要帮助扶贫对象构建脱贫心愿，树立脱贫信心，建立脱贫产业，夯实脱贫基础，增强其脱贫的内生动力，使其持续发展、稳定脱贫，并逐步走上致富的康庄大道，这也才是扶真贫。要切实做到真扶贫、扶真贫，就必须建立起一套夯实基础、健康脱贫的机制。中心村工作队为此做了大量精细的工作，并取得了一定的成效。3 年来，中心村的产业收入不断递增，且产业规模与市场领域不断扩大，技术含量不断增强，呈现了良性和健康发展的态势，为稳定脱贫向逐步致富转型打下了坚实基础。除了产业帮扶，我们还在教育和职业培训上下了功夫，为中心村健康脱贫、持久发展作了许多的考量和安排。建立一支永不撤走的扶贫“工作队”，留下一批永不过时的脱贫“计囊”，是我们一直努力的方向。扶贫就要夯实基础，脱贫就要健康脱贫，这是我的第三点感受。

四、携手聚力和同心汇智是民主党派做好精准扶贫工作的重要法宝

说实在的，民主党派基层组织牵头驻村扶贫难度很大，因为能掌控和

调动的行政资源很少，能挤用的办公经费又十分有限，人力更是严重不足。怎么办？这就需要放大招了，大招就是统战理念与民主党派的优势。携手与同心是统战工作重要的工作思路。携手以聚力，同心可汇智，这也就成为民盟湘西州委开展驻村精准扶贫工作的重要理念。3 年来，我们与驻村扶贫协作单位和有关职能部门携手，化解了很多难题。我们与社会各界特别是民营企业家携手，获得了近 100 万元赞助资金的支持，解了许多燃眉之急；我们与其他非党人士携手，把中心村做成了精准扶贫的实践基地；我们与村民同心，建立起了和谐温暖的干群关系；我们与全州盟员同心，在教育和技能培训方面展现了优势；我们与统战系统同心，共同创建了"湖南省同心乡村"示范村；我们与党委同心，使扶贫工作一直走在正确的轨道上。在全州牵头驻村扶贫单位中，民盟湘西州委会应该是人员编制最少的一个单位，但在扶贫工作中我们并没有落后，中心村扶贫工作队连续 3 年被评为全州优秀工作队，这是我们拼搏奋进的结果，也充分展现了携手聚力的威力和同心汇智的光辉。民主党派做驻村精准扶贫工作，要长于携手，善于同心，这是我的第四点感受。

最后，我想说，扶贫是让贫困群众走向幸福的事情，贫困群众的幸福就是我们最大的幸福——这是一个精准扶贫工作者应该具有的幸福观，也是我最大最重要的精准扶贫工作感悟。

执笔人：刘小刚

湘西自治州人大常委会原副主任、民盟湘西自治州委会原主委

结　语

脱贫攻坚民主监督是以习近平同志为核心的党中央交给民主党派的新任务，是多党合作的新领域，是参政党履职的新实践，是民主监督的新探索，也是与脱贫攻坚战相伴相生的另一场深刻实践，拓展了民主监督的渠道，丰富了民主监督的内容和形式，提升了多党合作制度的效能，具有重大的政治意义、现实意义和历史意义。民盟亲历了这场伟大事业的全过程，深刻地感受了基层干部夜以继日、为民造富的工作情怀，深入地了解了脱贫攻坚中积极奋进、感人至深的事迹，见证了中国人民脱贫攻坚的伟大壮举和取得的历史性成就。我们深受教育，更加深刻地认识到中国共产党领导是中国特色社会主义最本质的特征，是夺取伟大胜利的根本保证。

站在两个一百年的历史交汇点上，瞻望中华民族伟大复兴的光辉前景，我们无比自豪。如何巩固脱贫攻坚成果、接续推进脱贫攻坚与乡村振兴有效衔接，更是我们的职责所在。为此在接下来的乡村振兴工作中建议：

一是推动特色产业发展，通过“产业旺”带动“乡村兴”。乡村要振兴，必须有产业。产业若不振、乡村必不兴，因此把做强农村产业作为乡村振兴的首要任务。加强乡村产业谋划，因地制宜，因时制宜，因村制宜，构建具有乡土特色和资源优势的产业体系。培育扶贫产业，健全用地、环保、信贷等配套政策，创新现代农业发展方式，全面推行“互联网+”与现代农业、乡村旅游、民宿经济、餐饮民宿、农村电商、农产品深加工、休闲经济等新产业新业态，促进产业融合发展，通过现代农业带动农户增产增收。大力培育新时代“新农民”，出台更加精准的对口扶持政策，鼓励有文化、有资金、有技术在外本籍工商企业主和大学生等回乡创业，使他们成为乡村振兴的主导力量。增加乡村资金投入，加大财政转移支付力度，保障农村基础设施建设和公益支出，把农村土地出让金留在乡村，做到以地生财、财惠当地。打通社会资本进入农村的通道，探索建立社会资本保障机制，通过资源变资产，资金变股金，村组变股东等措施，盘活农村资产资源，壮大村组集体经济，拓宽农民增收渠道。

二是优化人才发展环境，栽下“梧桐树”，引来“金凤凰”。农村尤其山区、贫困地区的从业人员数量减少、年龄老化，农村技术、经营、管理等各类人才普遍缺乏，导致农村人力资源“空心化”。以现有的农业农村人力资源实施乡村振兴，力不从心。要加快农村基础设施和公共服务建设，提升人居环境整治工作成效，改善乡村生产生活条件，为人才入村创造良好的发展环境。要大力培育新型职业农民，坚持做到“内育”与“外引”相结合，制定支持职业农民的配套政策，让更多农民主动参加培养，提高素质。要搭建平台，让乡土能工巧匠、产业带头人、返乡人才和大学生村官就地创业。要选拔培养好乡村“领头雁”，重点搞好村支书培养工程，通过村支书带动百姓致富，真正成为乡村振兴的“领头雁”通过激励返乡人员回引、城市市民下乡，吸引优秀人才返乡入村创业，将“在乡、返乡、下乡”人才队伍扎根农村，成长为乡村产业发展的主力军、示范者、引路人。

三是遵循乡村发展规律，建设“美丽乡村”，留住“美好乡愁”。根据未来城乡人口格局规划乡村基础设施和公共服务设施布局，推进全域美丽乡村建设，打造一批有特色的旅游小镇、创意小镇、旅游示范乡镇、文明风情小镇、精品乡村、田园综合体、村落风景区，让美丽乡村成为农民幸福的家园，成为市民向往的乐园，成为本籍在外人士梦里的乡愁。着力搞好乡村整体规划，根据不同区域、不同资源、不同民俗、不同地理环境，做好村庄规划与功能分区，甚至也可以通过合并小村庄，建设乡村小镇。在推进乡村建设中，一定要符合乡村实际，既要塑造乡村的“形”，更要留住乡村的“魂”，使农村更“像农村”，努力呈现原生的田园风光、原真的乡土人情、原味的历史质感。

本书在编写过程中得到了民盟中央、群言出版社、中共湖南省委统战部的支持和帮助，在此一并致谢。

编　者

2021 年 12 月 1 日

大 事 记

2011 年

5 月 9 日，民盟中央“社会保障制度的建设与完善”调研组与省会盟员座谈会在省民主党派机关会议中心召开。全国政协常委、全国政协副秘书长、民盟中央常务副主席张宝文，全国人大常委、民盟中央副主席李重庵，全国人大代表、民盟中央副主席陈晓光，出席会议。张宝文就国家战略性、基础性课题进行深入的调研，把保障和改善民生作为参政议政的重点，发挥界别优势，大力推动教育、科技、文化等领域的发展，为促进湖南的科学、和谐发展做出新的贡献。

7 月 30 日，“烛光行动——新东方社会责任行”民盟农村教师培训班在民盟湖南省委农村教师培训基地张家界市天门光汇烛光学校正式开班。省政协副主席、盟省委主委杨维刚，民盟中央社会服务部部长郭勇，民盟中央常委、新东方教育科技集团董事长俞敏洪出席。

9 月 25 日至 26 日，盟中央副主席李重庵率盟中央文化产业调研组来湘调研湖湘文化和湖南文化产业的发展。

2012 年

5 月 21 日至 23 日，全国政协常委、省政协副主席、民盟省委主委杨维刚率队对长株潭城市饮用水安全进行调研。他提出，要统筹考虑，结合三市实际，制订出一个既经济又合理的供水方案；要加强水质监控，突出保障好饮用水安全，保障人民群众安全放心用水。他还就饮用水和生活用水分离、管网分离提出了具体的建议。

6 月 10 日，在芷江侗族自治县大树坳乡中学，“同心 · 民盟烛光教学楼落成典礼”仪式隆重举行。参加此次庆典活动的有全国政协常委、民盟中央副主席、上海市人大常委会副主任、民盟上海市委主委、同济大学副校长郑惠强，民盟上海市委社会服务部部长王伟国，民盟湖南省委副巡视员李建民、秘书长赵为济、社会服务处处长姚振军，怀化市政协副主席、民盟怀化市委主委武思元、中共芷江县委书记曾佑光等。

2013 年

4 月 22 日至 25 日，全国政协副主席、民盟中央常务副主席陈晓光一行来湘，先后赴岳阳、益阳等地，就“洞庭湖生态经济区水资源综合利用”开展调研。全国政协副秘书长、民盟中央副主席徐辉，民盟中央副主席、中科院院士、清华大学水利水电工程系博士生导师王光谦，民盟中央原副主席、水利部原副部长索丽生，长江流域水资源保护局原局长翁立达等一同调研。

9 月 3 日至 7 日，全国人大常委会就气象法的贯彻实施在湘进行执法检查。执法检查组由全国人大常委会副委员长张宝文带队。他指出，要认真贯彻实施气象法，提高气象防灾减灾能力，为国民经济可持续发展和生态文明建设做出贡献。

12 月 3 日至 5 日，全国政协常委、全国政协副秘书长、民盟中央副主席徐辉率民盟中央调研组到长沙、株洲调研湖南职业教育发展情况，并听取民盟湖南省委承办、民盟株洲市委协办 2014 年民盟职业教育论坛筹备情况汇报。

12 月 10 日至 12 日，全国人大常委、民盟中央副主席龙庄伟，民盟中央社会服务部副部长段海溪，民盟中央社会服务部扶贫处处长刘永辉一行 4 人来湘考察盟务工作，出席了湖南民盟帮扶石江村 10 周年研讨会。

12 月 12 日至 13 日，全国人大常委会原副委员长、民盟中央原主席蒋树声一行，在湖南省人大常委会原副主任肖雅瑜，省政协副主席、民盟湖南省委主委杨维刚，省政协副秘书长、民盟湖南省委副主委汤浊，省人大常委会办公厅副巡视员向志良的陪同下，来湘西自治州凤凰县、吉首市考察脱贫攻坚情况。

2014 年

1 月 5 日，湖南民盟新社会阶层人士联谊会第一次理事长会议在湖南信息科学职业学院举行。陈登斌理事长、夏志宏、陈乐吾副理事长，秘书长蒋政云出席会议。民盟省委专职副主委兼秘书长赵为济、组织处处长徐智应邀到会指导。

3 月 24 日至 25 日，全国政协常委、省政协副主席、民盟湖南省委主委杨维刚来永州调研加快推进湘江保护与治理工作。永州市政协主席唐定陪同调研，中共永州市委副书记、市长严志辉出席座谈会。

5 月 9 日，湖南民盟“同心富民 2510 工程”在益阳市大通湖区授牌。省人大常委、民盟湖南省委副主委、省广播电视大学副校长黎定军，中共益阳市委常委、组织部部长、统战部部长何俊峰，大通湖区委书记陶德保、区长梁成立，民盟湖南省委常委湖南农业大学教授文利新、湖南烟村生态农牧科技公司负责人参加了授牌仪式。

5 月 16 日，省政协副主席、民盟省委主委杨维刚，民盟中央社会服务部部长郭勇等一行到民盟娄底市委“烛光行动”定点学校——涟源市斗笠山镇惠民学校调研，了解民盟娄底市委“烛光行动”开展情况及农村学校办学情况。民盟省委专职副主委兼秘书长赵为济，娄底市政协副主席、民盟市委主委邵瑛等陪同。

7 月 4 日，省人大常委、民盟湖南省委副主委、湖南广播电视大学副校长黎定军出席在株洲市教育局举行的民盟“米信校园安全行”大型公益援助活动捐赠签约仪式。株洲市人大副主任、民盟市委主委鲁立彬，株洲市委统战部常务副部长王继恩，盟员、深圳巨发科技有限公司总经理高亮，株洲市教育局党委副书记、副局长毛大训出席捐赠仪式。

2015 年

8 月 17 日至 18 日，省政协副主席、民盟湖南省委主委、省国土资源厅副厅长杨维刚，率省政协人资环委一行，到娄底市新化县开展“加快本省大宗中药材产业发展”专题调研。

2016 年

3 月 30 日至 4 月 2 日，民盟中央副主席、上海市人大常委会副主任、民盟上海市委主委郑惠强率民盟上海市委青企会等一行 26 人来到湖南省张家界市和湘西自治州考察“民盟·同心班”建设和扶贫工作。

2017

8 月 30 日，省政协常委、民盟省委专职副主委胡颖，盟省委副主委、省核工业地质局局长何寄华一行赴龙伏社区（由石江村和其他几个村、社区合并而成）调研同心社区创建工作并召开座谈会，盟省委副巡视员邹卫、秘书长刘春阳，盟省委常委、农业工作委员会主任文利新，盟省委常委、民盟长沙市委主委张庆和，盟省委青年工作委员会主任蒋政云，浏阳市委统战部部长郭瑞等参加调研。

2018

5 月 31 日至 6 月 1 日，民盟湖南省委秘书长刘春阳、社会服务处处长陈雅云一行来到永顺、龙山两县开展脱贫攻坚民主监督。民盟湘西州委、永顺县委统战部、龙山县委统战部相关负责人陪同调研。

2019 年

4 月 25 日，全国人大常委会委员、民盟中央副主席徐辉率队就湖南教师教育工作开展调研。

6 月 3 日，民盟湖南省委脱贫攻坚民主监督工作推进会暨培训会在长沙召开。省人大副主任、民盟省委主委杨维刚，省政协副秘书长、民盟省委专职副主委胡颖出席。民盟省委秘书长刘春阳主持会议。

6 月 3 日至 6 日，省政协副秘书长、民盟省委专职副主委胡颖带队，在湘西土家族苗族自治州保靖、花垣两县深入开展脱贫攻坚民主监督调研。

6 月 24 日至 26 日，民盟湖南省委副主委、湖南省政协办公厅巡视员汤浊率领民盟湖南省委调研组一行深入湘西州吉首市和永顺县，通过实地查看、听取汇报、座谈等形式，调研湘西脱贫攻坚工作开展情况。

7 月 8 日至 11 日，民盟湖南省委副主委、民盟邵阳市委主委、邵阳市人大副主任赵为济率领民盟湖南省委脱贫攻坚民主监督调研组一行深入湘西州泸溪县和古丈县，调研湘西脱贫攻坚工作开展情况。

8 月 12 日至 14 日，民盟湖南省委副主委、湖南工商大学副校长黎定军率领民盟湖南省委脱贫攻坚民主监督调研组一行深入湘西自治州凤凰县，通过实地走访、问卷调查、听取汇报、座谈交流等方式，调研湘西脱贫攻坚工作开展情况。

8 月 14 日至 16 日，民盟湖南省委副主委、省地质院院长何寄华带队深入湘西自治州龙山县开展脱贫攻坚民主监督调研。调研组聚焦脱贫攻坚中的重点难点问题，走村入户实地考察，深入了解龙山县的贫困状况和脱贫攻坚工作开展情况。

10 月 10 日至 11 日，2019 年民盟中央脱贫攻坚民主监督工作座谈会在湘西土家族苗族自治州召开。全国人大常委会委员、民盟中央副主席龙庄伟出席会议并讲话，湖南省人大常委会副主任、民盟湖南省委主委杨维刚，中共湖南省委统战部副部长龙建湘出席开幕式并致辞。中共湘西土家族苗族自治州委常委、组织部部长、统战部部长龚明汉致欢迎辞，州人民政府副州长何益群介绍了湘西州脱贫攻坚工作情况。

12 月 27 日，民盟湖南省委脱贫攻坚民主监督调研反馈会在吉首市举行。由省人大常委会副主任、民盟湖南省委主委杨维刚带队，就民盟湖南省委今年在湘西州开展脱贫攻坚民主监督的结果向中共湘西州委进行反馈。省政协副秘书长、民盟湖南省委专职副主委胡颖，民盟湖南省委副主委汤浊，州人大常委会副主任、民盟湘西州委主委刘小刚，州人民政府副州长何益群及民盟湖南省委、湘西州相关部门负责人员参加会议。

2020 年

6 月 16 日至 18 日，湖南省人大常委会副主任、民盟省委会主委杨维刚率民盟省委会调研组就《设立南岭瑶区文化生态保护区，促进瑶族聚居区经济协同可持续发展》到永州开展调研。

7 月 7 日至 10 日，民盟湖南省委会民主监督调研组以“脱贫攻坚与乡村振兴有效衔接”为重点，赴湘西州永顺县、吉首市开展脱贫攻坚民主监督调研。此次调研由湖南省政协副秘书长、民盟省委会专职副主委胡颖带队。

8 月 24 日至 26 日，民盟湖南省委会副主委汤浊，民盟湖南省委会副主委、湖南大学教授戴晓凤一行 9 人赴湘西州开展 2020 年度第二次脱贫攻坚民主监督。

9 月 27 日，民盟省委会 2020 年脱贫攻坚民主监督暨基层组织负责人培训班在长沙开班。省人大常委会副主任、民盟省委会主委杨维刚出席开班式并讲话。民盟省委会专职副主委胡颖主持开班式。

10 月 21 日至 24 日，民盟湖南省委会副主委、邵阳市人大副主任、民盟邵阳市委会主委赵为济一行到湘西州花垣、保靖、龙山三县开展 2020 年度第 4 次脱贫攻坚民主监督。